罗章龙回忆文存

——中共元老的自传

Memoir Collections of Luo Zhanglong
An Autobiography of a Senior Chinese Communist Party Member

罗章龙　著
Luo Zhanglong

· 上　册 ·

美国华忆出版社
Remembering Publishing, LLC. USA

Copyright © 2025 by Remembering Publishing, LLC. USA

Memoir Collections of Luo Zhanglong
An Autobiography of a Senior Chinese Communist Party Member
Luo Zhanglong

ISBN：978-1-68560-148-5 (Print)
　　　　978-1-68560-149-2 (Ebook)

Remembering Publishing, LLC
RememPub@gmail.com

罗章龙回忆文存——中共元老的自传
罗章龙 著
上册（全三册）

出版：美国华忆出版社
版次：2025 年 6 月第一版，第一次印刷
字数：265 千字

All rights reserved.
No part of this book may be reproduced in any form or by any electronic or mechanical means including information storage and retrieval systems, without permission in writing from the publisher. The only exception is by a reviewer, who may quote short excerpts in review.

作品内容受国际知识产权公约保护，版权所有，侵权必究

作者六十岁留影,开始撰写长篇回忆性自传

作者与儿子、女儿及外孙女罗星原（1965年春节）

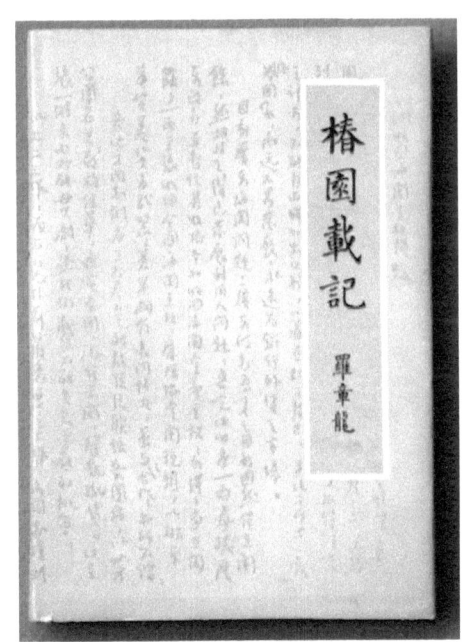

作者自传的选篇在国内首次出版
（1980年，三联书店，北京）

新编版说明

罗章龙（1896～1995），中共党史上的著名人物，生前有完整的回忆自传，正式整理出版的工作，在其身后靠民间主导，力求官方通达，却历尽波折。

因家族关系，且受罗老本人及其家人的信任与委托，我于1995年陆续获得老人回忆录的手抄复本，开始参与整理出版事宜。先由我闭门做完电脑录入，打印出草样，交给誊抄初稿的罗星原做校对订正，又请了几位懂行的资深人士参与校订。几经寒暑，获得了电脑基础文件，完整清晰，可提供出版界审阅。

随后，2004年由罗老后人与美国溪流出版社签约，次年正式出版了《罗章龙回忆录》上下册。合同到期后，有朋友介绍与台湾某出版社合作再版，尝试合作不理想，遂终止。

2010年仍由罗老后人与中国大百科全书出版社签约，按社里审稿意见，书稿由我重新编辑，社里完成编校送审，国家新闻出版总署完成专家匿名审稿，约2012年提交中宣部，此后未闻明确意见。此间工作，得到罗章龙的家乡湖南浏阳市党史办的鼎力支持。

2015年我以九歌书坊名义排出繁体字版，用《逐臣自述》书名自印六十余套（上中下三册），送国内大学名校图书馆、公共图书馆和国家档案馆，送关心此事的个人、研究者。回忆录的原始誊抄件，已送浏阳市档案馆珍藏。

因主要编者罗星原女士已于2020年12月不幸病世，她生前看到溪流版社的上下册，知道另编的洁本已送中国大百科全书出版社，等待十年没有看到新的出版成果。我作为罗女士生前的委托人，应华忆出版社盛情，2025年5月与美国华忆出版社合作，重新编辑，现完全依照作者原稿精编，未做删改，严格遵照国际标准，推出纸质版、电子版，均为中文简体字。书名改为《罗章龙回忆文存——中共元老的自传》，前前后后的编辑情况，专业的技术处理标注，请参阅2015年6月所写的编者"附言"，不再赘述。

波折历尽，我也年过古稀，无力做更多的事。感谢罗家后人对我的一贯信任，感谢先后操办此书的三家出版社的经手人王笑梅、郭银星、乔晞华，还有先后参与校看的老编审符景垣、徐启平，没有他们的真切热忱相助，也就不会有全球读者、研究者得以存阅的这部重量级回忆录。

谨此告慰罗章龙老人的在天之灵。

新编版需要说明到此，失误或不周处，敬希理解。

本书编辑　邓伍文
2025年5月16日于南京

2015年编《逐臣自述》版的附言

本书取自尚未定稿的《罗章龙文存》中的"亢斋忆旧"卷，为了适应更宽的阅读面，做统稿性的再次编辑，先行奉予读者。

原先的设想是：因《罗章龙文存》文字量很大，宜分卷编辑，概为忆旧、诗词、学术、翻译和拾遗，拟编五卷，编成之后相当于个人的一套全集。全书目前仍在编辑中。作为首卷的"亢斋忆旧"已排出样书，它包括四编（上编、中编、下编和续编），在此基础上进一步压缩，又编出一套完整的公众通读本，即奉予读者的这套版本。为它另配书名之时，有几点说明且附于卷末。

罗章龙，是中共党史上著名的"逐臣"。在中共圈内被误整错杀的人物，虽说难计其数，而罗章龙在众多被逐能臣中颇显奇特：他1931年遭开除出党，说是"分裂党"，1949年毅然选择留在大陆生活，又长期受到最高领导的关心，党内虽未获平反更正，终以百岁高龄安然辞世，骨灰被允许放入北京八宝山。他的生前身后，人们一直关注着他的回忆录。本书付梓之前，已有两种正规印行的版本：一是1984年北京三联版《椿园载记》，单册，20多万字，发行量可观；再是2005年美国溪流版《罗章龙回忆录》，上下册，80余万字，发行量可怜。两种回忆版本，都没能采用初拟的书名，前一次是听从意见，作者自己更换的；后一次则是出版方按常规处理，作者已作古。

检点作者留下的回忆文字，除去不成篇章的零碎纸片，可分为"成套"和"散篇"两类。按照作者意愿，整理这批遗稿时拟定的书名是"罗章龙文存·亢斋忆旧"。这套完整的忆旧文稿，主体是"亢斋载记"，另加"亢斋散记"和"自传""年谱"等组成，还有多篇附录。整理时着眼于文存，因而谓之"文存版"。文存版预设的读者偏重于专门研究人员，尽力保持原稿原貌，对于普通读者则有顾及不足的一面。十年前的溪流版，就采取这一编排思路。而先行付梓的三联版，则是从"亢斋载记"中抽出的部分章节，另改了书名，并不完整，尚未考虑整体的编排思路。

说起"亢斋载记"，自有来历。为何叫"亢斋"呢？——那是"亢慕义斋"（Das Kammunistsches Zimmer）的简称，当年音译时，在字眼的推敲选择上狠下了功夫。其本意是"共产主义小屋"，即北京大学马克思学说研究会。该会活跃于"五四"之后，名震北国。作者是研究会的首任书记，有详细记述，本书中已收。又为何叫"载记"

呢？——它的本意是"非正统者"的史家史笔，并不僭越正统，属于另类定位。作者被迫离开中共组织后，望峰息影，萌动"逐臣肺腑言""烛照越千年"之心，俟战乱结束，至"文革"前，回忆工程完成第一稿，记录了半个多世纪的人生历程，也凝聚着对毕生事业的回顾，所以定名为"亢斋载记"。书稿誊清后自家密藏，等待时机公开。这一宗回忆的动笔与定稿过程，罗星原在"附言"中有所介绍（请参阅本书下册第1023～1027页）。

上世纪80年代，作者以耄耋高龄重返北京政治场面，有了发表诗文出版著作的机会。当时正统观念笼罩，"亢斋"归正统的意识形态，搭上非正统的"载记"，明显的不合时宜。作者不由想到了"椿园"，它与广州的春园谐音，那是中共"三大"的会址，作者在"三大"会后，党内排名紧随陈独秀，位居第二。以这一段之光彩，再借常喻长寿者的"椿"字，化作书名，顺顺当当。随后，作者的诗集，用"椿园诗草"名正式出版，取代了早先预拟的"风云集"之名。进入新世纪后，"罗章龙文存·亢斋忆旧"的电子文本交旅居美国的华裔做书人，出版方为促营销，改成了直白的书名，原书名没有作废，留作副题。所以，已刊印的两种罗章龙回忆，都没有用上初拟的书名。

新近重版作者的长篇回忆，除了内容力求完整，并对读者的需求有所考虑，既侧重于公众阅读，又兼顾学者研究，故谓之"公众版"。在此定位之下，动手做统稿式的修订。所谓统稿，就是把不同时期分撰的各种底稿，做进一步的整理，消除体例不一、前后重复等欠妥之处。

首先调整编排架构。取文存版的散状底稿，脱开"四编"的既有章节，将纵向的三条时间线索纳入单一的总线，依时序贯通，分为四个阶段——人生早期、党内前期、党内后期、离党之后——编年叙事，略去重复的段落，另组章节；凡需补贴标题的，依据原文，查寻要义摘取数字,权当标题。

再是统一叙述的人称。文存版的上编为第一人称,中编为第三人称,下编、续编则两者混用,作者动笔时的外在压力形成了这一现象,他生前已注意修订,改用第一人称,但没有改完。文存版上出现的不一致,研究者可以接受,公众版则不妥,因此本书统改为第一人称。

三是清理订正的痕迹。删减了对疑错字、漏字、衍字作订正的前后状况,不留标注;对辨认不清的字(以口代)、缺字(以◇代),偶有保留;原稿有意隐讳的"×"号,多予保留。

最后一步,将各类注释精细化,去掉粗放的,保留到必须注明的文字一侧。原底稿中的"按"或"注",文存版已标出"原注"或"补注"之类的,公众版统稿时则视若同类加以精简:凡与自述文字衔接的,化入行文中;须保留释文的,改用脚注方式,不再标明释文的草拟者,权当归并。对书稿中的西文,尽力核对订正,遇无法细究的,或略去或保留,不另作说明。

本书的"附录",大体照搬文存版的附录,略有增减。但在编排时不以史料跟踪史事,不再零散式分布于相关篇章的前后,而是集中于全书的尾部,让读者自行对照本书的相关段落、相关事件,作参考阅读。

至此,统稿不伤筋骨,不擅增一字,仅缩去十来万字,草成一套公众版,约七十万字,奉予更多的读者,或供翻阅,或供研读。希冀它不失记事流畅,不失连贯达意。

历经多年数次反复,终于打磨出这套"新书",有理由另拟书名,既区别于旧版,又体现再编作为,并符合作者自身本意。这才冠以新名:逐臣自述——罗章龙回忆统稿[1]。

---

[1] 系 2015 年自印本所用书名,新编的书名及副题均做更改。——编者补注

以"逐臣"自述，心境何堪！溯自上世纪30年代，作者沦入此境，既遭贬谪，身背"分裂"名，为红白两界所不容，隐遁经年，"磨血"著述，偶取锺嵘"人代冥灭而清音独远"句自慰。时至今日，透过此书纸背，不同的读者若能与作者实现心灵沟通，足以告慰作者在天之灵；至于各方研究者，关注堪称"独家"之史料，心忧其传世价值与否，或可留意"罗章龙文存"全套文稿的整理、刊印，直至向整理者索取电子文本，自当以"学术乃天下公器"之心精诚相待。

> 万事安能如众意，事无不可对人言。
> 胸怀坦荡如天地，史笔遥尊司马迁。

诵读作者晚年复出的"杂咏"之句，句句犹在耳边。老人怀宝迷邦之情，几乎尽在忆旧笔底。展读本书之余，联想"分裂党"的指控，屡有政党的顶层滥用于戒斥他人，却不思己过，延续大半个世纪，从党内血腥、借刀杀人到广场血腥，无论秘密流产的，无论公然实施的，总伴有高级别的领导人获此指控……再睹再思，沉也沉哉。

烦言不赘。谨此致意：本书历经磨难得以适量印发，尤须感谢惦记它、推荐它的有心人，包括濒于黜逐的胡耀邦，包括于逐臣逆境中大彻大悟的郑超麟、李锐、鲍彤，同时感谢各位专家、编辑的指导，恕不一一举名，尤其是一次又一次试图通过国内公开出版的业内各位行家，也预先感谢最终承揽书稿助其面世的热心人。

《罗章龙文存》初稿整理者
二〇一五年六月下旬

目 录

（上册）

新编版说明 ·· I

第一部分　人生早期（中共建党之前）

浏水乡国 ··· 2
出生与家人 / 读私塾 进小学 / 先行事略 / 丙午战役 / 湖南光复及焦陈被害 / 浏阳诸子 / 联合中学 / 长怀联中

新民学会 ·· 21
二十八划生征友 / 新民学会成立 / 东游返斾 / 新民学会北征 / 赴法勤工俭学运动 / 隆然高炕 大被同眠 / 萧子升 / 留守北方 / 新民学会通信集 / 会员的离心倾向

北大生活 ·· 51
京大 / 文人荟萃 / 辅仁学社 / 共进社华尘影 / 蔡元培出长北曦园 / 北大新闻学会 / 一代报人邵振青

五四风云 ·· 80
行动小组 / 新的政治动向 / 北京大学马克思学说研究会 / 马克思学说研究会人名录 / 马克思学说研究会的活动 / 亢慕义斋 /

列宁使者东来 / 组织非宗教同盟

激浊扬清 ·· **126**

《新青年》的纲领 / 认识陈先生 / 革命领导者 / 北大内部情况 / 团结安那其主义者前进

第二部分　党内前期（受陈独秀领导）

建党初期的主要活动 ·· **140**

北京共产主义小组 / 北京大学社会主义青年团 / 中共第一次全国代表大会 / 中共二代会前后

中国劳动组合书记部北方分部 ································ **160**

中国劳动组合书记部 / 中央九月扩大会议 / 北方工运工作开展 / 长辛店劳动补习学校 / 和工人相结合 / 工人斗争大本营

中共北方区委 ·· **185**

李守常与北方区委 / 北方区委的各项工作 / 创办北方区党报 / 《工人周刊》的印刷与发行 / 声援罢工斗争 / 坚持阶级教育 / 工人心目中的《工人周刊》 / 《工人周刊》社与劳动通讯社 / 《劳动界》与《劳动周刊》 / 《工人周刊》建刊时的主要编辑人员 / "劳动文艺"专栏 / 冰窖胡同政闻 / 北方区委与国会议员接触二三事 / 东方民族大会 / 怀冰庐

陇海铁路大罢工 ·· **227**

陇海路工人的境况 / 罢工的缘起与爆发 / 罢工胜利 / 王会长舌战西宫 / 游天洋与白眉珊

北京迤东地区的罢工斗争 ···································· **256**

规划和起步 / 山海关与唐山罢工 / 开滦五矿沿革与斗争形势 / 开滦罢工的准备 / 羽檄纷驰 声援罢工 / 募集罢工基金 / 矿务局

让步与复工 / 铁牛事件 / 罢工经验与教训

罢工扩展 **291**

长辛店工会成立 / 制定斗争方案 / 京汉铁路八月罢工 / 八月罢工谢函 / 粤汉路罢工 / 京绥铁路罢工 / 正太铁路罢工 / 九项要求与五项条件 / 高登五巧计退敌 / 津浦一路 斗争激烈

"二七"大罢工 **318**

京汉铁路总工会成立大会 / 风云突变 全线罢工

（中册）

"二七"大罢工 [续] **330**

自北而南——京汉路工人惨遭屠杀 /《京汉工人流血记》

第三部分 党内后期（陈独秀去职以后）

中共"三大"及中央执委会 **348**

"三大"前后 / 中央执行委员会 / 关于中央通告 / "三大"前后发行的主要报刊 / 三曾里三户楼 / 国际代表马林 / 金陵聚散 / 环龙路国民党执行总部 / 国民党上海执行部 / 国民党诸政治人 / 胡与汪平衡力量 / 两派斗争

各地建党工作纪要 **387**

中共北方区委 / 中共北方建党工作 / 关于东北建党 / 建立不朽功绩者 / 中共南方建党 / 中共浙江省委全貌 / 钱塘江行 / 两湖波澜壮阔 / 江西等地建党

国共两党争衡 **415**

斗争序幕／双方争执／黄埔军校壁垒森严／三月二十日事变／大革命高潮及其危机平行进展

欧洲十国行纪 ······ 425
行装与护照／交民巷初见加拉罕／汉堡会议／阿姆士特丹重晤马林／巴黎十日／游历德国／奥地利 瑞士／东欧诸邦／莫斯科／西伯利亚／莫斯科东方大学

重返北方 ······ 441
中共第四次全国代表大会／受命北旋／特立入狱与出狱／北行任务"到北方抓群众去"／王春熙同行／京东会议及北方区全体会议／豫陕地区普遍建党／孙中山北上之一幕／石家庄与南口地区事变／青济风云 意外挫折／津沽、焦作工潮／一九二六年北京印厂案／黛茜

南行赴粤 筹备北伐见闻 ······ 475
北伐筹备会议／在广州停留／番禺尘影／顺道返里／重临春申江／中共中央七月扩大会议／上海十月军事暴动／三暴见闻／离沪赴武汉

革命高潮 国共分歧 ······ 504
武汉国共合作政府／北伐经过／收回汉口、九江英国租界／国民党二届三中全会召开与国民政府正式成立／汪陈宣言／中共中央与湖北省委及其工作／工运农运 工农武装／中共第五次全国代表大会／国共分歧／武汉反蒋运动／东征问题辩论／第二次北伐与郑州会议、徐州会议／湘鄂军阀武装叛乱／中央与省委的争议／云梦诸人

国共分离 ······ 544
武汉经济危机／工人纠察队解散／国际忽来指示／武汉国际人士及其撤退／中共全党组织新部署

大革命失败前后的反共大屠杀 …………………………………… 560
    北京苏联大使馆案／反共仇杀事件开端／搜捕共产党员持续数年／各地"清党"／白色恐怖结论

第三部分　党内后期（陈独秀去职以后）

八月见闻 ……………………………………………………………… 580
    南昌兵暴／南昌起义总结／八月汉口会议缘起／国际东方部的突然袭击／汉口八月会议经过／临时中央严重渎职／汉口会议结论

湖南秋收起义 ………………………………………………………… 601
    到湖南去收拾残局／整顿组织待机反攻／秋暴准备／军事失败三湾改编／长沙暴动经过／龚、庞、蒉等人牺牲／秋暴失败的消极因素／重莅武汉／长江局见闻

临时中央与泛暴动主义 ……………………………………………… 625
    上海十一月扩大会议／暴动发动群众／广州暴动／长沙灰日暴动／其他南北各省暴动／泛暴动结论

中共第六次代表大会 ………………………………………………… 641
    去莫斯科举行／正式会议／代表言论集锦／十大纲领与党章／中委选举／莫京春秋

中央工委及全总 ……………………………………………………… 663
    中央工委恢复／太平洋工会会议／刊物复刊或创刊／恢复日常工作／分途指导工会斗争／到广东香港巡视／九龙会议

（下册）

中央工委及全总 [续] ············· 682
　宋王石野餐／两次全国性会议

从三中全会到四中全会 ············· 687
　六届三中全会／群起批评 东方部斥责／王、博多次谈话／中央
　工委谴责东方部狂妄／四中全会篡党之一幕／临时中央的犯罪
　行为／花园会议 在所不惜／花园会议的政治逻辑：强词夺理／
　众志成城，化险为夷

中共中央非常委员会 ············· 716
　对于采取非常措施的辩论／中共中央非常委员会成立／石路宾
　馆座谈／"非委"组织系统及其所属各级机构／中国苏维埃准备
　会议／"非委"的纲领提要／非常委员会工作新貌

残酷斗争祸延全党 ············· 743
　米夫策动残酷斗争／无情打击／上海东方饭店事变／临中阴谋
　内幕／龙华二十三人就义

党内生活印象 ············· 756
　愚园路地下生活／生死战友／上海非委烈士追悼会／邓安石（中
　夏）轶事／邓著《中国职工运动简史》评议／但一言行录／德隆
　其人／蠖生文评／苍梧特使／陈郁同志／党史上的向忠发及其
　集团／向忠发纳妾

第四部分　离党之后（人生又一程）

全党危疑 ············· 828

向忠发等投敌 / 非常委员会北方惨案 / 苏区反右,"你死我活!" / 政治黑暗与文化荒伧 / 东北行纪

峰回路转 ········· 842

东北三教授 / 我被捕入狱事件始末 / 杨杏佛被暗害 / 有关政治陷害问题 / 与双照楼往还经过 / 再说南京被捕入狱问题 / 到河南大学 / 暑假往青岛 / 波澜渐起

兵变内幕 ········· 862

西行入秦 / 开展军运工作 / 实践军运工作 / 新型武装 / 兵变频仍 / 与张学良、张冲的接触

抗战期间 ········· 883

南迁避乱 / 入蜀 / 往西北 / 城固八年 / 静极思动 / 三渡剑门 / 在西大最后半年

湖大六年 ········· 903

南归故乡 / 国立湖南大学"马克思列宁主义学会" / 校外活动 / 参加土改运动

第五部分　附　录（计十四件）

附录一：一九八四年版《椿园载记》自序 ········· 924

附录二：罗文虎谈早期五次党代会（中共一大至五大） ········· 927

附录三：力争紧急会议反对四中全会报告大纲
　　　　（一九三一年一月） ········· 934

附录四：中共中央非常委员会文件（四份） ········· 943
　　　（一）中共中央非常委员会致共产国际信 /（二）中共中央非常委员会告全党同志书 /（三）中共中央非常委员会致中共各苏区信 /（四）史文彬等给东方部信

附录五：中共中央非常委员会通信选（五份） ·················· **952**
　　（一）许炳艮等给陈郁信／（二）罗章龙致张国焘信／（三）罗章龙、王仲一致贺龙、贺锦斋信／（四）罗章龙、刘鄀致夏曦信／（五）罗章龙致毛泽东信（残件）

附录六：陈郁《反立三路线中我的错误经过》 ·················· **957**
附录七：上海东方饭店会议前后 ······························ **964**
附录八：伊罗生《草鞋脚》序言（节录） ························ **972**
附录九：致中共中央政治局润之主席函
　　　　（一九四九年八月二十二日） ···················· **974**
附录十：致中央政治局常委会函（一九七九年十月） ············ **978**
附录十一：前共党中委罗章龙宣言 ···························· **986**
附录十二：自首共党罗章龙发表宣言陈述过去错误 ·············· **990**
附录十三：关于中央社公布马绍武发言的说明 ·················· **991**
特别附录：中共六届四中全会前后日程纪事 ···················· **994**

作者后人的附言 ·· **1023**

第一部分

人生早期

（中共建党之前）

浏水乡国

出生与家人

我于一八九六年十一月三十日晚十二点即旧历丙申年十月二十六日亥时出生,"八字"即为丙申己亥丁亥辛亥。周岁时命名璈阶,字章龙,号文虎。我弟名舞阶,字章凤。我俩命名之意取自吴均诗"凤舞龙璈奏太平"句。进大学任教授后,易名仲言,号沧海。笔名张真、真君等。[1]

我出生在湖南浏阳东乡浏水北岸,地名化龙桥的村庄(沔江村),村前有一条小河叫沔江,不能通船,是一个美丽的农村。祖辈以来家世务农。曾祖父罗尚含(可贞)是个农民,活到九十三岁,勤劳智慧,略有文化,对待儿孙是很严格的。祖父凤楼也是农民。父亲泰钧(葛荪),我少年时代他是在上海高昌庙造船厂做工人,几年以后,船厂营业不振,大批裁减工人,他就回乡生产。

我的母亲姓夏,外人叫夏太夫人,善良温和,坚韧朴素,略识文字便自学,能看古典文学、历史,能背诵《四书》《史记》中的很多段落。外婆只有此一独女,没有亲儿子,对我非常钟爱。我在外婆家住得很久,一去就住几个月。故曾云:"我亦凄凉托外家,如今

---

[1] 作者个人保留的《北京大学毕业证书》上注明:"罗璈阶,字仲言(以字行),号章龙,笔名文虎。"通过整理编辑他的回忆录,查《罗章龙著述目录》等资料,所见他用过的笔名还有:纵宇一郎、征宇、亢斋、景、沧海、真、君、之、张俊、罗宇云、景云、梦苹等。

橐笔走天涯。"外婆很早就守寡。母亲共养育子女四人,我、弟弟章凤,大妹章勋,二妹章簏。我童年时代依母课读,所受教诲甚深。母亲对我说:"一个青年人第一多读书,求知识,读万卷书,行万里路,广交朋友,求'名师'。"

弟弟章凤原名舞阶,一九〇六年生。幼时因家里无力供给读书而失学。一九二五年他考入广州农民运动讲习所,与王首道、韦拔群、王恩茂、张平化等同学。一九二五年在广州入党(陈延年介绍)。毕业后被派到湖南安乡县工作,他在安乡组织农民协会,被选为农民协会政治委员,并组织领导农民协会武装。湘西农民运动迅猛发展中,他领导打倒土豪运动,与当地土豪地主武装发生激烈斗争。在一次战斗中,他被敌人围困,双方战斗激烈,援尽粮绝,他突围后又领兵返回,将敌人武装击溃。一九二七年四月因湖南农民协会工作需要调往省城。随后又派他到武汉军委接洽工作,中共中央武汉方面当时省委军事人材很少,即留他在武汉中央军校学习了一个时期后,派往蒋先云处担任营指导员,时陈赓为该营营长,章凤屡立战功。大革命失败后,一九二七年八月派往苏联学习,与朱瑞、黄火青、常乾坤等同在莫斯科炮兵学校学习。一九三〇年回国,在中央军委工作。同年派往中央苏区,行至福建上杭,因交通阻塞,折回上海,任苏维埃准备委员会副主任兼保卫科长。一九三一年四中全会后,他参加"非委"[1],担任"非委"军事委员会主任。他曾在上海东方旅社被捕,旋即脱险(化装为厨工)。一九三二年又被敌人捕去,因患重病被送到虹口同仁医院,与外界隔绝,断绝联系,临危时才通知他的家属,俟家属到时已被迫害致死。死后见他身上伤痕累累,青紫遍身,家属把他葬在上海闵行公墓,立有墓碑,遗子一人。(他原住楚春酒楼,"非委"一交通站内,被敌人发现。)

---

[1] 即"中共中央非常委员会",作者有详细的回忆。

大妹章勋（湘南，一九〇二年生），一九二七年躲避白色恐怖逃至上海，展转流亡，曾在纱厂工作，任杨树浦区书记，后被迫害致死。

二妹章箎（一九〇三年生），十八岁时因受家庭牵连及婚姻失意种种，被迫害死。

读私塾　进小学

一九〇五年我九岁时，读私塾（广学书屋）。次年（丙午年）发生平浏起义，战场距私塾广学书屋五里路，起义兵与清兵血战一个多星期，起义军有一万人左右，都是农民，萍乡的工人，手工业工人，领导人是姜守旦。双方炮火十分猛烈。我曾看到一个烧得通红的炮弹飘到学校的墙上。起义军用的是旧式武器，弓箭枪炮，清兵用的是毛瑟枪。结果起义军战败，死亡五千多。这对于我一生是很大的教育。老师诗中有句云："白骨萦蔓草，碧血染黄沙。"正是彼时写照。

一九〇七年，我十一岁，进狮山书院小学。这是一个公费学校，衣食住都解决了，安心读了三年书。狮山小学不交学费，不交伙食费，一年发两套衣服。辛亥革命以后，废除科举，兴办学校，便将狮山书院养秀才的钱作为经费，南台小学也是如此。又因为封建势力，秀才们反对学校，造谣说，进了学校就要当兵。而穷孩子则看见有饭吃、有书读，不仅不怕还争着去。因此报考的人很多。一年级收三十人。我入学后，学校做制服，裁缝是个好人，看我是个穷学生，知道我没有棉衣穿，就叫我回家拿点旧布和棉花来，为我做了一件棉衣。棉衣做好后，还在衣领上绣上"狮山小学"四个字。我穿上制服，心中非常高兴，读完三年以后，又要考高级公立小学，公立南台小学设在县城。

到一九一〇年，十四岁时初小毕业，考入县立南台高等小学。

学校一届有四个班,每班五十人,也是公费待遇,对学生施以严格的德育、智育、体育训练。我在这个学校得到许多好的老师的指导,学习有所进步。其中有一位教师刘人熙,学问很好,书法也好,才气纵横。他在清朝是一名进士,后做过广西梧州道台。辛亥以后,他又做过湖南的都督。他曾亲自在我的作文本批过两句话:"志伊尹之所志,学颜渊之所学。"又批道:"要做好人,须得好友,引醋作酵,哪得甜酒!"他还每日早晨起身教学生军训、舞剑、学诗。三年之中我受到他极大的鼓舞与亲切教导。刘曾托一个姓彭的老师问我,说刘校长要和你开亲,后因为我的父亲是个工人,门户不对而作罢。

我在学校曾做了两篇文章,一篇题为"我的家乡",把平浏起义的事写了一遍,老师认为很有魄力。另一篇是《我的学校》,把学校的老师都刻画、描绘了一番,这两篇文章都得到了奖励。

在这个学校第二年时,我母亲突然发生意外,在一次劳动中把脚扭伤了。当地没有好的医药治疗,渐渐溃烂不治。母亲害病的半年里我就休学。后母亲逝世了,这是我终身的恨事。母亲逝世前,我对母亲说,如果你的病治不好的话,我就不读书了,读书不过是为了改善父母及家庭的生活,母亲不在了,还有什么可读的!没有目的了。母亲说:天下像我这样境遇不好的人不止我一个,你读书是救世救人,又不是为了我一个人。你应该继续读书。她遵照老规矩,在临终前将我的手咬了两个牙齿印,意思是要我记住她的话。

母亲的逝世,是我一生中最大的打击。我意志消沉,不愿去上学。后来彭老师派同学送信来叫我复学,最终我复了学。

先行事略

我在南台小学毕业前的那一年发生了辛亥革命。在辛亥革命前三个月,南台小学发生第一次罢课,反对学监。这是我青年时代第一次参加反抗运动。当时,学生队伍出校游行示威,一直冲进县政府，把那个压迫学生的学监赶走了。领头的学生是杨桓，毕业后他投笔从戎，投考陆军学校，后任旅长，战死沙场。

我自从进广学书屋读书，乡居八载，在青年求学时代所受当年长辈师友熏陶的影响，至深且远。因此，我先应将幼年时期乡贤长辈，革命先行人物言行略志其要，以明个人思想、做人处世思想渊源之所自，这也是"木本水源，先河后海"，理所当然的事。

我童年学习的广学书屋，位于浏水北岸，紧靠着我祖辈所居的化龙桥。初为颜氏家塾，后渐扩充为乡塾，负笈来学者络绎相属。广学书屋原为宗祠房屋，罗氏于明中叶从江西庐陵迁浏阳，其世系远祖为宋罗泌，即著《路史》者。数十传而至敬身。敬身之子上含，上含之子凤楼，凤楼之子葛荪，世代勤耕苦读。广学书屋即上含公所建，其祖训八字云：勤耕力读（勤俭苦学），礼义廉耻。广学书屋主讲为罗孟融。孟融，清代秀才，绝意仕进，以讲学树人为务，前后凡二十年。自撰书塾联云：躬耕陶性趣，岳海宽心胸。孟融讲学不立崖岸，不守宗派，耻攀附，以觉世牖民为主旨，兼重实学。因此从学者振奋有为，自强不息！邻邑学生有负笈担粮从数百里外步行来塾读书者。广学书屋课业以经史诸子为主，科学时务为辅，发挥自由思想，往复辩论不加限制。当时讲演辩论互相参商以决疑端。而对于学术革新、政治改革、历史评价、正人心与厚风俗诸问题，尤为反复致意。

邑人与广学书屋往还者先后有李鹤皋、周频卿、丘湘舟、刘正舥等诸人，均醉心人本主义，以济世安民为志，居恒为学者讲习名理而以躬行实践为归宿。李鹤皋，字九铭，清代秀才，狮山书院教师。丙午之役，涉嫌解职，晚居水竹村，授徒为业。一九二六年与葛荪先生共组乡农会，居革命前列，一九二七年李被何健军围捕，遂遇害。

周频卿，浏阳人，不第秀才，遂绝足场屋，东渡赴日，病归乡里。周于一九一七年与王杨鹏等策划活动，亲做炸弹至北京，袁死返湘。同里罗良干（介夫）侦知其事，乃阴派人刺杀周，夺其凭据，遂冒周功，获选为省议员。罗后因经手印省钞票贪污十数万，依附军阀陷害革命党，最后因敲诈案被杀。按另一说，罗介夫原为长沙广益中学教员时，湘同盟会募人到北京谋炸袁世凯，罗伪为应募，但胆小不敢前往，乃转请周频卿代运炸弹四枚到北京，并嘱周对外勿宣泄此事。周安全运弹至京，罗介夫因此得功，当选为省议员，乃酬周以五十元。外间不察，罗亦俨然以革命党暗杀队长自居，周受其骗，大为愤懑，诘罗，罗乃密令其打手刺杀周，投尸湘江以灭口。

刘正觚，浏邑人，克己敦仁，治学不倦，生平邃于天数之学，对于西方学者哥白尼、伽里略生平知之甚悉，能举出天穹中八十八个主要星座名称，且能释其命名意义。诸星座按春冬四季出现，时间及就绘地绘出北部和南部天空星座简图，对于通过黄道十二个星座，地球运行轨道，了如指掌。正觚又对于灾星变异及其对地面影响，亦加以深思力索，试图说明因果关系。成书十数卷，均未印行，佗傺以殁。临终语其子云："吾著述难传，将蒙万宝常焚稿之厄。"（隋朝万宝常撰《乐谱》九十四卷，不见知于当世，濒饿死，愤而悉焚其稿。）逝世前作联自挽云："问心怀惭，不工不农，万事皆成罪过；入手已误，儒冠儒履，百年总负平生。"

罗瑨阶，字劭白，颜其居曰"宇泰定庐"。劭白是我从兄，为天放业师，时任京师高等审判厅推事。在京时因尝与亢斋[1]诸人过从，故亦兼为书记部义务法律顾问。对于长辛店几次涉讼事件均曾出力相助。劭白藏书极富，博闻强记，泛滥于经史诸家，兼工辞赋，尝引扬子云语云："善赋者当读千赋。"对唐宋诸大家诗均能拈题成诵。劭白为人，生性恬淡，去物欲，屏声色货利，超然物外。于周

---

[1] 此回忆录中的频频出现的"亢斋"，是指"亢慕义斋"团体，即北京大学马克思学说研究会，而不是作者晚年用作笔名的其个人。

秦诸子,最推崇列子。引前人语云:"列御寇资颖逸而性冲淡,生乱离而思寂寞,默察造化消息之运,于是乎轻死生,轻视人间死生之常,于是乎遗世运。"(为黄东发语。)其室中自书一联云:"尘生海水心自在,不殒星空劫常流。"因此李希夷称他思想与亢斋冰炭,但行为却有些和光同尘!劭白物观通达,师法自然,尝说:"万物生长不见意匠经营之迹,无雕饰而自美,不教化而自巧,不生息而自盛,四时行而百物生,究不知其何由致此。吾人攻习生物学所知亦属断章取义,其他科学亦与此同。"彼对政治谓:"动不如静,治世则政简刑清,乱邦则法令滋张,秦皇魏武,惶惶然如蹯火炉之上,以繁苛扰民,使不得安息。民贫国困,反谓非此不足以致治,实愚妄之甚。""二七"之变,劭白辞职出京避难,遂终老乡里云。

上述诸人行谊对于我的教育影响极深,我一生中受用很大,终生难忘。

丙午战役

广学书屋西轩颜回天麓堂,为师生平日集议之所,其所议论举凡天人之际,性命之理,体国经野,旁及书数射艺,无不涉及。虽事久迹沉,流传未广,但吉光片羽,弥足珍视!惜已佚沉无存。广学书屋位于浏水北岸,南对天岩山,地势平衍,水如碧带,峰似翠簪,水车竹林掩映田野,为乡邑胜地。不意丙午义师起时,该地沦为战场。

先是,一八六七年浏阳东乡姜罗段人民罗嵩山等曾起兵反清,师溃三十余年后丙午义师乃崛起。一九〇六年五月浏阳大旱,饥民抢米,民心动乱。邑人龚春台与姜守旦等潜谋,起兵反清,参与密谋者有广学书屋师生二三人。十月初发动起义,起事时指挥军事者为姜守旦、蔡绍南、马福益、龚春台、罗良初与李黄犊等。姜守旦(别名万飞鹏),世居姜罗段,少读书,长务农。后离乡远游,结壮士开山立会。龚春台，本姓谢，名再兴，浏阳东乡三口墩人，原为王姓爆竹坊工人，与姜守旦共为洪会二大首领，龚称洪红会，姜称洪福会。是年十月，姜与龚联合在浏阳东乡大光洞、九鸡洞、姜罗墩一带，聚众一万余人起义，率众首先攻据三口大地主王姓城堡，焚其屋宇，进占沿溪桥及永和市，杀当地团绅数人，劫取枪炮武器甚多。随即分兵越天岩寨，占领高坪小溪等处市镇及乡村。起义时众推龚为大都督，揭"扫清归汉"大纛，龚以中华国民军南军革命先锋队都督名义发布讨满清檄文，年号改用黄帝纪元四千六百〇四年。檄文即广学书屋秀才所草，开宗明义称以驱除鞑虏，收回主权，建立民国为目的，历数清廷十大罪状。（檄文云："起义宗旨为：破千年之专制政体，不使君主一人独享幸福，对社会问题尤当研究新法，使地权与民平均，不致富者愈富，成不平等之社会。"）同时在浏阳南乡有陈春甫于十月十九日在南乡金刚头起义，二十一日攻占萍乡上栗市，二十二日占南乡文家市，二十三日并进占江西宜春、慈化，加入义军者以安源矿工、醴陵防营士兵及浏阳农民为主，共约万人。有新旧枪支三千支，及土炮数百门。

　　清廷见义军势大，乃动员苏、鄂、赣、湘四省大军约五万人兼程前进"会剿"，双方主力接战在离广学书屋五里之永和镇郊外进行。辛亥革命前，当时清军分新旧两部，新军为第二十五混成协，下分四十九与五十两个标，每标三营，共六营，计四千人，驻长沙。旧军为巡防营，下分左、右、前、后、中五路，五十一队，共计一万五千名。中路驻长沙，由黄忠浩统率。在浏阳与起义军作战者为中路巡防营。十月二十七日凌晨，敌军乘雾向永和进攻，并派奇兵绕道火树巷袭其后，义军据水浒庙阵地，以大型土炮数十门轰敌，敌军稍却，旋敌弹击中其火药库，延烧炽烈，义军大溃，死千余人。全军瓦解，马福益死难。

湖南光复及焦陈被害

丙午义师桡败，龚、姜、陈等出走，广学书屋解体，师生星散。孟融、频卿等流亡湘汉数年不归，又与焦达峰、陈作新等密谋再举。焦达峰原名大鹏，字鞠孙，浏北焦溪乡人。在乡倡导心正、身正、名正、旗正，组织四正社。在浏邑及湖南新军内发展社员。辛亥九月（一九一一年十月）辛亥起义，焦与陈作新策动长沙起义。事成，成立军政府，焦达峰出任湖南都督，陈作新任副都督。孟融、频卿等亦分任都督府秘书、参谋。

焦达峰，一八八六年（清光绪十二年）生，家有土地五百余亩，父亲担任团总。焦五岁入私塾，十五岁上浏阳高苏小学，十八岁加入长沙高等普通学堂预备科肄业，与寓之谋交友。一九〇六年参加了萍、浏、醴起义，曾任起义将领李金奇的参谋。失败后逃往日本，入东斌学校学习军事，不久加入同盟会。一九〇七年任同盟会调查部长。一九〇七年八月，张百祥、邓文翚、刘公等共同组织共进会，一九〇七年八月正式成立于东京。一九〇九年回国进行革命活动，到汉口，会同孙武在汉口法租界设立总机关。同年八月回湖南，设立共进会机关，联络哥老会进行活动，有会员一千余人。一九一一年四月后到武汉，与谭人凤、居正、孙武等商议发动革命。十月，武昌起义胜利，焦回到湖南，于一九一一年十月二十二日和陈作新率领湖南新军攻入城内，占领谘议局、军装局和巡抚衙门。杀巡防营统领黄忠浩，长沙县知事沈人。湖南革命胜利，公举焦达峰为都督，陈作新为副都督，建立湖南军政府。军政府成立后，焦达峰把支援武汉战争作为首要任务。三月内，招募新兵六万人，并派遣了由王隆中率领的新编独立第一协出师援鄂。时谘议局长谭延闿阴谋夺权，勾结反革命分子将焦、陈两人谋杀。一九一一年十月三十一日，五十标二营管带梅馨分兵两路，将焦、陈两人杀害。谭延闿随即被拥戴当上了都督，谭将许多革命党人杀害。

我父葛荪因在沪参加工潮，被解雇返乡，偕堂兄瑨阶入湖南军政府任职。我父建议设立学生军，招收青年学生入伍，组织学生军一旅，同时建议开办招贤馆。焦达峰命我父主持招贤馆事，延揽各界革命志士，训练革命军政人材，以为政府臂助。不久，湖南革命内部谭延闿等发生火併，将正都督焦达峰、副都督陈作新（均浏阳人）刺死而夺其权位，我父被迫往外埠逃难，久离乡里。他到湖南水口山铅锌矿山工作了两年，因事被陷于长沙监狱，诬他亏欠公款。

先是，我在第一联中读书时有历史教员姜济寰，他虽身为县长，但每星期自愿来第一联合中学教学三点钟。我历史成绩全班最佳，一次老师提问，我回答极好，超出了书本知识，是直接看了王船山的文章所致。下课后，姜老师让我去谈谈，并说送一本史学以资奖励。我欲将父亲陷狱事告诉老师，又不敢讲。第二次课后，姜老师又让我去，并将带来的书给我。我乃将同乡易科生所写的辩诉书交给姜老师。姜老师看后说："你家很穷啊，为了几十块钱吃官司。你明天再来。"次日我去姜老师处，姜老师对我说，你的父亲可以释放。并称自己认识他，不用保，第二天立即释放出来。姜济寰后来参加中共，一九二七年参加南昌起义，任工农委员会委员，在一次战斗中，为乱兵所杀。他身材高大，很胖，仪容出众。

我父亲出狱后在湖南一锑矿公司的工厂做工人，几年后，一九二六年湖南农民运动风起云涌，他回到农村组织农民协会，斗争豪绅地主，为农民所热爱和信任，被推选为铁山乡农民协会会长。一九二七年来到武汉，在武汉政府工作。他和董用威（必武）、詹大悲（质存）等参加湖北财政委员会，任财政厅工农厅专员、省政府专员。大革命失败后，詹大悲被害，反动派通缉他，他逃到武昌卓刀泉一个农民家里，后流亡长江下游。一九二八年，罗亦农在上海被害，误传为我被杀，反动军队藉此到我家搜查，逮捕多人，表妹胡里英被杀。我父亲惊骇成疾，旋即逝世，全家均破。

焦、陈被谭延闿谋杀，谭自为都督，向袁世凯输诚，革命党人被逐，新兴官僚与财团代起，统治湖南。袁世凯叛国时，一九一三年七月湖南宣布对北廷独立。八月十三日谭延闿通电取消独立，旋亲自进京向袁世凯请罪，判处徒刑，特赦，谭遂落职。袁乃派其爪牙汤芗铭督湘。

一九一六年焦达峰之友，湖南湘乡人杨王鹏与龚铁铮、殷之铬等于一月十日到长沙与湘军混成旅联络，决定二月二十八日合攻汤芗铭。二月二十日因谋泄，提前于二十一日下午四时单独率敢死队百余人分途猛攻汤所驻之将军府及西长街警察署。两路均战败，伤亡殆尽，杨龚等均牺牲。焦、陈被怨杀后，孟融不能立足，乃出走。一九一六年四月，孟融同居正等赴山东半岛组织讨袁军，号称中华革命军东北军。五月攻克潍县周村，共事者有许崇智、廖仲凯、朱霁青（任第一师师长）、吕子人（任第二师师长）。孟融曾参加十五日夜袭济南之役，坠马受伤。一九一七年袁死黎继，山东民军改编，孟遂解职往北京。孟融在北京居留时，因与中共革命人士往还，后孟融归湘组织农民协会被逮，经营救出狱，后赴汉口。一九二七年春至汉口，任武汉政府农政部秘书。同期间葛荪任国共合作武汉政府财政委员会委员。大革命失败后，二人均离职流亡沪上数年未返里。

浏阳诸子

在小学时代，我就结识了宋天放、李让泉、萧盛礼、贺天健。

宋天放是个名父之子，家中富有，他是谭嗣同的表弟，并保存有很多谭嗣同文章原稿，他常常带我到他家参观他收藏的谭嗣同的遗物和像片，还有谭嗣同的剑。剑非常锋利，一抽出鞘，满室生光。

李让泉是全校出名的运动健将，能文能武，能背诵《昭明文选》数十篇。他是农民的儿子，绰号"小周瑜"。毕业后同我一道进联合中学，最后投笔从戎，意图在军事上做一番建树，遂考入湖南陆军讲武堂。不幸因过分用功，患肺病而死。

萧盛礼，字乐天，浏阳北乡焦溪岭人，与焦达峰同里，深受其游侠思想影响。后入长郡（联中）肄业。乐天少习武，好兵书，是位赳赳武夫，但书法很佳。他少时思想激进，先天下之忧而忧，口口声声要做英雄豪杰，不愿做一个庸碌的书生。他自己写了一副对联挂在书房里："柳营春试马，虎帐夜谈兵"。其◇父坤逸以书诫之云："小人好尽，君子守中，世之小人快其志于俄顷，危国丧身，受祸必酷。"又谓："即欲从事政治改革亦不宜为天下先，更不必起步过早，如此易为人所乘。远如项羽，近如焦达峰与谭延闿之事，均可证明急进者易败，而伺机持两端者反获成功。"并引证云："项羽年二十四，率先起兵击秦，进锐退速，刘邦年四十八，于项羽为后进，终以权谋获胜。鼎革之际，历史人物升沉，大都是后来居上。"乐天覆书抗辩，谓："侄愿为陈涉、张角，决堤纵火，不愿因人成事，安富尊荣。否则梦梦一生，怎能过得去。"坤逸不能难，只得任其所为。乐天感时悯世，尝发愤云："时势如大锅煮粥，揭盖则稀烂一团，加盖则暗无天日，不施大手术无法苟延。"乐天与天健相约要救国须从组织武装入手。因此，天健入烟台海军学校，让泉进湖南陆军学校，彭光间考入湖南陆军中学，乐天入警官学校。后来李因病早殁，彭任桂军军官无法展布。乐天毕业后，任桃源县警察所长，与当地驻军深相结纳，日夕练兵。尝因久骑，尻部生茧，不能仰卧，露宿野外与士兵共甘苦。旋调任浏阳警察所长，他联络一些失业军人、农民、学生，在浏阳组织了一支起义军，起兵抗北廷，驱逐北洋军阀派来的县长，宣告成立浏阳县独立政府，聚众五千多人，聘请宋天放为军师。他亲自到我家报告起义的事，要我家转告我回家帮他主持军事政治。他把县政府的印交宋天放保管。后敌人派出几倍于他的军队，包围了浏阳，激战七八天，城被攻下，萧带队冲出去，又被北洋军阀张敬尧的骑兵包围，不幸被俘。在狱中，大家问他，他说军家胜败也是常事，我是个播种子的人，不一定能亲自收获，但是我已经尽了我的责任。遂慷慨就义。乐天遇害时年二十四岁，虽生命光辉一闪即逝，但求仁得仁，于心已安。天健为词以吊之，有句云："百丈洪炉内热凝，长空浩荡激雷霆，千秋万岁浏水畔，应知堕泪有碑文。"

贺天健，浏阳人，力学向上，自强不息，泛滥诸家，博赅群众，文采尤美。后与我、与成皋、天放、盛礼等共肄业于南台小学。校长刘人熙（一九一九年曾一度任湖南都督），字蔚庐，号艮生，谭嗣同、唐才常当均出其门下，亲为学生，讲经义修身等课。尝云："要做好人须得好友，引醋作酵，哪得甜酒。"经常勉励同学志伊尹之所志，学颜渊之所学，又主张陶冶东西，化一家天下之私，为万民共治之公。他勉励全校师生，故人人发扬蹈厉，以天下为己任。天健实其中翘楚，人熙尝称："贺生文采若明珠编贝，盘盘大器，若函牛之鼎，前途未可限量。"一九一〇年冬，我偕贺天健步行浏水两岸高山深谷中，当岁暮踏雪登鲤峰，信宿阳明馆，互以张骞、班超自期许。天健与虞卿同为周氏外甥，周氏乃三口周国虞后裔。周于一八四二年组织忠义堂（亦称征义堂）起兵抗清，一八五二年率兵西进，围攻县城，猝遇强敌，遂跃阵而死。其曾孙周在田与天健同学于狮山，誓为家国雪仇，天健后遂投考烟台海军学校，思于此有所建树。毕业后被派至琼州见习，旋因母病请假归里，假满赴秦皇岛任职，因与上司意见龃龉辞职。天健返里后，在北军驻湘期间与萧乐天、宋天放等策动浏阳独立，事败，乐天被杀，天健出走。

贺天真于浏阳独立之战役失败后，随其兄天健遁逃至北京时亦寄住冰窖胡同，与伯英共同参与书记部工作，相处甚为相得，因此伯英欲留她在京工作。但天真却因不惯北方生活，勉留数月，坚请南归。伯英诘问其故，天真初不肯遽告，但云母命。伯英答："我当代向伯母请命。"天真笑道:"昨日家妹来信云:江南春光大好。故乡紫苏菜鲫鱼豆腐等我回去,使我竟夕梦绕家山,你看我还能革命吗?"伯英后以此事转询天健,天健道要加入革命行列,非有大勇不济事。天真自承无此勇气,她认为人们的生命极可珍贵!吾人不愿以庄严的生命,博取虚伪的共和。个人在没有看清楚事情时,决不愿草率从事。伯英闻语后,知不可强,乃听其自行南归,并约同学饯送于西车站。临行祝天健与天真前途保重!伯英并叮咛天真:"回里后自求前进,天下事万途一轨,革命不分南北,各处雷鸣一样闻。"天真闻语颇感奋,欣然登车而去!

与天健同班之胡九思,于一九二七年参加革命,在浏阳小学被逮,夫妇同死难。

广学书屋在丙午(一九〇六)事变后解散。一九一五年北廷以张敬尧督湘,张率北军二师驻守长沙,施政暴虐,全湘人民陷入水深火热,惶然不可终日。盛礼乃与天放、天健等计议驱逐北军事。一九二〇年春三月,乐天遂起兵驱张,占领浏阳,宣布对北廷独立。北军战败西遁,乐天乃自草檄文申讨北洋军阀政出私人,法纪紊乱,在财政方面搜刮横兴,取之尽锱铢,耗之如泥土,令全湘之人枵腹以饱人,露体以衣人,生无以养,死无以葬。檄令既布,远近来归者甚众!遂编成一师二团,布新政于民更始。未几,北军援军大集,乐天挥军奋起与数倍于己之北军鏖战。战局初胜后败,乐天自陷重围,自知不敌,乃召其部下勉以大义,封县印,封财物付于县民,率众突围而出。敌军追击不及,北军校官某入城见所封财物堆积成阜。乐天突围后将其众交部将潘某率领就地游击,自离军欲转湘西策动援军。途中不慎为巡逻者所获,槛送长沙,遂遇害,时一九二〇年五月。未逾月,即一九二〇年六月,张敬尧受湘人强烈攻击,终无法立足,率队离湘北遁。乐天策动浏阳独立同时,请求葛苏派专使至保靖与湘西某部营长孙雄飞联络,共同行动。葛苏与孙为异姓兄弟，立允其请，但因当时通讯迟误，孙发动时东路浏阳已失败，北军另派兵袭孙，孙亦被包围，全军覆灭，孙雄飞本人亦牺牲，时年四十二岁。孙军既败，葛荪因同谋涉嫌被捕，囚长沙县狱，后经易柯僧设法营救，六月后始获释。出狱后离湘避难经年始返。

浏阳诸子，鉴于过去若干次军事运动失败，于是废然思通，认为今后革命道路有改弦易辙的必要。尔后，遂与中共取得联络，一致行动，参加工农革命运动。

联合中学

萧盛礼牺牲之后，辛亥革命发生，招学生军，我就报名到省里当学生军。后检查身体不合格，没有考上，就考取了第一联合中学。

第一联合中学是全省最好的一个中学，公费待遇，免收学费。第一天开学收八百人，一年级六百人，共有五千多人参加入学考试（"联中"不收学费，是由十二个县合资来办）。那时我想恐怕难以录取，如不录取，便无钱读书了。我住在旅社，患得患失，心情非常不安。发榜是一天夜晚，十二点贴出的，听到消息我就去看榜。在榜下徘徊了几次，未能看到自己的名字，不禁十分失望，心潮起伏难平，但无意中我的名字被旁的同学发现，于是我入学了。

第一联合中学校长订了一套极为严厉的制度管理学生，而老师缺一点钟课，迟到十分钟也要扣薪。在第一联合中学中，我得了两次奖学金（每班前三名可获奖），奖学金有十多块钱。校长是个有作为的人，他的座右铭是两句话："坚韧不拔，奋发有为。"他用全副精力要办好这所学校。他首先是慎选师资，所聘教师俱为上选人材。如，语文教师黄琴台（铭功），德文教师海里威，英文教员潘伯士，自然科学教员李国钦（李后留美，为百万富翁）等，都是有名的教师。

黄铭功老先生对我的影响极大，他指导同学读周秦诸子，二十四史及唐诗宋词,并以身示教,发挥了极高的教学效能。我一心不乱,在教师的指导下进行学习,把老师所指定的参考书大部分都读过。黄先生本人书法极佳,驰名海内,他的诗词也是第一流手笔。他曾写过一首有名的联合中学校歌,其词如下:"雄杰古潭州,襟带江湖据上游,旧是人材渊薮。汉家光复,共道湘人新造就。四海尽同胞,况吾亶亶同郡,情联意属相研究,一班班作状猷,一行行步伐遒……"

那时候湖南有个诗人名程颂才的(宁乡人),在游岳麓山风景以后,写了两首五言律诗,描写麓山风物,极为神似,诗曰:

(一)
岳雨洗新霁,潇湘流碧波。树痕穿不断,峰势乱愈多。
斜日枫林晚,天风帝子歌。回看祝融顶,高峰郁嵯峨。

(二)
凭栏不知晓,烟罄堕空溟。一雨连江隔,孤城拍岸青。
寻碑遗北海,濯剑想东瀛。叹息不能寐,天风吹客醒。

黄先生常在秋高气爽的时节带领班上学生经朱张渡到岳麓山去欣赏红叶,登高赋诗。黄先生自己写了不少游山诗。(同学宋天放、李让泉二人对于古典诗词都有造诣,记得宋天放的诗十分豪放。)黄老师曾将自己没有印行的著作五十余卷交同学阅看,并提建议,我们得到很多人格教育和启发。

我在联中时,黄先生对我的影响和教育极深。他为人正直,思想前进,教导有方,全班学生都很拥戴他。他对于我尤其重视,鼓励我上进,启发我思想自由解放。他说:我们将来一定要到月球上去游历,到其它星球上去探索有无人迹。我的作文多次被作为全校的范文张贴在学校公共布告栏,其中有一篇,他给我的评语是:"天马行空阔，雷霆走精锐。"

我班有一个同学王宸（醴陵人），他在班上学习考试时，常常和我争高下，有一次学年考试，我八门功课有五门是一百分，名列第一，他名列第二，心中非常不愉快，对我很嫉妒，甚至在言语、行动上表现出来。有一次，他在黄先生面前攻击我，黄先生教导他说，文虎是英杰人物。王宸听了大为沮丧，在宿舍睡了一天不上课。事后他主动找我，把黄先生对他说的话告诉了我，表示愿同我做好朋友，互相团结，共同前进。从此以后，两人的芥蒂完全消除，班上的事也就和衷共济了。

长怀联中

在联中的时候，有几桩事可以引起我的回忆。

联中宿舍旁边有地名司禁湾，是专门禁锢政治犯的地方，院子里有个法场，常常有政治犯在那里牺牲就义。我们曾经多次看到年轻的反对北洋军阀的革命党人，骈首就诛，血染黄沙，使我们十分激动。气愤之余，我们常常讨论投笔从戎问题。其中，彭光间年纪较大，毕业后被大家推举去北京投考保定军官学校。他的父亲也是个军人。彭被录取后，学习四年，担任桂军见习连长，后因战功逐步升为团长。不幸在北伐时率军到唐山，中道兵变遇难。赍志没地，长怀不已！

我在这时候结识了湘西辰州的一个学生，名叫孙雄飞。他中途退学，回家组织农民武装，扩充了三千多人，占领了几个县城，后被北洋军阀派兵围剿，孙战败出走，逃来长沙，就住在司禁湾附近。他租了一间小房，打算重振旗鼓，再起义师。他常到学校来找我，我也常到他家去，商谈一切有关问题。有一天，他准备就绪，就要回到湘西去，船票已经买好，因临时装货延开，他的行迹被敌人发现，当晚把他夫妇俩人一同捉去，关在司禁湾，严刑拷打，体无完肤。十天后，双双被杀在刑场。

从孙雄飞事件发生后，同学们对于搞武装斗争的事渐渐冷下来了，我们大家想法子把他夫妇的尸首棺殓，并聚集了一些人开了一个追悼会。

言及此，不由忆起孙结婚时，我曾去祝贺，孙一时高兴，敬酒一大盏。我饮尽之后，回宿舍时醉倒在大门外……

我在二年级时，联合联中的各级优秀同学，组织了一个"辅仁社"，其主要成员有熊辉、戴则佃、张孝骞、周邦武、萧成、萧延煦等，郭亮后来也加入其中。"辅仁社"的宗旨：敦品励学，志在治国平天下。极为当时所重。这些成员后来在中国革命的过程中起了一定的作用。

联中毕业后，连续两年失学，我心情非常沉闷。这期间发生了两件事。

当时我的二叔罗孟融因革命失败，流亡在外，他曾邀同几个秀才（他本人也是秀才）在山东潍县组织讨袁起义军，起义军有二千多支枪，四百多匹马，头领是一个湖南革命党叫朱觉仙。这支军队占领了潍县和附近几个县的县城。他们枪支弹药的补充来源是驻防在青岛的日本军队，双方战事进行了一年多，后来袁世凯看到不能消灭他们，打下去亦无结果，于是派议和代表到青岛同他们谈判，谈判结果，把他们军队改编为一个师，保持独立番号，给他们一块驻防的地盘，这样我的叔父就辞职解甲归田。一场轰轰烈烈的革命斗争暂告结束。

当孟融在青岛的时候，他写信给我，想回到湖南找一个自由职业律师做，但他没有适当的资历证明，我就代他考法政学校，进入当地的达才法政专科学校。我进入法政专科学校后从日本方面买了一大批书籍，一面学习，一面上课。我是这一班年龄最小的学生，班上大的学生有五十多岁，学生大半是前清的秀才、举人。学习期满，考试结果，我在班上一百多人中成绩列在第一名，班上人人惊异，都说罗孟融就是这个小孩子！孟融叔听了这个消息，起初还不相信，后来得到学校的正式通知单才相信且惊讶不止。这事传遍了全城。孟融叔回长沙后，执行律师职务，他成为一个有名的律师。

新民学会

二十八划生征友

一九一二年，我由浏阳至长沙求学，就读于长沙第一联合中学，于一九一七年上期毕业，其间我结识了毛泽东。

一九一五年五月中旬某日[1]，我赴司马里第一中学（校址为南宋时辛弃疾练飞虎营遗址）访友，于该校会客室门外墙端，偶见署名"二十八划生"《征友启事》一则，启事是用八裁湘纸油印的，古典文体，书法挺秀。我伫足浏览，见启事引句为《诗经》语："愿嘤鸣以求友，敢步将伯之呼。"内容大意是征求有志于改造中国与世界的志同道合的青年做朋友，其文情真挚、辞复典丽可诵，看后颇为感动。全文约几百字，字体为王右军帖意，系油印件，标明通信住址。返校后，我立作一书应之，署名纵宇一郎。逾三日而覆书至，略云：接大示，空谷足音，跫然色喜，愿趋前晤教云云。旋双方订于次星期日（五月二十三日）至定王台湖南省立图书馆见面，对方手持报纸为记，签名仍是二十八划生。我接信后，惊疑不定。同学陈君圣皋[2]说，届时我亲自陪你去，以防不测。是日，适逢久雨初

---

[1] 二十八划生征友启事时间，约在一九一五年夏秋之间，有关征友动机可从毛泽东致黎邵西信中见到（一九一五年九月），信中云："人谁不思上进，而当其求涂不得，歧路仿徨，其苦有不可言者！"

[2] 陈圣皋，湖南浏阳人，联中学生，学冠侪辈，倜傥多异行。一九二七年前后，陈任里仁小学校长，后辞职隐沦以终。

晴，丽日行空，空气清新宜人，陈圣皋也欣然同往。

定王台位于长沙东城，乃汉长沙定王发所筑。昔人诗尝以潭州与定王台并列，如"定王虚旧业，潭郡古雄州。"北宋时朱晦庵登定王台诗云：

寂寞藩王后，光华帝子来。千年余故国，万事只空台。
日月东西见，湖山表里开，从知爽鸠乐，莫作雍门哀。

定王台表里湖山，风物开廓可观。星期日上午九时左右，我们两人步行到定王台图书馆。陈圣皋在院子里等候，远远地监护我。但见阅览者熙攘杂沓，人数众多。在走廊处有一少年仪表端庄，器宇轩昂，心知即所欲晤见之人。我们乃趋前为礼，彼此互通姓名，方知少年姓毛名泽东，字润之。二十八划乃其名字的笔划数。略谈数语后，圣皋则去阅览室看书，润之建议到院内觅一僻静处倾谈。我颔首作答。于是我领头前行进得院内，寂静无哗，走到假山侧边，我们就坐在一长条石上开始交谈，直谈到图书馆中午休息时止，足约二、三小时始别。

我们首先互道籍贯、学校、班级，随后慢慢谈到学问上去了。他说："我久已知道你的名字（我的同乡、小学同学陈绍麻是他的同班同学），你近来有些什么写作？"我便将大致情况告诉了他。从谈话中知道他曾参过军。谈话内容涉及很广，包括国内外政治、经济以至宇宙人生等等。而对于治学方针与方法，新旧文学与史学的评价等，谈论尤多。谈到音韵改革问题，主张以曲韵代诗韵，以新的文学艺术代替"高文典册"与宫廷文学。在旧文学著作中，我们对于《离骚》颇感兴趣，曾主张对《离骚》赋予新评价。

关于治学问题，润之认为，对于宇宙，对于人生，对于国家，对于教育，均属茫然！因此主张在学问方面用全副力量向宇宙、国家社会作穷源竟委的探讨，研究有得，便可解释一切。两人谈话又涉及到黄兴革命和黄在日本的情况以及他的现状；又谈了一些当时政治、北洋军阀的问题与帝国主义侵略中国的问题。谈话继续有两小时左右。他又引我到阅览室，介绍他所喜欢的报刊、杂志、书籍和彭、刘、杨烈士的相片。随后又谈了一些学习周秦诸子著作的问题。关于生活方面所涉及较少。他的话连续不断，总也说不完。最后，将近中午饭时，阅览室铃声已响，我们才离开定王台。临别，润之表示"愿结管鲍之谊"[1]，并嘱以后常见面，讨论双方感兴趣的问题，并说，"我下个星期日上午一定来拜望你，请你在家候我"。我和圣皋一道回到学校。圣皋说此人孤高自赏，目空无物，不居人下，是个非常的人，看来没有什么问题，你以后可以常常和他来往。

我归后翌日，适一师同学彭道良来访，谈话中提到定王台事，彭乃询其详，我以实告。彭笑道："昨日之事可称三奇会。"我问何故？彭云："圣皋与兄为联中二奇，益以毛奇，岂非三奇？"时黄昆吾同学在侧，因问毛奇之名何自来？彭从容解说道："我与二十八划生同班同学，颇知其为人品学兼优，且具特立独行之性格。他常语人：ّ丈夫要为天下奇（此乃宋王廷珪送王邦衡诗句），即读奇书、交奇友、著奇文、创奇迹，作个奇男子。' 伊本人近所写日记，亦有惊人语，如云：ّ力拔山兮气盖世，猛烈而已！不斩楼兰誓不还，不

---

[1] 斯诺著《西行漫记》内称毛自述："征友初得三个半人，第一个为罗章龙，另外还有两个。"据所知其中一个为湘阴黄焕，即黄铭功老师的侄子，亦联中学生，体弱多病，早逝了。所谓半个人指李隆郅（立三）。后邹彝鼎提到此事云：按通俗解释，一个人是完全的人，半个是残阙不全的意思，含有贬义。但较古典此语亦有所本。昔苻坚谓仆射权翼曰："吾以十万之师取襄阳，唯得一人半耳。"翼问："谁耶？"坚曰："释道安一人，习凿齿半人也。"（见《高僧传》）

又，毛泽东于一九一五年十一月九日寄黎锦熙信提到："两年以来求友之心甚炽，夏假后，乃作一启事张之各校，应者亦五六人，近日以来稍快惟此耳！"记述了此事。

畏而已！八年于外，三过其门而不入，忍耐而已！'（后发表于一九一七年四月一日《新青年》三卷二号）合而观之，此君可谓奇特之士，因此同学中戏称为毛奇，且语意双关。"（毛奇Moltke系德意志建国时普鲁士著名将领，在普法战争中功绩卓著。）

后我又以彭所语往询同乡陈赞周（圣皋之弟，亦在一师肄业）。赞周道："润之气质沉雄，确为我校一奇士，但择友甚严，居恒骛高远而卑流俗，有九天俯视之慨。观其所为诗文戛戛独造，言为心声，非修养有素不克臻此！直谅多闻，堪称益友！"我闻赞周语后，心益释然！乃写诗纪其事：

定王台晤二十八划生

白日东城路[1]，娜环丽且清[2]，风尘交北海[3]，空谷见庄生[4]。策喜长沙傅[5]，骚怀楚屈平[6]，风流期共赏，同证此时情。

星期天上午，二十八划生来到山府坪联合中学，见面时索我的日记与诗文阅看。我那时写了一首论法国大革命的诗（路易十六王朝崩溃的事），他看了，非常感动和欣赏，要求带回到他学校去细看，并把我的日记也拿走了。我们两人还互相介绍朋友，我把彭道良（黄铭功的侄儿）等介绍给二十八划生，他把萧瑜（子升）、何叔衡、傅

---

[1] 东城：指长沙东城，定王台所在地，当时晤二十八划生处。

[2] 娜环：见伊世珍《娜环记》，传说中的神仙洞府，藏书甚富。

[3] 北海：指唐李邕。长沙定王台图书馆藏有李北海书写的麓山寺碑文。

[4] 空谷：即空谷足音，比喻极难得的音信或事物。作者见到二十八划生的《征友启事》，立即投函询问，旋得回信，中有"空谷足音，跫然色喜"，语出庄子《徐无鬼》篇："夫逃虚空者……闻人足音跫然而喜矣。"跫（qióng 穷）然：行人之声。庄生：指庄周。

[5] 策：指汉贾谊上文帝的《治安策》。贾太傅即贾谊，曾为长沙王太傅。

[6] 骚：指楚屈原所作的《离骚》。屈平即屈原。

昌钰、陈昌（章甫）、萧三（子璋）等介绍给我，我们真正成了好朋友，绍庥说我俩是"管鲍之交，后无来者"！

自定王台谈话后，每遇周末，我们两人经常约定到天心阁、城南书院、长郡中学、韩玄墓、板仓杨寓等处晤谈。或到郊外云麓宫、自卑亭、水陆洲、溁湾市、猴子石、东南渡等处远足游览。

天心阁为长沙东城古堡，地势高峻，俯瞰全城，极形胜。联云：拔地千寻，四面云山齐首俯；距天一尺，九霄日月正肩摩。天心阁有古铁炮百余尊，我们就坐在炮身上，看书、谈话。

板仓杨寓位于河西，岳麓山自卑亭迤北。有稻田数十亩，均为长沙东乡杨氏祀田，庄前有古樟林高数十尺，广荫数亩，前有小溪，自山麓流入湘江。其后平原即岳麓书院。

一次，我与润之一起步行去韶山，走到长沙与湘潭之间，离长沙三四十里处，甚为乏累，就在路边休息。见一位老农在茅屋边打草鞋，润之就与他攀谈家常，边谈边帮他锤草，搓绳，编织，织好后又帮他把草鞋锤平。我见润之对打草鞋的工序很熟练，便问，你会打草鞋？他说，我会，走路很费鞋子，大家都应该学会打草鞋。

在长沙，我陪润之到过许多地方。长沙附近有个拖船埠，那里有座禹王碑，传说禹王曾在此拖过船，古史说："大禹治水，栉风沐雨，八年于外三过家门而不入。"润之对他颇有兴趣。认为禹王是个劳动人民，对他怀有好感。

对于湖南历史上先进人物的遗迹，如：楚国屈原的故居（玉笥山），汉朝贾太傅祠，岳麓山上的崇德寺（唐朝诗人杜甫流浪时曾在此寺住过），长沙的飞虎营（南宋文学家辛稼轩将军在长沙练兵的地方），以及王夫之的家乡等地，我们都同去访问过。

新民学会成立

定王台会晤后，长沙各校续有青年学生加入谈话，历时约二年，遂共同发起组织新民学会。一九一七年冬，润之和我们共同发起组织"新民学会"。

第一次开会的时候是在岳麓山周家台汋痴寄庐，基本会员润之、我、萧瑜、何叔衡、萧三、陈绍庥、蔡和森等，以后会员发展到几百人，是湖南革命的中心组织。

一九一八年四月十四日，是个星期日。这天，在岳麓山周家台汋痴寄庐举行了新民学会成立会。汋痴寄庐坐落在溁湾市小镇，湘江的西岸，系宁乡人周姓所居。周以耕、商为生，有水田庄基方圆约数十亩，竹篱茅舍，木屋十余间，宅前有晒谷坪。成立会即在坪前举行。基本会员十二人，参加成立大会者：

润之，湖南湘潭人，一师；

文虎，湖南浏阳人，联中；

萧旭东（子升），湖南湘乡人，修业小学教员，原一师学生；

萧三（子璋），湖南◇◇人，一师附小教员；

何叔衡（瞻岵），湖南宁乡人，楚怡中学教员；

陈昌（章甫），湖南浏阳人，一师附小教员；

邹彝鼎（◇珍），湖南湘阴人，一师；

蔡林彬（和森），湖南湘乡人，一师二部学生；

熊光楚，湖南湘乡人，一师二部学生；

周士弟（明谛），一师；

陈绍庥（赞周），湖南浏阳人，一师；

陈书农（启民），湖南长沙人，一师。

其中，陈昌于一九二〇年被派去贺◇根据地，路过常德，知道县长唐某是自己的学生，就去找他，并告诉他自己准备去贺那里，唐将他解往长沙何键处，牺牲[1]。后派柳直荀去。

---

[1] 陈昌，史载一九三〇年二月在长沙就义。

会议通过新民学会公约，并选举了干事会。会员中以萧旭东与毛泽东年资较高，分别被选为学会总干事和副干事。

我当时曾写《新民学会成立会》诗：

济济新民会，风云一代英。沩痴盟众士，溁水泛流觥。
佳气郁衡麓，春风拂郡城。庄严公约在，掷地作金声。

初期会员除我外均为长沙第一师范学生，其中以何叔衡（字瞻岵）年龄最长。瞻岵为新民学会发起人之一，他平日生活节俭，待人如己，遇事自出主张，不屑人云亦云。平生自矢："甘作奸宄之敌，不为乡愿之亲。"文采特出，有射石殁羽气概。尝谓："屈原清狂，冥思独到，文采富丽，经纶殊感不足。李白佻达不入大雅，杜甫拘谨，字句杂有腐儒之见。"但又云："太白流夜郎，杜陵恻生别，他们究竟比常人要高一筹。"其风趣如此！

沩痴寄庐于日军侵犯长沙时遭炮火毁灭，后又重建。一九五〇年，我与陈启民教授同往访主人周家七爹，三人同在舍前拍照留影，但该屋后被拆除。

东游返筛

新民学会在一九一七年冬季对会员升学问题加以详细研究。当时有人主张就地升学或就业。瞻岵率先提出会员留学东瀛路线，经过讨论，群谋佥同，决定由我先行，其他人俟得我回讯后，再继续出发。瞻岵向我说："目前不急于就业，再读十年书，然后定事业方向，大器晚成，水到渠流。"并在平浪宫设宴，为我饯行。大家热情洋溢，并赋诗赠别。我遂乘华盛轮船东行赴沪。启梗前，润之到码头送行，当面交给我一个信封，说内有诗一首相赠。启封一看，系题为"送纵宇一郎东游"的七言古风，诗云：

云开衡岳积阴止[1]，天马凤凰春树里[2]。
年少峥嵘屈贾才[3]，山川奇气曾锺此。
君行吾为发浩歌，鲲鹏击浪从兹始[4]。
洞庭湘水涨连天，艨艟巨舰直东指[5]。
无端散出一天愁，幸被东风吹万里。
丈夫何事足萦怀，要将宇宙看稊米[6]。
沧海横流安足虑[7]，世事纷纭从君理[8]。
管却自家身与心，心中日月常新美。
名世于今五百年[9]，诸公碌碌皆余子[10]。
平浪宫前友谊多[11]，崇明对马衣带水[12]。
东瀛濯剑有书还[13]，我返自崖君去矣。

[1] 作者东行前，连日阴雨，轮船起碇时，积阴转晴。"云开衡岳"句，见唐代韩愈《岳庙诗》。

[2] 天马凤凰，系岳麓山区两个山名。

[3] 屈贾，指屈原、贾谊。

[4] 鲲鹏，古代传说中的大鱼和大鸟。见《庄子·逍遥游》。

[5] 艨艟，指巨轮。

[6] 稊米，一种形似稗的草，实如小米。语出《庄子·秋水》："不似稊米之在太仓乎？"

[7] 沧海横流：指社会动荡不安。

[8] 从君理，作者初次发表此段回忆时曾将此处改作"何足理"，他晚年又予以订正。现依据中央文献出版社《毛泽东诗词集》所确认的"从君理"。

[9] 名世，即闻名于当世。《孟子·公孙丑下》："五百年必有王者兴，其间必有名世者。"

[10] 余子，见刘克庄《沁园春·梦孚若》词："天下英雄，使君与操，余子谁堪共酒杯。"

[11] 平浪宫在长沙北门外，轮船停泊处。友谊多，指到平浪宫送行的新民学会会员。

[12] 崇明，指上海崇明岛。对马，指对马海峡。

[13] 东瀛，指日本。

何叔衡、萧子升、陈绍麻、彭道良诸君亦到码头送行。(瞻岵于临别时,曾书短句赠我,云:"若金发砺,若陶在钧,进德修业,光辉日新!"其中若金发砺句,语出《荀子·劝学》,"金就砺则利"。陶钧,指制陶器所用的转轮。杜甫《瞿塘怀古》诗,"疏凿功虽美,陶钧力大哉"。)

华盛轮船从长沙起碇,它是一艘旧式轮船,推进机装在船尾水面上,声音很大,马力很小,每小时不过十四公里,这样走了一天一晚才到武汉。这是我第一次出省到武汉。

我同船上的旅伴登黄鹤楼,游览武汉风景,我印象最深的是李白曾写了四个字"天下壮观",真正道出了黄鹤楼的雄胜。人们认为他的题字把唐人崔颢的黄鹤楼诗都压倒了。

我在船上遇到了一个中学同学欧阳昆,矮矮胖胖的,是个足球健将。他是湘阴白水人,毕业后也失了学,这次他是到上海去游历的,随身带了一个彪形大汉黄道,他带了几十匹夏布,沿途将布卖掉做旅费,生活颇为豪华。我们三个在船上颇不寂寞,如此抵达上海。沿途在九江、安庆、南京、镇江等地都登岸游览(并留有诗篇),船到上海码头是一天的黄昏。

当时,上海码头是一个流氓成堆的地方,情况非常复杂,青红帮很活跃,欺侮旅客,敲诈勒索,抢夺行李,且不许自己挑行李。我们被一个旅馆的流氓欺骗,接去他的旅馆,把我们安排在楼上一间住房。结帐时,他要我们一天出十块钱,我们不愿意,他们便纠集一伙流氓想要上楼行凶,欧阳的朋友是个农民武师,他拿一条板凳站在楼梯口,三下两下就打倒了几个流氓,后来惊动了街上的警察,出来调解。因为我们是外地人,又只有三人,流氓人多势众,还要继续欺负我们,武师就揪住他们的头子走到工部局,同他打官司。欧阳说得一口流利的英语,得到法官的同情,关押了旅馆的老板，并保护我们离开旅馆。按照公平的价格付给旅馆每天一元二角。离开这个旅馆后，我们搬到三洋径桥湘益公寓，生活非常舒适，便一面候船，一面游览。在此期间，我与欧阳昆、黄道三人共乘马车游览邑庙公园、吴淞炮台、六三公园、虹口公园、兆丰公园等处。

两星期后，我在大阪公司买好到日本神户的船票，正准备动身，突然报纸登载消息说，日本东京中国留学生因反对日本政府虐待中国华侨和留学生，发生罢课风潮，其中有一部分学生回国请愿。这个消息使我对动身赴日的事情犹豫起来。等了几天，果然有一些留日学生从日本回到上海，其中有一个叫黄日葵（广西桂林人）的和我住在一处，他详细向我介绍了这次风潮，他自己说，不打算回日本去了，愿意到北京大学转学。我听了这番话，决定打消赴日的念头，仍返长沙。又从结识的北京、天津南归同学中得悉北京一些学校正酝酿新思潮的动向，十分令人神往。

将离上海时，黄日葵约我到望平街群益书店访一个同学，我在该书店买了几本陈仲甫（独秀）编的自学英语的书，又买了几本《新青年》。我在归途的船上阅读，大为感动，很想到北京去读书，但还不了解北京的情况。《新青年》上还刊载了留法勤工俭学会的启事和章程。

新民学会北征

一九一八年三月，我东游返旆，回到了长沙。回长沙后，对于学会方向问题经常在讨论计议中。我把《新青年》送给何叔衡和润之阅读，他们也受到极大的感动与启发。大家被陈独秀的思想所吸引，我也将此行经过及留沪见闻向大家作了报告。我认为当时日本政治暗黩，学术剽袭，无甚可师学之处。建议东行计划从此可以打消，主张今后改辙北向。当时有人主张到南洋去谋生，但感不切时宜。我见到何叔衡后，他问我今后打算如何，我说想到北京升学。何说，《新青年》所载勤工俭学是一种新的运动。我看，到日本留学还不如到法国留学，水平还要高一些。从此以后，新民学会会员间经常互相讨论到北京去的问题。其中蔡和森最为积极，急切地跃跃欲试。蔡是湘阴人，在岳麓山师范二部毕业，现在失学，听到法国留学问题，十分激动，愿意先到北京探索情况，大家便推他先行赴京。他从长沙坐乘一条木船，从洞庭湖到达汉口，转车北上。蔡抵京后即来一信，对勤工俭学大事渲染，估计前途十分乐观。据他的说法可以使中国青年根本解决失业和失学问题。于是，新民学会开了一个会，经过讨论，决定派会员十余人连同非会员学生共二十二人，第一批先行赴京。

在萧子升和蔡和森先行赴京安排勤工俭学事之后，于一九一八年暑假期间，决定由何叔衡留守长沙，润之和我等十余人首批赴京。阴历七月初（八月十九日），我们一行人自长沙坐轮船到汉口，经由汉口大智门车站登火车过花园、广水，出武胜关。时值秋汛季节，火车抵河南漯河寨（郾城），适遇附近沙河水涨，孟庙村一带水漫路基，火车停止前进。我们只得下车宿郾城县，观览寨景，知该地古称元辉寨，东界沙河，北界里河，为河南一重要市镇。隔了一日，水始退。我们行三十里至大石桥。从大石桥又步行二十二里，到任庄休息，再经九里到许昌。许昌乃古魏国都城，我们观看了当地古迹，登文峰塔（许昌旧城在城东十里许）。车行凡二日，于七月十三日到达北京前门车站。我先寓浏阳会馆，此地为谭嗣同旧居，流风余韵，发人深省。

第一批赴北京的有润之、文虎、罗学瓒、陈绍麻、熊光楚、萧子升、萧子璋、欧阳泽、邹鼎承、成湘、杨楚、王人达、黄建中、傅伦等。除润之在北大图书馆工作、我在北大文科学习外，其余都到留法预备班。

赴法勤工俭学运动

赴法勤工俭学是新民学会会员北上的一个重要任务。至于勤工俭学运动的缘起,是到了北京,经多方了解,事隔多年之后,才逐渐知其内幕。

第一次世界大战时,法国壮丁大部上前线参战,农业、工业缺乏劳力,因而法政府从西班牙、意大利等国输进大批工人,亦与中国政府签订合同,招募三十万华工赴法做工。北京政府为此成立了惠民公司,由张弧出名承办签证、输运事宜。前后输送了几十万华工赴法做工。张则乘机中饱。在法的李石曾等人见张获取暴利,亦想从中捞到好处,于是也向法政府商取招募华工的代理权,亦发了一笔横财。李石曾,直隶高阳人,清代巨宦李鸿藻的后人,父亲亦为大官,祖传遗产很多。大战期间(一九一四至一九一八)赴法留学,学生物学兼营商业。他精通法语,往来于法国上层社会,在法国外交界亦有地位,对中国官场也很熟悉。他在法国经营了一些工厂和企业,制造食品,其中较大的有巴黎豆腐公司,以追逐利润。为推销豆腐起见,李乃提倡素食,以清流自许,貌为崖岸。当时社会上有人提倡素食主义,结果李大赚其钱。他以这些为资本,勾结法政界上层官僚,要法国政府退还庚子赔款,办理华法教育,并借此向中国青年吹嘘,获得了招募华工的权利。但过不久大战结束,大批军人复员,劳工不再缺乏,部分华工亦被遣送回国。这一来一往,中国官厅都是有利可图的。但李石曾颇有心计,看到华工不能继续去法,这事已无前途,但又不愿放手,就转向中国学生,鼓动青年赴法勤工俭学,一则继续招募工作,二来也可博得青年学生的信仰,便于今后在政治上有所活动。当时蔡元培、汪精卫、吴敬恒等都是中国教育界的上层人物,他们为了扩大自己的影响和力量,独立门户,自树旗帜,乘此机会大肆宣传勤工俭学运动。一九一七年四月间，他们开始在《新青年》杂志刊登广告，介绍留法勤工俭学规章。他们在巴黎办了一个杂志做机关报，自号清流，借此机会取得青年学生的信仰。学生们就纷纷起来响应他们的号召，参加勤工俭学运动，于是，勤工俭学运动在全国兴盛起来了。这是这个运动的起源。

湖南新民学会首先响应，子升与和森先行到京联系，接着第一批会员于一九一八年八月间来到北京。当时李石曾已回国，并在北京大学兼课，他当即表示欢迎。一九一八年冬李石曾邀约萧子升、和森和我到西山寓所商谈赴法留学问题。李石曾在席上谈话自称平日信仰世界主义，反对强权，强调无政府思想；在学术上研究生物学，奉拉马克（Lamarck，系法国生物学家）为师，兼以工学救世。李并宣称自己不茹荤酒数十年间，长期吃素，平生自奉俭约等，借以取信于青年。我以后数次与李接谈，了解到李石曾尚有一桩心事，便是想继美国退还庚款之后，向法国政府请求法国政府沿例退还庚子赔款，赔款额达几百万法朗，筹办里昂大学。李便可以从中上下其手，取得赔款支配权。由此可见，李对勤工俭学运动真正意图已昭然若揭，不待繁言而知，其设计是很周密的。

当时李对在京各省学生做报告时宣传留法勤工俭学好处云：既能获致高额工资，将来又可以取得学位。当时为淘金梦与镀金主义所迷惑者不乏其人，湖南、四川等省中等学校学生纷纷来到北京准备赴法。（分别集中在北京西什库法文专修馆、保定布里村、长辛店法文工读班等处。）我们也深为所动，认为勤工俭学一事非常紧要，作为一种反抗旧思想和反抗剥削阶级的利器，奉工读为主义，决心大力提倡，并推润之执笔，写出勤工俭学的实施方案。经子升修改文字后，送交李石曾，李表示同意。新民学会诸人在最初推动这一运动，出了大力。湖南学生以及四川等地青年，一时响应者极众，如水赴壑，不能自止。其中大多数为失学、失业青年和穷苦学生。我也为此奔走呼号，在青年学生群中作过多次讲演，倡导世界工学运动，并在《新生活》等刊物上作文——《世界工读运动的讨论》。事后回想，不免有些不切实际，系主观片面之臆说，经过深思熟虑后，深觉今日万事应从中国做起。润之亦认为，这些只是一时冲动，所谓"急不择路"，此路未必走得通，但事已至此，欲罢不能，只好徐觅良途。后来，我和润之都决定暂不出国。

湖南学生汇集北京，等待放洋急如星火，而华法教育会徒托空言，无补实惠，于是湖南同学被迫自筹旅费。关于湖南学生筹措赴法旅费方面颇多曲折。先是在清朝末年铁路风潮中，湖南省为商办粤汉铁路曾收集民股二百万元（自由募集）；米盐公股一百二十八万元（由湘省出口米捐与盐附加税，积累而成）；长沙房捐四万元，以上共三百三十二万元，存放北京银行，均为湘籍官绅把持中饱。辛亥以后从未理落。此事渐为外间所闻，旅京学生声言查帐。经手人湘绅熊秉三、范静生等，为和缓舆论攻讦，乃声言愿从此款中提出数万元，作为津贴湘籍赴法学生费用。于是，乃由熊、范二人出面在湖南善后协款中拨出一万六千元，作为湖南学生赴法路费贷款，发每人四百元。第一批接受贷款学生共四十名，其中法文专修馆二十名，保定留法预备班十六名，其他四名。第一批放洋赴法的有蔡和森、陈绍庥、熊光楚、萧植蕃、郭名忠、欧阳泽、成湘、黄昆吾、何长工、李蕃、刘明俨、孙发力、罗学瓒、萧拔、王守素、李维汉、陈毅、侯昌国、王人达、龙协群、陈炎、罗汉、张增益、陈闻纳、穆青、娄绍丞、贺果、李富春等。同时蔡和森以个人名义向上海纱厂资本家聂云台（湘乡人）请求帮助，聂允其请，捐三千元作蔡全家赴法用费，始得成行。聂为蔡同乡，除经营纱厂企业外，在湖南洞庭湖畔有湖田数万亩。新民学会会员离京赴法时，同人纷纷赋诗赠别，我写五言律诗一首。

一九二〇年间，中国留法学生集中巴黎者数以千计，其中湖南学生四百人（有一部分是自费赴法，如徐懋恂、曾琦等），因觅工不易，初由华法教育会给每人每日补助五法郎，至一九二一年一月止。华法教育会宣称：自是年二月份起与学生断绝经济关系。学生群往蔡元培处申诉，蔡置之不理。李石曾对学生亦表示决绝，于是勤工俭学运动陷入困境。

新民学会会员以勤工俭学名义赴法者十九人，其中十三人在蒙达尼，余在巴黎。十九人中进工厂不及十人，进工厂者不久亦大部退出。蔡和森初坚持勤工俭学，但到巴黎后态度忽变，宣称不愿做工，依靠华法教育会津贴过活，后津贴停止，乃回国。其他诸人亦相率归国，见人不复再提前事。

子升一九二〇年三月二十日自巴黎给我写信，受北方马克思学说研究会影响，表示勤工俭学毫无成功希望，本人想离开巴黎。子升既无意留法（一九二〇年八月），乃主张赴俄，何叔衡亦表示愿去，但李维汉不赞成俄国式革命（一九二〇年八月信）。直到一九二二年，大批勤工留法学生由上海中共中央介绍先后赴苏联，其他学生家资富裕者继续留法或进里昂大学，大多数则被遣送回国。至是轰动一时的勤工俭学运动完全归于失败。但李石曾等却为此事欺世盗名，声誉大增。他与法国政客赫里欧勾结，取得法国政府退还的庚款，办了里昂大学，扩张己派势力。后又回国勾结军阀冯玉祥、政客易培基等，盗卖北京故宫古物，立成巨富。继又设立投资银行，进行政治投机，取得了特殊地位，得鱼忘筌，不复再谈往事。

李石曾等刊行旅欧杂志为文，素好唱高调，尤工于揣摩时势及青年心理，遇事投机，借以自抬声望。其提倡勤工俭学亦不外此种动机，殆欲设阱以罗致青年，使为己用。至于当时响应李等号召的青年学生，其动机亦颇复杂，大部分人是盲从，不明前景，误以为勤工俭学可以解决个人生活与读书问题，因此如水赴壑，不能自止。浏阳有中学生朱子奇为筹措赴法旅费，嫁妻卖屋所得当不够船费，乃掘其祖墓得金饰数两，勉强成行。（朱到法后贫困不堪，病死。）长沙师范学生杨某尽其家室之所有变卖一空，将款汇华法教育会以作旅费。家人加以劝阻，杨语其妻云："不到巴黎死有恨！"遂行。登轮时向人说："人家出洋镀金，今日也轮到我了。"言时喜极而泪。还有一些自费赴法的人见李等诱骗青年一时获得成功，见猎心喜，亦思混水摸鱼。如曾琦、左舜生等到法后，自立山堂，组成政治集团，以为日后回国活动张本。

新民学会在长沙时，初计议全体赴法，但到北京以后，审度情势与长沙所闻不同，我鉴于国事日非，大变将临，悒然去国，良非本怀。曾以此意函告瞻岵，瞻岵覆函也以为然。润之亦中途易辙，停止赴法。但和森则坚持赴法，谓势成骑虎，舍此无它途。陈绍庥初犹豫，未起程。其弟绍常坚请行，绍庥遂护送其弟出国，后竟客死巴黎，诚非始料所及！杨楚亦病殁于巴黎。

隆然高炕　大被同眠

初到北京，我与陈绍庥一道住在浏阳会馆东屋，会馆位于宣武门外北半截胡同。据会馆执事刘长班谈："戊戌政变蒙难人谭嗣同曾住会馆北屋。"即"莽苍苍斋"旧址。书斋陈设笔、砚仍旧。谭有遗照尚悬室中，其中之一为着夜行衣装束，手舞大刀，栩栩如生。谭当时有随侍二仆，名罗升与丘顺，均浏阳人。谭禁锢狱中赋绝命诗，有句云："去留肝胆两昆仑（奴）"，即指二仆而言。

会馆长班（老工人）介绍：谭的父亲任湖北巡抚，母亲早年去世，父亲续娶一位后母，故而父子之间很是生疏。其父在保定做官时为他包办了婚姻，谭不满，于是经常在外游历，无牵无挂。他常带着两个仆人，其中一人叫做罗升，与他有很好的友谊，谭在诗句中曾提到他。谭就义后，二人将他棺殓运回浏阳。谭曾着青衣，手舞大刀照了一张相，像个侠客——老工人解释青衣是侠客们着的夜行服。

当时我一个同学的哥哥名叫罗晋阶（劭白），是前清秀才，很有学问，也是我的老师。他也住在浏阳会馆，同时在北京司法部任见习推事。他对我来北京表示极大的欢迎，并给予许多精神上的帮助。

北京人地生疏，食宿昂贵，这对我们这群穷学生来说，是很困难的。好在当时湖南各县多在京设有会馆，大家分住在各县会馆。但各县会馆彼此相距甚远，会员们相聚，往来步行，费时旷事，诸多不便。我与润之商议，共同租了一小房于景山东街，遂同搬至嵩祝寺后三眼井吉安所夹道七号居住。吉安所原来是清廷皇室停放梓宫及灵柩的行宫。清室覆灭以后，该地成为废址，宫殿依旧。其迤东有一夹道，有几所矮小住房，据说原是抬灵柩的工人住室，后来因陋就简，又搭盖矮房出租。因地势偏僻，房租亦便宜，每月租金五元，租房事宜我们推萧子升出面办理。女房东见萧衣冠齐楚，彬彬有礼，立谈之间即决定出租。后见搬入居住人数较多，且大多形容憔悴，衣衫褴褛。女房东大感不快，颇有悔意。但看到房客大都是学生模样，行止不俗，也就安之若素，久而久之，双方渐渐厮混相熟，借针线，洗衣服，往来无间。先是子升、绍庥、润之、焜甫、玉山、荣熙和我七人搬入，后来，和森亦由布里村迁来，共八人。子暲住隔壁八号。当时诸人分住东西二室，子升、润之、绍庥和我住东间，其余住西间，每室有一铺通炕，由于人多炕窄，每席仅宽一砖半，只能骈足而卧。润之在《新民学会会务报告》中记述此事："八个人聚居三间很小的房子里，隆然高炕，大被同眠。"湖南人被子大，摊不开，只好合盖。"大被同眠"此句出于唐书典故，尚有象征团结之意。

某日，女房东与绍庥闲谈，她说："你们象是落难的孩子，来京干嘛呢？找好差使没有？北京生活昂贵，不宜住居。"绍庥回答说："我们同学中有人已考上北京大学，还有的打算赴法国做工兼读书。"她说:"是勤工俭学么?法国战后失业严重,这怎么能成,还是打听清楚再去,以免……"绍麻返室以女房东的话转告大家,众人漫应之,因为木已成舟,无再考虑余地。

初始,大家在外吃饭,食费昂贵且不习惯,于是商议自行炊爨,各事所宜,无分劳逸,体弱及事冗者亦伴食无碍。尝因缺乏炊釜,乃以搪瓷面盆做锅。北京米贵难买,经常以炒面调成糊,加葱花、盐末充食。一次子升做了一面盆浆糊,大家外出劳累了一天,虽饿亦无法下咽。房东是一满族少妇,人极腼腆,平日很少出门,只从窗户里探望我们,有事则让其七八岁的小女儿来通话。她见我们不会做面食,觉得好笑,便亲自出来教我们发面蒸馍。还有送水的山东人老侯,也愿意帮忙,他说:"我不要你们工钱,我做好馍和你们一起吃就可以了。"并将自己的炊具也搬来,每天为我们做饭,和我们一起吃馍馍、咸菜。

我们八人只有外套二件(其中一件是我叔父所赠军用外套),出门时轮流着穿。因室小人多,地狭不足以回旋,入冬以后,则昼往沙滩北京大学第一院图书阅览室避寒,夜则返寓围炉共话。那时生活很苦,大家从中得到锻炼,不以为苦,反以为乐。我们还步行游历了许多地方,交结了许多工农朋友,由于工作学习紧张,物质生活的困难就不在意了。

吉安所同人生活一直维持到一九一九年一、二月间。这时,子升赴法,润之回湘,我亦因参加北大学生会工作和其他学术团体活动而改寓他处。

萧子升

萧瑜,字子升,湖南湘乡人,东山小学毕业进入长沙第一师范,毕业后被聘为湖南修业小学教员。子升在第一师范与润之同班,二人友谊颇佳。一九一七年新民学会成立,子升被选为总干事,润之任副干事。一九一八年子升辞去小学教员职务，同新民学会会员一起到北京学习与工作。到京后，通过湘绅某介绍结识保定高阳人李石曾（李祖父称高阳李相国），经李推荐担任华法教育会秘书。萧从此一帆风顺，大富大贵，中年以后，辞官外遁，做海外富翁。

子升居北京时，与我们七人僦居吉安所夹道陋室二间，仅堪容膝，数人挤卧土炕，越秋度冬，自行做饭，无煤缺水，生活苦不堪言，有时竟吃面糊以疗饥。

子升美丰仪，貌若处子，润之尝戏谓子升生本为女儿，竟不知怎样化为男孩。子升善词令，语若笙簧，且能文章，擅书法，能作瘦金体，有翰苑风度，因此李石曾一见钦赏，推心置腹，予以重任。

李在北京香山筑有别墅，某日用电话邀请子升至西山会谈，子升转约我同行。二人至碧云寺，李石曾设宴款待，席间山珍海味，名酒佳肴，应有尽有，李即在宴中谈约委萧子升以华法教育会书记全权。数星期后，萧子升遂以赴法代表名义率第一批留法学生陈绍庥等赴沪放洋，直航马赛。子升离京时，吉安所同人送行至天津，便道至大沽口茅亭野餐，临行各赋诗为赠。我所赠诗云：

送新民学会会员赴法
雪月映西山，冰封渤海湾。围炉忻笑语，别意动燕关。
徙倚双轮动，踟蹰落日阑。车书观万国，海上有书还。

子升乘法国邮船途经苏伊士运河，作《夕阳渡红海》诗以酬答。
一九一九年李石曾开始转入政治活动，电子升回国协助，子升乃由马赛回北京。子升至北京大学西斋来找我，并邀我赴宴，二人同车至前门外某浴室休息，适有地震发生，居民纷纷惊避，秩序大乱，二人幸免于难。后子升乃为李游说，由我、蔡、李、萧等出头组织"中国非宗教大同盟"，其组织成员主要为北大哲学系、燕京、清华、高师等校的同学，刊行非宗教丛书，印行五万多册，执笔者为萧、蔡和我等人。一时北京基督教、宗教界颇为震动。萧不久第二次赴法，以后即与新民学会分道扬镳了。

留守北方

在勤工俭学运动告一段落后，我与润之共留北京从事学习与工作，期望在北方开辟一个新的革命阵地。当时，北京是中国政治、军事、文化中心，是全国铁路枢纽地带，兼为国际通衢，居高屋建瓴之势。先是我自东游返旆后，便拟投考北京大学。此事瞻岵首表赞成。他说："师范同学受限制，非服务期满，不能投考国立大学。"所以特别希望我能进入北大学习，为新民学会在北方工作开辟先路。当时的会员中，主张我投考北大者还有和森与芝圃等。和森在一九一八年七月致子升信中所云"详细与章、赞、芝四兄讨论"，意即指此。又云："罗君到省未？北京大学报名在本月二十五日截止，请电知，速定行止，盖罗于此必须另辟佳处，则后来者，愈有地步也。"信中所谈，均涉及我投考北大问题。

润之原则上同意上项意见，但更具体指出说："我们同志不应该堆积在一起，最好是一个人或几个人担任开辟一个方面。各方面的阵地都要开辟，各方面都应该决定打先锋的人。"（《新民学会会员通信集》（一））但是远在欧洲的子升认为：当代德国科学文化最为发达，因此希望我率先到柏林大学留学，先行力攻德文，并留心德事，看德文报。旭东后向我劝告速行。但我那时已在北大，不能擅离，所以我向叔衡去信声明关于出国延期事理由。

当时全国国立综合大学只有一个北京大学（清末称京师大学堂）。其招生范围包括国内二十一个省，各省分有一定名额。北方诸省占名额多，南方各省名额较少，录取颇受限制。我既考入北大，同时，润之亦通过守常介绍，进入北大图书馆任馆员。他的具体工作是管理报纸杂志阅览室（每月工饷八元）。我们两人在北大时期，都积极参加了北大的各种学术及青年活动，参与建立新闻学会、哲学会等学术团体。

自新民学会北上后（即一九一九年前后），北方革命形势有如春云渐展，各方面均有进步。我乃作长期坚持的决心与计划。但此时润之忽怀念乡国，浩然有归志，遂决定辞去现职南行。行前，我们两人连日在沙滩红楼聚谈，商定去留大计，往往深夜始散，商定去留大计。当初，我殷切挽留润之继续在京工作，因向润之说："北京方面不宜削弱力量，你去后学会力量不免单薄，何以为继？"润之回答说："学生身份比职员胜得多，那时你自会有办法的，莫急就好！"于是双方商定三年为期，南北分途努力，必能有所成就！他辞去北大职务，于一九一九年二月离京南行，遄返长沙。润之南归后，北方新民学会工作由我独当一面（后来芝圃回国），自尔以还，彼此天各一方，南北分途，共着祖鞭，奋勇前进。直到四年以后，两人才在上海中央会合。

润之返回乡里后，诸方面工作颇有建树。一九一九年十二月中旬，湖南新民学会联合各界人士发起驱逐湘督张敬尧运动，润之率领驱张代表团来到北京请愿。他初进京即到北京大学西斋找我，会商发动湖南旅京学生进行响应事宜，组织"湖南旅京学生联合会"等。后来他迁住北长街九十九号（福佑寺）。他曾出示旅京代表名单约三十人，加上北京新民学会会员，湖南旅京学生及各界人士，共数百人，声势颇盛。并于十二月二十一日在北大召开慰劳湖南代表团大会，与会代表痛斥张敬尧祸湘罪行，慷慨激昂，驱张活动在京进行月余后，未获进展，于是在一九二〇年一月二十八日即在湖南会馆举行群众大会，会毕游行到新华门北京政府请愿，声势大振。驱张敬尧运动湖南各界代表：毛泽东、文虎、熊梦飞、匡日休、罗汉、夏曦、陈书农、彭黄、熊瑾珍、何叔衡、蒋竹如、罗宗翰、李思安、陶斯咏、周世钊、劳启荣、魏璧（以上为新民学会会员），任寿鹏、李云杭、萧青野、唐耀章、陈纯粹、锺国陶、喻恒、易克熏、彭光阁、邹付光、易克嶷、刘克佳、黄胜白、锺秀、张怀、周敦祥、贺延祜（余略）等。驱张运动的结果，迫使张敬尧去职离湘，傅良佐继任，以暴易暴，湘政鲜所改进。润之于一九二〇年夏离开北京绕道上海回湘。（据《新民学会通信集·润之致玉生信》称："一九二〇年七月从上海回湘。"据此推定，他离京当在七月以前，即五月或六月）。

新民学会通信集

新民学会的会员有五十多人，后来发展到七十多人。会员与干事会通信，这是学会给会员规定的义务。每个会员一年要给干事会写一封信，这样一年至少就有好几十封。干事会以毛泽东为主。会员与会员之间的通信数量最多。这些信由毛泽东收集汇编成册，现在看到的有三集，还有个附录。

收在集子中的信不多，平均每人一封，个别人有几封。这些通信应分前期和后期。前期是学会成立不久的一两年内，主要是讨论学术和意识形态问题，同时也谈了些有关生活方面的问题，如身体锻炼、婚姻问题等，这是初期的情况。后期从一九一九年以后到党成立之前，着重讨论政治问题，这是自然的发展，中心问题是改造中国与世界，再就是中国革命的手段，是采取苏俄十月革命的道路，还是采取其他道路。

当时，会员与会员之间有什么问题就通信讨论，内容也广泛。我到北京后，陈绍麻、萧子升等多次写信，要我出国。他们说我一个人留在北京，朋友都走了，很单调，主张我出洋留学，专心读书。陈绍麻认为我专心做学问，搞个专业合适些，他表示自己要在法国长期蹲下去，将来回国立志著书立说，不做官。但润之不同意，瞻岵也不同意。润之说，那些舍近求远的想法不免有离开现实的意思，不论遇到什么困难都应凝神一志以赴之。这段话对我有很大启发，我认为很对。润之从北京到上海后又给我写信，他怕我动摇，勉励我坚持。这样，我就长期留在北京工作了。可见，会员之间互相勉励颇有影响，作用也大。

我和润之来往通信的事，现在有文字记载的前后有好几次。从一九一五年征友启事开始，到一九三〇年前后十五年中，断断续续地通信从未间断过。在通信集里发表了两封信。一封是一九二〇年七月我写给他的，当时正是北京马克思学说研究会工作开展之时。他接到此信后，接着就回了两封信。他第二封信的第一句话就讲："昨信谅到。重翻你七月二十五日的信，我昨信竟没有一句答覆你信内的话，真对不住。今再奉覆大意如下。"可见他对通信解决问题是很注意的。第二封回信是发表了。这就有三封了。有关资料目录上载有他在一九二〇年六月还给我写了一封信。这样，四封信已有文献可证。

一九二〇年六月，他在上海给我写信，大致内容是：说他出京到上海的见闻；询问他出京后，北京大学内部发生了些什么情况和问题，对北大颇为关心；还提到邵飘萍，这是他所关心的人。另外在信中还鼓励我说，你在北京有困难，朋友们都走了，我们的力量比以前少了些，不要走，要乐观，要坚持下去。信中热情洋溢，讲了好些感动人的话，又谈了些生活方面的情况等等。我写信希望他不必操心，我已经习惯了。

此外，往上追溯到一九一七年，他还有信给我。这封信情文并茂，我当时曾能背得出来。一九一七年，润之游览了南岳，登上了祝融峰，在下山归途中，走到衡山南边的中伙铺，在路边的一个小饭店里给我写了这封信。他用的是湖南草纸，有两、三张，信写得很详细，说他看到了南岳，第一句话就是："诚大山也！"意思说果真是座大山,对南岳的风光描绘了一番,文风与"海赋"格调相仿。他还谈到了古今名人志士笔下的南岳,特别提到了唐朝的韩愈宿南岳庙的诗,这首诗刻在岳庙的石板上。这些内容谈了一大段。信的最后说:为了给你写这封信,整整花了我大半天的时间,因此,今日不能登程了。信中还寄给我一首他游南岳写的诗。可惜这封信散失了,没有保存下来。

现将我在一九二〇年给他的信,和他的回信录后(见《新民学会会员通信集》(二)):

润之兄:

你六月三十的信,辗转交付,今日才到我手里,我读过之后,非常喜慰。你们这一年的劳苦,代价不小,有志竟成,足矜愚儒。希望你今后的生活,更趋高尚,日进无止。

自从你赴沪后,我因不知你住所,又是彼此忙着,所以少通信。但我们意气相期,理性上的交谊不浅,这些小处,何必介意!我所以觉得你的话,还嫌琐碎,润之!几经锻炼的老伴侣(战友),现在还这般客气,岂不是太斯文了么?

你的意思,注意一省的事业,想将湖南办好,我也很赞成。零碎解决,本来是很切实的入手处,于此,我只祝你成功,并不用再申私见。

学会会务发达,我觉得很高兴。现在中国最缺乏的就是知识界没有善良的有势力的士气,因之没有舆论,没有是非。青年学生,浮沉人海,随俗靡化,这便是国病。我希望我们的学会,竭力反抗这一点,便不怕没有成绩了。至于现在一班所谓学会性质,无非预谋干禄,把持一界饭碗,滔滔皆是,尤其盼望大家力避其染,自己估量一个最高的价格。"会务报告"内容如何?我当然可以贡献点意思,但是请你将要目告我,不然,我胸无题目，殊觉茫然。湘江[1]出版请寄下一阅。所说湖南青年界研究兴味不大浓厚，你还是先觉的人，责任自然很重，再出版的要求，更不可少了。

你下学期担任课么？最好多挪出些自修时间。耀灵急节，岁月易逝，无法可以挽回。况思想学术，节节僵化，更不可不注意。你的英文近想大有进取，关于肄业的近况及预计程序，也可以告我一些么？至于我自己，本想在此二年（已过），便图出国。不过现在形势又不同了，出国的事，还须延展。我校虽不是十分好读书的处所，北京却是个顶好藏书的地方，我不是身体的无用，想也有些境界了。自去年来，我读书又颇有点头绪，厌世观念，自谓绝少，不过有些旧识，近来都远去了，生活不免有些不快，但这也是偶然的感觉，不算甚么。我们达教胡同的团体（曦园），因人数中减，已告解散，现在我搬在马神庙西斋（第一寄宿舍）居住，以后将继续住下，以后的生活，自期更当秩序些，安定些，有甚么话时，再向你说。我省教育界情形，想有大改造，大建设。但是关于学款，可有了把握没有？关于人才，新到了些好名角没有？你们最好将教育状况，通信京报，俾我们大家明了。

章龙上。
九．七．二五。

章龙兄：

昨信谅到。重翻你七月二十五日的信，我昨信竟没有一句答覆你信内的话，真对不住。今再奉覆大意如下。我虽然不反对零碎解决，但我不赞成没有主义头痛医头脚痛医脚的解决。

---

[1] 湘江指《湘江评论》。

我主张湖南人不与闻外事，专把湖南一省弄好，有两个意思：一是中国太大了，各省的感情利害和民智程度又至不齐，要弄好他也无从着手。从康梁维新至孙黄革命（两者亦自有他们相当的价值当别论），都只在这大组织上用功，结果均归失败。急应改涂易辙，从各省小组织下手。湖南人便应以湖南一省为全国倡。各省小组织好了，全国总组织不怕他不好。一是湖南的地理民性，均极有为，杂在全国的总组织中，既消磨特长，复阻碍进步。独立自治，可以定出一种较进步的办法（湖南宪法），内之自庄严璀璨其河山，外之与世界有觉悟的民族直接携手，共为世界的大改造。全国各省也可因此而激厉进化。所以弟直主张湖南应自立为国，湖南完全自治，丝毫不受外力干涉，不要再为不中用的"中国"所累。这实是进于总解决的一个紧要手段，而非和有些人所谓零碎解决实则是不痛不痒的解决相同，此意前函未尽，今再补陈于此。

兄所谓善良的有势力的士气，确是要紧。中国坏空气太深太厚，吾们诚哉要造成一种有势力的新空气，才可以将他斟换过来。我想这种空气，固然要有一班刻苦励志的"人"，尤其要有一种为大家共同信守的"主义"，没有主义，是造不成空气的。我想我们学会，不可徒然做人的聚集，感情的结合，要变为主义的结合才好。主义譬如一面旗子，旗子立起了，大家才有所指望，才知所趋赴，兄以为何如？

"会务报告"专纪会务，不载论述文字，尚未着手编辑，大略每季一册尽够了。此外会友通信，发刊通信专集，为会友相互辩论商讨的场所，兄处有与会友间往还信稿，不论新旧，请检出寄弟。

"湘江"尚未出版，固因事忙，亦怕出而不好，到底出否，尚待斟酌。

弟本期在城南附小办一点事，杂以他务，自修时间很少，读"岁月易逝，无法挽回"，"思想学术，节节僵化"诸语，使我不寒而栗。我回湘时，原想无论如何每天要有一点钟看报，两点钟看书，竟不能实践。我想忙过今冬，从明年起，一定要实践这个条件才好。求学程序预计，略有一点，迟后当可奉告。

　　讲到湖南教育，真是欲哭无泪。我于湖南教育只有两个希望：一个是希望至今还存在的一班造孽的教育家死尽，这个希望是做不到的。一个是希望学生自决，我唯一的希望在此。怪不得人家说"湖南学生的思想幼稚"（沈仲九的话），从来没有人供给过他们以思想，也没有自决的想将自己的思想开发过，思想怎么会不幼稚呢？望时赐信为感！

　　　　　　　　　　　　　　　　　　　弟　泽东。

　　　　　　　　　　　　　　　　　　　九年十一月二十五日。

　　在一九二〇年间，新民学会主要成员分布在北京、长沙与巴黎三处。此时国际与国内政治动态瞬息万变，对于"国是"主张，众说纷纭，见仁见智，各有不同。如北京会员主张社会革命总解决；长沙会员提出湖南省建国问题；巴黎方面对于改造中国采取的革命方式意见分歧，莫衷一是。上述情况，可从学会会员通讯中见到。（现存通讯虽然为数不多，但亦可见一斑。此外，还有很多会员信函未能刊出。）

　　我在北大时，对当时中国革命，主张走苏俄十月革命的道路。与此同时，正酝酿成立马克思学说研究会。在实践方面，主张与产业工人群众结合一致，进行社会革命，期望中国实行彻底改造，来个总解决。

　　在北洋军阀统治时代，全国黑漆一团。当时湖南会员方面鉴于国事棼如乱丝，无下手理落处。他们憧憬历史上的斯巴达和普鲁士所走过的道路。因此"湖南建国"之说应运而生。一九二〇年三月间，长沙方面公布了《湖南建设问题条件宣言》，鼓吹一省建国的主张。润之一九二〇年十一月二十五日给我的信中，亦主张湖南自立为国，"湖南人不与闻外事，专把湖南一省弄好"。理由：一是中国太大，民智不齐。二是湖南的地理民性均很有作为，全国各省可因此激厉进化，并与"世界有觉悟的民族直接携手"。他也同意我在信中的意见，强调说，造成"善良的有势力的士气，确是要紧"。（引自《新民学会会员通信集》（二））一九二〇年十一月二十五日，润之在给向警予信中又明确提出："湖南自立为国，务与不进化之北方各省及情势不同之南方各省离异，打破空洞无组织的大中国。"意思是说，当前的中国是一个大而无当的大国，宜实行分治。对此，我自北方去信，表示异议，提出北方同仁的主张，因此发生争论。这次辩论，在一九二〇年间，我们两人的几次往来通信中，均有详细反映。记得在一次通信中我说道："我们在北方难道能组织一个'汉沙'？成立威尼斯小邦或佛罗伦萨小城国一样的组织吗？这当然是不合理的。"这个问题到一九二一年南北渐归一致，"湖南建国"的问题就不存在了。

巴黎方面会员的情况又有所不同。他们虽然离开本土，远适异国，对中国当局政情变化不甚了解。但是，对于中国的政治改造，也曾提出过他们各自的看法。这从蒙达尔尼会议纪录中可以窥其大旨。当时，萧子升在来信中，认为学会政策与方针，为"改造中国与世界"，"和森赞成马克思式的革命"。而此时，北京已正式成立马克思学说研究会，大力开展科学社会主义革命宣传与组织工作，并深入产业工人阶级基层，推动工会革命斗争。

新民学会成立初期，大家一致，精诚团结，去私存公，力争上游，会务蒸蒸日上，会员自十余人发展至十数倍，会员分布南北，隐然为中国革命重镇！

在中共成立以后，我和润之分负北方与南方劳动组合书记部责任，实际指导当地工人斗争。"二七"大罢工后，在一九二三年六月中共"三大"的选举结果，我们两人联袂参加中枢领导！同时蔡和森、向警予等亦参加三届中央工作。由是南北壁垒，殊途同归。回溯新民学会于一九一八年四月十四日在岳麓山周家台召开成立会时，出席创立会者有萧旭东、毛泽东、罗章龙等十三人，其中后来参加共产党者有八人。当时新民学会会员分别在各方从事革命工作，独当一面。一九二三年中共第三届中央局常委由仲甫、我、润之、荷波等所组成，我、毛、蔡、向四人均湖南新民学会会员。我们自四年前北京分散后，现又从各方齐集来到上海中共中央共事。当时代英戏称之为"新民学会大团圆"。某日，代英与中夏到中共中央开会，闲谈时又向我提及此事。中夏说："几年来新民学会主要成员由分而合，看似偶然，其实也是必然。"中夏所谓"分"是指一九二〇年我留京，和森赴法，润之返长沙。"合"是指当前四人又合在一起共事而言。

由于中共成立，新民学会对外停止活动，过去新民学会会员即以个人资格加入中共组织。外间种种传说，均属瞽说。

会员的离心倾向

新民学会会员相互关系十年间亦发生变动。先是新民学会由于发展太快，后期成份未免不纯，三年后渐渐产生离心倾向。此倾向至一九二一年后乃形成表面化。《新民学会通信集》第三集于一九二一年一月二日曾刊布《紧要启事》，略称："对于某些会员虽曾列为会友，实无互助与互勉之可能。为保持本会精神起见，不再认其为会员。"当时共有会友七十多人，经此一番甄别，大约减员三分之一。

与此前后，新民学会核心领导内部又发生分歧，并由分歧而趋于决裂，其中最著事例为萧子升。当时萧为新民学会总干事，号称干练、富有才华，为众望所归。但自二次出国后即与和森、芝圃等割席绝交，更出人意外的是他们彼此均以恶声相加。大姐说："他们相骂无好言，未免有失君子之风。"此语可谓道出当时实况，其经过真相可得而言。

和森与萧原是互相依存，关系素密。但居巴黎时二人忽告反目，势同冰炭，且彼此怀恨，互相攻讦。某次在上大开会，和森谈到子升近况，慨叹道："我们当初都是贫贱之交，现在子升奔走权门，已向富贵道路迈进，今日只剩下他一个人仍没有回来。"中夏因主张由我用个人名义写信给萧，劝其回头合作。我尚未同意，警予却说："信是可以写，只怕无用。"中夏忙问何故，向亦未置答。事后向私语我，萧蔡在法久已闹翻，萧对蔡已出恶声。我遂置之不问，萧遂一往不返。

芝圃为人温良谦让，与萧素称莫逆，无话不谈。自萧在华法教育会任职，停止每日五个法朗接济同学，以后两人互相水火，在会场上尹邢避面，绝不交谈。先是，昆弟在新民学会向负有知人之鉴，平日月旦新民人物，语多中肯，众人皆以为然。自旭东绝席后，昆弟忽叹息道："知人诚不易，吾人过去以言貌取子升，可谓子羽、冉有两俱失之！"又欧阳玉生于九年五月出国，航行途中曾以书面提出过对学会下列意见："对于学会不要一心一意地专事服从，更不要挟甚么野心来利用它，把它当个傀儡玩。"此时学会会员不过数十人，却不免混入个别野心家，故玉生此语，或有所指。因此后竟与彬疏远并与其妹离婚，对学会不再往来。至于其他成员间相互关系亦属变化无端，不可方物，未遑悉举。总上诸情况观察：新民学会中坚人物，当其结盟之初，信誓旦旦，似乎不相信人间有"范雎须贾"之怨，及其行径骤改，面临张耳陈余、凶终隙末局面，亦觉不以为异！

北大生活

京华尘影

新民学会会员由萧瑜率领第一批同学离开北京到天津,大家把他们送到大沽口,就在大沽口一个小饭馆里开送别会,同时看海景,赋诗送别。

第一批同学赴法前后,新民学会留京同学开了一个会,讨论结果决定两个人留在北京,一是润之,在北京大学找到一个工作,一是我考入北大预科。我到北京大学后开始上课,学习主要还是自学,大部分时间到图书馆看书,阅览中西典籍。北大藏书很富,是全国有名的图书馆,当时有书近百万册,都是有名的版本,最好的书籍。我埋首在图书馆看书,如泛沧瀛,意境极为广阔。

我在北京居留期间先后参观过三海、故宫及其他名胜古迹,如长城、居庸关、古北口、十三陵、燕山、白沟、邯郸、督亢等地,车尘马迹不及备载。

一九一八年在欧战结束后,徐世昌选任总统就职时,北京政府为了庆祝协约国作战胜利起见,特通令举行全市庆祝大会。主持此庆祝大会的北京政府规定开放中南海,允许市民自由参观。这是空前盛典,陈绍庥建议到三海游览参观,并打算到太液池(南海瀛台附近)边垂钓。因此,住吉安所同人四五人,同到三海和故宫参观了三天,当时最引起大家注意的是参观紫光阁。

三海紫光阁南熏殿中悬有历代帝王画像,其中如李渊、李世民、赵匡胤、成吉思汗、努尔哈赤等，颇具艺术性，人物须眉栩栩如生。朱元璋二像同列，一丑一美，迥若两人。清帝同治、咸丰、慈禧诸帝后形状各异，过往游人，徘徊观赏，叹为观止。由于数千年崇拜帝王偶像的传统，被奴役的中国人民久丧失了人类尊严，因此对历代帝王不免把大盗与骗子及圣君哲佐等同起来，对于猕猴轩冕，鲜所动心，视为故常。共往游者均嵩祝寺、吉安所七八号同仁，回到寓中，灯下座谈，共抒观感，彼此坦率交谈，各陈所见。大家从四千年中国历史总动向观察，一致认为通观廿四史，不过一部相砍史，无数"帝王与盗贼"，旋起旋落，如同弈棋一般，只是体现着"成王败寇"罢了。观于整个民生国计进展，却是很迂回缓慢的，所付出的代价是极其惊人的。坤吾说："中国改朝换代如同演戏一般，远古无可稽考，三代以后，历史舞台的主角均属游闲堕民而非生产人民。所谓'出将入相'不用说是助桀为虐的鹰犬爪牙与丧心病狂的市侩屠夫。"赞周说："政治如弈棋，'一险胜三奇'，以战争为游戏，视厮杀为娱乐，逐鹿广阔的中原便是历代政治冒险家的乐园，也是他们投机失败的坟墓。"

更有人从画像外貌立论，因此谈到历代酋主外貌，认为创业者较刚强，守成者多羸弱，塞北箕裘与江南文采各自异趣，所以朝代兴亡，并非全关"气数"。也有人从地理分析历代君主中定都西北者则尚开边与黩武，立国东南者则失之苟延偏安。雄桀之夫则重税强征，残民以逞，暗弱之主则豪强兼并，但悉索敝赋，国耗民困，其致一也。最后彦生发表感想云："紫光阁画像多属后人临摹，大率非其真貌，无庸细究。唯其精神以敬天法祖，教忠教孝为主旨，但结果适得其反。历代帝后宫廷政变不息，一部二十四史连篇累牍，'犯上作乱'，君臣相杀，父子兄弟尚且不免（如玄武门、甘露寺），至于臣下更多失节，虽然盛传'饿死事小，失节事大'，不独妇人女子为然，文死谏、武死战，今日人人以此为恩荣。昔列子不受郑子阳之惠，故不死郑子阳之难，不死无道人之难，是自守其节。中国历代帝王多属无道之人，故臣下无不失节。"这番话可谓深中肯綮。

在一九一九年二月间，旧历春节期间元宵节晚上，我和润之同往琉璃厂甸观赏灯节。全城张灯结彩，火树银花，盛况空前。如此繁华夜景，在家乡长沙确未曾见。二人从前门经过大栅栏、珠市口，步行十余里，并折向西行经琉璃厂甸、海王村等地，兴尽而归。在厂甸附近见有北大教员师生数十人围聚在几个大型红纱宫灯下正猜灯谜，大约有几十个纸书谜条缀在宫灯下面，征求过往赏灯者竞猜，猜中获胜者奖赏物品为纪念章、文具、字帖、书籍、锦旗等。当二人游观至海王村时，各巨型宫灯上所缀灯谜几乎都被游人猜出领奖携去，仅余一个灯谜，上书"自耕稼陶渔以至为帝"（按，此语出《孟子》），谜底下书为北京一地名。润之首先发现此灯谜，徘徊宫灯下沉思片刻，不得其解，乃轻声语我，共解此谜。我略加思索笑答，这地名就在我们脚下，因以足点地说，琉璃厂甸海王村便是。因为此谜文耕稼影射村，陶影射琉璃厂甸，渔影射海，帝影射王。润之听罢狂喜，大呼妙文妙地，二人乃踏月而归，只见沿街夜深人静，皓月当空，银河泻影，到达吉安所寓时，已近三更，乃推门而入。以经过告同人，绍麻抚掌称善不置！

北京故宫在紫禁城内，在溥仪出宫以后乃开始改作博物馆。考故宫建筑始于十五世纪（一四二〇年），自明朝永乐到清康熙时始全告完成，有宫室阁宇近一万间，占地七十二万平方公尺。世人谓：克里姆、凡尔赛、白金汉诸宫殿方之于此，不逮远甚，良非虚语！（如我所游览的 Potsdam、Sans souci 王宫，乃建于一七四五至一七五七年十年间即建成，可谓小巫见大巫！）纵观清宫建筑繁复，但格式平凡，体现出封建专制的全貌。如天安门与地安门，天坛、地坛与日坛月坛等，其外形与精神是互相表里，凝滞无生气。想见当年其强迫劳动强度与劳民伤财程度却是极为惊人的。

清代故宫开放较迟，在参观历史工艺馆时，其中有一"授时馆"，将古代原始计时器、沙漏、铜壶滴漏以及中世纪意大利佛罗伦萨所做巨钟和近代瑞士所产精装马表，一一陈列出来。在兵器博物馆有清代铁甲，重数十斤，能御刀箭。又有在抚顺起兵时八旗骑兵马甲。明代倭寇在沿海登岸时所用的步兵作冲锋的大长砍刀，刀长五尺，刃含秋水，锋利无比。这次参观给予大家很深刻的印象。

蔡元培出长北大

一九一八年九月我考入北京大学，学了两年预科和四年本科后，于一九二四年毕业。后因工作需要，又往还于北大达三四年之久。

北京大学建于清朝，原名京师大学堂。宣统元年即辛亥革命前，清廷宣布"君主立宪"制，废科举，立新学，模仿西方国家政制（在这以前清朝只有"国子监"，为皇族的大学），创建了这所大学。其目的主要是造就官僚。学生多为仕宦子弟。学校行政为封建官吏所把持，他们多半出身科举。学校的教学也多由举人、进士担任。所以，它仍是一所旧式学校。辛亥革命后（一九一二年），改名为北京大学。

一九一七年，任用蔡元培长校（前任校长为张百熙）。蔡元培，字鹤卿，号子民，蔡在清末少年科举（中探花），一帆风顺，青云直上，直到翰林院学士，民元任教育部长，长期从事教育，又是留德学者，在学术界很有声望。他到任后，对推动北京大学的新旧更替起了较大的作用。

当时，学校风气很坏，腐败污习极深。师生中追求物质享受，讲究吃喝玩乐，饱食终日，无所用心者大有人在。学生中还流行一种小报，叫《消闲录》，系私人团体主办，每天出刊，销路为北京各类小报之最。它单讲怎样过生活，鼓吹最好的娱乐是听戏、捧名角。教师中也有人公开宣扬混世主义。他们引导学生混文凭，并以不谈政治为信条。我和毛泽东刚到北大时，每与论及，无不大感惊异。

当时，学校教师大致可分为三部分人：旧派人物占大部分；西洋学者居次；思想激进的民主分子数量最少。进士出身的林纾和颇具名望的翻译家辜汤生，可说是北京大学的逊清遗老。他们主张复辟帝制，公开向学生灌输封建保守思想。由于他们的学术地位，深得一部分学生的崇拜，因而影响也较大。留学西洋的教员中，从美国留学回来的，有亲美派。他们推崇美国的"民主制度"，大力奉倡杜威的实证哲学。而从英国留学回来的，则歌颂英国的"议会制度"，羡慕英国的生活。甚至有人公开说："假如中国有一天亡国了，我希望亡在英国手里。"这自然是属于极端的例子，亦足见当时教师中的思想状况。此外，还有一些是亲日派的人物。以上这些人物构成了北大教师的主要阵营，与新式人物尖锐对立。在对待马克思主义、对待苏俄十月革命以及对待宗教问题上，他们与后者是针锋相对的。

在新旧势力斗争中，蔡元培是倾向革新的。蔡先生长校时，倡导和支持了多种学会。如进德会、新闻学会以及马克思学说研究会。进德会是针对学生中以求学为猎官之阶、教师中以"风雅"而相尚（指玩妓、纳妾等）的腐败习气而创立的。蔡元培亲自主持进德学会，提倡生活简朴，号召会员不做官，不纳妾，不狎妓等，以冀收移风易俗之效。

他在任人上采用"兼容并包"的方略，引进一些新人。在治学上提出"陶冶中西"的方针。这也许是由于他尚无足够的力量，以革除根深蒂固的旧派人物，只好采取新旧折中，使旧势力不反对，新势力从容展布，学校也得以暂时安定。但这种兼容并蓄，也使北大的人事杂沓，鱼龙混杂，贤愚互见。蔡的一生也深受此影响。

蔡元培思想行动极为瑰奇飚忽。他弃官东游，吸收新知，译有《妖怪学》出版，士林阅读，无不愕然。他任北大校长后，标榜思想解放，自由放任，延揽师资兼收并蓄，自辜鸿铭到张竞生，一视同仁；在引进新式人物上，蔡先生是很有胆识的，其中最著者为引进陈独秀；对北大激进派青年学生极表推重，对马克思学说研究会加以赞助。他介绍我参加"北大哲学会""道德学会"和"新闻学会"。一九二〇年当仲甫被京师步统领逮捕时，蔡以己之去就向政府力保，终得释放。后来我先后在北京、南京陷狱，蔡亦不顾个人利害，将我营救出险。

文人荟萃

我在长沙时，在学问上有些自高自大的想法，但是进入北大以后，这是文人荟萃之地，能人之上复有能人，因此我有些自卑起来，茫然不知安身立命之所在。此期间，在教师中我最先认识刘三、李大钊、陈仲甫等。

刘三（刘季平［江苏近代有过两个刘季平。此刘季平江南华泾（今属龙华）籍，一八七八至一九三八年间人。另一刘季平苏北如皋籍，一九〇八至一九八七年间人。］），江苏苏州人，北大国文教员，原日本成城学校骑兵科学生，同盟会员。归国后无所施展，乃弃武就文，讳言曩参加清末革命事，谓革命党互相吞噬，诟事北洋军阀。革命与政治失意，沦为教师，便努力读书、著述。我到刘处，他上下古今，无所不谈，刘对我甚器重，但不谈政治，有如惊弓之鸟，以明哲保身为尚。他对北大学生革命运动，目为"南方之强，守善意中立"，对执政诸人说成是"两头蛇南阳卧龙，三脚猫渭水飞熊"，"貌若恺悌为仁，行同蛇蝎"。刘素富于正义感，故同情马克思学会，遇有争执，仗义执言。当马学会发起时，《启事》刊在北大日刊中，有"皓首穷经"一语。北大某教员阅后殊不谓然，向人说：用皓首穷经一语称马克思著作，有类信口开河。夏华因请执笔者文虎加以解释，我适他往，天放往问教师季平，季平因告天放云："中国五经不过卅来万字，十三经约六十余万字，均出多人所作。"天放喜道：

"果然如此，马克思本人所著书当超过三十万字，若合计恩格斯及其他人所著，远在十三经之上。《启事》此语，自亦有处，岂是信口开河？"某闻言默然。

刘住苏州会馆，生活清苦，陋室一间，自行炊爨，嗜酒苦吟，自号不醉翁。刘好阅野史，能诗文，善唱昆曲，擅填词作曲，熟习宫廷掌故，尝编一种戏曲题为"西苑记"以示伯英。剧情内容是：明嘉靖壬寅西苑宁嫔王氏主谋，率宫人杨金英、杨莲香、苏川药、姚淑翠、刑翠莲、黄玉莲、尹翠香、王槐香、张金莲、徐秋花、张春景、邓金香、陈菊花等十六人组织宫廷革命，她们乘明世宗宿曹端妃所，一拥入宫，用绳勒世宗咽喉，以抹布塞其口，数人踞腹绞之，垂绝，为皇后所闻，率众入救，世宗出险，十六人皆被戮。刘既编剧，并自度曲，教伯英、含英等演唱。刘旋南归，剧未出演，遂成"广陵散"。刘后任国民党监察委员终身。纵观刘之为人，实"北大人"中之皎皎者！

李大钊字守常，号孤松，河北乐亭人，少孤，依祖父抚养成人。祖父为私塾教师，教守常学习古文、词章、诗赋。守常十八岁考入直隶法政专修学校，毕业后自费留学日本早稻田大学，能文章，慕革命。归国后任北京大学教授兼图书馆馆长。一九一八年秋，我进入北京大学预科德文班学习，课余之暇应教务处之召往本校图书馆清理外文书籍并编号。当时我因工作繁重，央请王懋廷、王儒廷（均通法文）、王友德、李墨耕（均通英文和德文）等共同担任清理工作。历时几个月才算完成。守常对我们的工作非常满意。同时，我在预科学习成绩优异，李极赏识，又将我介绍给仲甫。

守常同我谈话时，问我的籍贯后说道："你知道谭嗣同的家世否？"我说我与谭同乡，在小学读书时常到谭家去访问，因将谭的家世，治学师承，诗文著述与友好往来等情况详告。李聆言大为感动，对我说："湖南青年艰苦卓绝，被褐（穿粗衣服）怀玉，奋发有为，不可多得，实乃南方之强。"他对谭浏阳的向往如此！

每至周日，李常电话约同学到石驸马大街后闸住宅谈话和聚餐，主客漫谈无拘无碍，兴尽始散。一次我在他家，他入内请夫人和姑母入客厅同席就餐，座中有吴夫人新从东京归国，询之，亦湖南人，后来知道往来于李先生家中之南方朋友确不乏人。

陈独秀，字仲甫，安徽怀宁人，门第平凡。仲甫自云：仲甫父亲以科名任清朝皖南守备之职，教子甚严。仲甫十四岁中秀才（第一名），考举人未中，遂绝意仕迹，赴日本。一九一二年归国与柏文蔚共谋起义，推翻满清后任安徽教育厅长。袁世凯专政后遁逃日本，过流亡生活。陈先生一九一七年归沪后办《青年》杂志，后改为《新青年》，提倡新文化，推倒古文，对旧思想的批判很有魄力。他笔阵纵横，独具风格。《新青年》杂志在思想、学术界尤为突出，深为蔡先生所赏识。为请他到北大任教，蔡亲自登门拜访。陈先生当时住在前门西河沿一间普通旅馆里，两人面谈之后，就礼聘陈仲甫先生为文科学长（相当文学院长）。依当时门第之见，一位二甲进士出身的翰林屈尊于一个初露头角的秀才，这也是很不平常的事。

陈先生任文科学长后，没有教课，专心致力于教学改革。他在校务会议上多次提出改革学制，修改课程的倡议，见识卓著，但开始颇有些阻力。陈先生不善交际，一旦居于众多教授之上，于他也不自安。有些自命不凡的人，瞧不起陈先生，对蔡校长的做法也不以为然。而蔡先生对陈先生却极为尊重，对陈的倡议和言论极力支持。文学院的人事、行政，一切均由陈先生主持，不稍加干涉。陈先生负责文科的改革，分成了中国文学、哲学、史学和外语的英、德、法、俄等七个系；先后延聘了许多著名教授，济济多士，盛极一时；课程也有较大改进，不但必修课增加，还开了新的选修课。像李大钊先生开的"唯物史观"，把马克思学说搬进大学讲堂，这在中国历史上是破天荒的事。陈先生改革教学的这些措施，促进了学术研究和思想解放，使北大在思想界、学术界居于领先地位。从而博得了一些人的信服，终于在北大站住了脚。

陈先生到北大后，把《新青年》编辑部也搬到了北京，主编改由陈先生和李大钊、钱玄同、刘半农、胡适、鲁迅、沈尹默等轮流担任。当时中国处在帝国主义侵略和北洋军阀政府统治之下，内忧外患达于极点。《新青年》高举反帝反封建的爱国旗帜，提倡民主，提倡科学，主张政治革命，宣扬新文化，反对旧礼教，喊出了"打倒孔家店"的口号，特别是发表李大钊介绍十月革命和马克思学说的文章，在当时中国起了振聋发聩的作用。《新青年》宛如火炬，照亮了全国青年前进的道路。

北大同学中我最先认识特立、中夏、"夜郎三王"等。

特立，理学院数学系高材生，身材魁伟，善思考问题，有谋略，遇急事，雍容坐镇，有谢安石之风。

邓中夏，原名仲獬，字安石，湖南宜章人，父为京师地方法院法官。邓在中国文学系本科肄业，思想激进。中夏天资不高，但勤学苦读，勇敢有为，好大言，人称"邓大炮"，是马克思学说研究会的中坚分子。

"夜郎三王"均云南省人。

当时北大的学风不是很好，师生多摹仿贵族官僚的生活，好看戏，品花，风流自赏，自号风雅，相习成风。但也有些教员与同学风格清高，努力向上，不慕势利，不谈爱情。这两派人的生活如天上地下，迥然不同。

我除正式选课以外，还到外系听了几门功课，如从辜鸿铭学翻译，刚和太（意大利人）学拉丁文，向黄季侃学词章等。

辅仁学社

"辅仁学社"成立于一九一三年。它是由湖南长沙长郡中学部分同学组成的。成员有三十多人。学社名称取其意为"以文会友，以友辅仁"，是个研究学术的团体。

长郡中学原为长沙府中学堂，辛亥革命后改名长郡中学。因它是由长沙郡十二县公款筹办的，故又称长沙第一联合中学。

"辅仁学社"简称"辅社"。一九一八年前，"辅社"的大部分成员都已中学毕业，其中一部分成员，有的升入大学学习，有的出国留学。它虽是一个纯学术团体，主要是以研究科学知识为主，但后来，它的许多成员在各次政治斗争以及某些地区的斗争（如湖南的驱张运动）中，都成了其中的领导者或积极分子。

毛泽东和部分"辅社"成员，过从甚密。一九二〇年他因驱张运动到北京时，"辅社"在京的部分成员曾组织欢迎会。现尚保存在革命博物馆的一张照片，就是当年"辅社"部分成员与毛泽东等在陶然亭合影的纪念。照片中，除毛泽东和我外，还有周长宪、易克嶷、匡务逊和陈兴霸等。现在尚记得的"辅社"成员除我外尚有：

易克嶷（赓甫）　北大文学院

陈兴霸（远谟）　北大法学院

周长宪（邦式）　北大法学院

吴汝铭　北大法学院

宋天放　北大法学院

罗海潮　北大法学院

吴汝霖　政法专科

匡务逊（日休）　北京高师

以上是中学毕业后到北京的成员。留在湖南以及其他地方的成员有：

张孝骞　湖南湘雅医学院（后留美，是我国著名的医学专家）

彭治朴　湖南湘雅医学院（后留美，是我国著名的医学专家）

张　维　湖南湘雅医学院（后留美，是我国著名的医学专家）

熊亨仁　后为长沙女中校长

萧盛礼（乐天）　警官学校

彭光间　保定军官学校

陈忠杰　商务印书馆编辑

郑家俊（点石）　留学德国柏林大学

刘克俊　北大毕业后留学德国柏林大学

曾祥梓　留学日本帝国大学

萧　成　新加坡中学任教

萧延煦　联中毕业

杨　坤　联中毕业

周　立　联中毕业

曹　昌　联中毕业

沈开益　联中毕业

邓毓灵　联中毕业

龙若云　联中毕业

"五四"时期，"辅社"成员中参加直接行动小组者有易克嶷、匡务逊和我。"五四"后，我参加发起组织"北大马克思学说研究会"，吴汝铭、吴迪恭参加长辛店工人俱乐部，匡务逊组织高师工学社。

后来，易克嶷回长沙；刘克俊、郑家俊赴德国留学；张孝骞赴美留学；曾祥梓留学日本。由是"辅社"社员星散，自动停止活动。

"辅社"社员彭光间、萧乐天参加军事行动，反对北洋军阀，为革命独树一帜（护国军）。

共进社

一九一八年暑假期间，我刚考入北京大学文学预科，寓居三眼井吉安所左巷七号院时，与我们一墙之隔的左巷六号，住有陕西旅京同学李子洲（即李登瀛）、刘天章、杨锺健、杨晓初等。六号院共有十来间房子，全由他们包租了。他们组织了"陕西旅京学生联合会"，编有《秦钟》《共进半月刊》等刊物。"五四"后，正式定名为"共进社"，亦是北大较著名的社团。"共进社"人多势众。从吉安所左巷到西老胡同、中老胡同、东老胡同及至沙滩，都有他们的寓所。李子洲是"共进社"的主要领导人，人们尊称他为"大脑"，在他和"共进社"周围，团结了一大批陕西的进步青年学生。他们朝夕相处，往来频繁。每逢星期天或节假日，居住在别处的陕西同乡，也多来左巷六号聚会，热闹非凡。其中有刘含初、屈经文、耿炳光、方仲如、营尔斌、潘自力（以上均为北大同学）、杨明轩、魏野畴、魏惜言（以上为北高师学生）等。

当年，"共进社"在宣传新思想、新文化，倡导科学与民主及传播马克思主义等许多重大问题上，都很有影响。

我们原是一墙之隔的近邻，"共进社"的李子洲、刘天章、杨晓初、杨锺健、魏野畴等，与我和毛泽东、蔡和森、陈绍麻、萧三等"新民学会"的会员相处较熟。饭后茶余，常聚在一起谈天，从国家民族大事到学术思想问题，以至生活趣闻，无所不谈。

我们寓所距红楼很近，只有"一箭之地"。学校钟声、哨声声声相闻。在"五四"期间，北大学生会或北京学生联合会一有号令，吉安所左巷一带便闻风而动。北京学联的总务科，全是"共进社"的人。李子洲等同志工作得很出色，每次集会、游行，在他的带领下，很快就能把游行需用的大、小旗子制作齐全，及时写出和刻印好所用的标语，传单。李子洲嗓门宏亮，富于鼓动。北大成立学生干事会（简称学生会）时，李子洲被选为学生会干事。

在稍后发生的罢课斗争，"救国十人团"的宣传活动和"六三"请愿斗争中，"共进社"的同志们，都是积极的参加者和组织者。"六三"晚上及以后的大逮捕中，"共进社"的社员也大多被投进监狱。在激烈的斗争中，我们和"共进社"结下的战斗情谊，历久不渝。

一九二〇年三月，李大钊和我们在北大秘密组织了"马克思学说研究会"。党的"一大"后，"马克思学说研究会"公开活动，并征收会员，李子洲是最早报名参加的基本会员之一。"共进社"的刘天章、魏野畴等，也是其中的基本会员。

"共进社"很多同志，早期就加入了党的组织。他们回到陕西后，对陕西各地党组织的建立、根据地的开拓，都有许多建树。可以说，他们是党在陕西地区进行斗争的早期开拓者。

曦园

北大三年级的时候，我们邀集了一些志同道合的同学共同过生活，组织了一个团体叫"曦园"。曦园是由国立八校一部分思想激进的同学组织的。它是一个倡议并实行泛劳动与自由研究的大专学生的团体，成立于一九一九年秋季。地点在北大附近东皇城根达教胡同二号。主要由北京大学、北京高师、北京工专、医专与农专等校同学三十余人所组成。其成员犹能记其姓名、学籍者，除我外尚有：

邓中夏　湖南省宜章县人，北京大学文学院二年级。

张国焘（特立）　江西省萍乡县人，北京大学理学院二年级。

吴汝铭　湖南省长沙县人，北京大学法学院旁听生。

李梅羹　湖南省浏阳县人，北京医学院二年级。

杨人杞　湖南省醴陵县人，北京大学文学院一年级。

易克嶷　湖南省长沙县人，北京大学文学院三年级。

刘克俊　江西省安福县人，北京大学法学院二年级。

萧镇湘　湖南省醴陵县人，北京工学院四年级。

杨亦曾　湖南省新化县人，北京大学文学院四年级。

刘　汇　直隶省大兴县人，北京大学文学院四年级。

陈　锡　湖南省邵阳县人，北京大学理学院四年级。

吴学斐　湖南省长沙县人，北京大学法学院旁听生。

杨副时　湖南省宜章县人，北京中学学生。

罗　汉　湖南省浏阳县人，北京法文专修科。

马元材　湖南省新化县人，北京大学文学院一年级。

以上诸人大部分是五四运动中的积极分子，有的还是行动小组的成员。

曦园同学提倡泛劳动主义，他们泛观中外古今，认为中国古代哲人多从事劳动，如：舜耕历山，陶于河滨，渔于雷泽；傅说版筑；胶鬲渔盐；百里奚贩牛；卜式牧羊。至于西方人杰如：哥伦布、瓦特，大都为水手与工人。故特别强调学习应躬行实践，不宜徒托空谈。

基于上述理由，我们在曦园订有公约，规定成员务必亲身参加园内劳动，如值班、烧饭、做菜、洗衣、挑水、扫地等，事必躬亲，一律不得雇用仆役。食堂伙食多按本人经济能力负担用费，或多或少（伙食费一律七元，交不起的同学可以少交，由大家互助），自愿决定，共度互助互济的生活。成员衣食住行等一切，均力求简单朴素，并不得闲逛荒嬉，出入娱乐场所、酒楼戏院等。大家又组织了共同的学习班，由有专长的同学领导学习外语、语文、物理、化学等，互为师生。还共同在某报办了一个副刊，从事翻译写作。从副刊所取得的稿费大家用，买书，补助伙食，医药互助，每月七八十元。在曦园里，严格实行"三不"，即：不做官、不纳妾、不狎妓。成员们厉行新风尚，提倡发扬互相批评精神，彼此互为诤友！我们并提出，要以新道德代替奴役道德，同时提倡青年采取行动，调查、访问北方地区工矿、农村与城市贫民的生活，寻求解决社会问题之方案。坐言起行，奋发有为。

在曦园，每个成员都积极参加学术活动。

学术活动划分为自然科学与人文科学两大范畴。订定必需阅览的图书目录，由各人认定专题研究，坚持自学。在这方面，我保存有部分学习笔记，主要内容于后，可能有助于了解当时一些青年的学习情况。

在自然科学方面，主要要求认识当代自然科学的成就，远自银河系与太阳系诸天体运动情况，近及地球史发展过程，并进而要求阐明运动与时间及空间的关系。此外，关于物质的转化，生命的成因与毁灭，亦为大家所共同关注之问题。关于天体发生与发展问题，除钻研哥白尼、伽里略、开普勒的著作外，还参阅了康德诸人的著作。

康德著的《宇宙发展史概论》认为，宇宙在洪荒时代，是以气体状态的星云团开始旋转运动的，一切天体均系通过星云旋转运动而凝聚结成。宇宙诸星体经过亿万斯年，仍然走向由成而毁的过程，最后消失在太空之中。星云学说所阐明的天体运动正与中国庄周的"方成方毁"之说吻合。同时并参看康德著的《普通自然史与天体理论》（一七五五年出版）。

在地球成因方面，则研读德国地质学家加贺孚所著《地壳自然变迁史》（一八三四年出版），及其他有关地质学著作。

在生物学方面，主要集中阅览英国达尔文著的《物种起源》（一八五九年出版）、德国赫克尔著的《宇宙之谜》（当时尚无中译本）。

在解剖学与生理学方面，需要攻读希腊语文，以求直接阅读亚里士多德、盖伦（希腊医学家）的著作。同时，更应看乌伦甫特（德国细菌学家）等人的著作。

特别提出研究生物学与生理学。生物学注重进化论（包括物种发生与胚胎学发展史）及生物组织与解剖学；生理学包含动物与植物的功能。前者指动物感官及运动学，后者指营养，新陈代谢与生殖遗传等。

在生理学方面，则读英国威廉·哈微（一五七八～一六五七）的著作。哈微发现血液循环系统，尝云："一切生命由于卵。"

通过解剖学与生理学进一步研究人类学，从而对人类躯体构造的规律性有所认识。在人猿进化过程方面参考的专著主要为：法国动物学家戈甫洛(一七七二～一八四四)的一系列著作。他长期实地研究世界各地栖息的猿猴,掌握了大量资料,因而断定人类是从东南亚一种已绝种的狭鼻猿猴进化而来。这类著作可谓"益人神智"!

以上是属于自然科学方面的学习情况,在此以前我们头脑中充满许多杂乱无章的"天问"式的问题,如月球是卫星中的大观园,有广大的艺术宫殿等等。道听途说,十分茫然。

至此,对于自然界现象,有了科学的、比较明确的认识,知道人类生命起源于像蛋白质、鞍基酸一类物质;细胞分裂、胚胎发育是生命发展的物质过程,不是什么"生死轮回"之说。"死"与"生"是一对相对的概念,而死不是生的继续,所以二者又是绝对概念。这都是当时在短期中学习自然科学书籍的心得。

在人文科学方面,当时要求精读兼选译下列诸种世界名著:

1. Plato,Republik(柏拉图:《共和国》)
2. Thomas Moore,Utopia(1)(托马斯谟尔:《乌托邦》)
3. Henry de Saint-Simon,Idel Sosiety(圣西门:《空想社会主义》)
4. Montesquieu,Vom Geist der Gesetz(孟德斯鸠:《法意》)
5. Henri Rousseau,Emil(卢梭:《埃米尔》)
6. Joseph Faurier,Phanlang(傅立叶:《方兰》)
7. Robert Owen,New Lanark(欧文:《新协和村》)
8. Adam Smith,The Wealth of Nations(亚当·斯密:《原富》)
9. Karl Marx,Das Kapital(马克思:《资本论》)
10. Georg Wilhelm Friedrich Hegel,Philosophy(黑格尔:《哲学》)
11. Friedrich Wilhelm Nietsche,Ueber-Menschen(尼采:《超人哲学》)

当时,文科同学大都在北大哲学系听讲,所以在哲学方面富有研究兴趣。据一般见解:"一元论是统一的世界观,即物质与精神世界的统一;二元论是物质与精神世界彼此分离、互不相涉。"在研习哲学过程中，我们主张一元论及其相应的认识论，同时反对形而上学（玄学）。理解到所谓美育，是"真善美"的一种圆满的哲学信念。

对无机世界与有机世界，应作融会贯通的解释。对于时空问题的理解："空间为外界的直观形式，时间为内在的直观形式"。（康德语）

这种哲学思想表现在文学方面。我们认为歌德在其著作《浮士德》《普罗米修斯》《诗与真实》等诗篇中，阐扬一元哲学达到了完美的境地。

怎样探讨真理、追求真理，体现在认识的实践过程中。认识真理方法分别为二：一元论者主张认识是一种自然过程而非奇迹，认识是一种生理现象，主要源于大脑皮质，即思维器官；一切认识均非先天存在，而是后天由于直接经验与间接经验（如历史经验）所形成的。二元论者主张认识是一种超自然过程，它是一种先验过程而与实体定律无涉。下面是历史观的笔记：

关于历史观，大宇长宙，横尽虚空，竖尽往劫，不可纪极！就人类历史言，自广义言历史时间非常短促。据推算，世界史在其全程一亿年中（假定最小数字）相当于一天二十四小时中的五秒钟；至于有文字记载的历史则更是白驹过隙，不足以喻其短促。

人类发生与发展的历史进程，与一般生物界进化史并行不悖。如所周知，物种起源的主要论旨，是说一切物种由于通过遗传而继续生存；由于适应环境而发生变异，物竞天择，百世难改其度。人类社会制度也应该是如此，不断传递与不断改变，适者生存，违者止息。绝非少数人主观愿望所能更改。

中国历史见于文字记载已历四千余年，历代鼎革形式不一而足：或禅让篡弑（尧舜禹的传说）；或征诛相伐，其间统一与分裂交互发生，战争不息。要而言之，长期以奴役制度（农奴与工奴）为主，以贵役贱，以富役贫，产生等级制度与门阀思想，可谓万变不离其宗。与奴役制度平行，势所必至者，乃发生反抗运动，民众运动起于不平。如火炎上，如水决堤，历代鼎革，遂不可避免，无论任何强力与压制，绝难制止，于是乃有改朝换代之事，循环不止！

中国数千年"相砍"的历史，形成一种反动的旧史观，旧史观乃由皇权神圣，万世一系，"受命于天，奉天承运"，神器至上等正统观念所构成。所谓正统与儒家的宗法思想，同理学的道统观念一脉相通。它把纲常名教、忠君守节等奴隶思想强加于人，根深蒂固，遂成痼习。所以旧史学阿谀专制，崇拜偶像，以此相尚，人民违之者则遭受迫害，诬为"叛逆"，称为乱臣贼子，"人人得而诛之"。

自两汉以来，历代史官均祖述班马，奉为圭臬，视同金科玉律。翻开二十四史所歌颂咏叹者均属帝王将相，至于后妃宫妾，外戚宦官，官僚地主，富商巨贾，以及食客、鹰犬之徒，对于统治阶级及其附庸厮养不惜大书特书，津津乐道，连篇累牍，是非颠倒，黑白混淆。如此史书，实属玷辱人类尊严，无以复加。

按照上述论证，可知吾人对于"圣贤经传"必须从其时代与地域加以分析和批评，都应本新史学精神去观察理解和估价。

因此，如建立新史观，首先在于破除中国二十四史的陈规旧套，肃清历代御用史官之一切陈词滥调。与此同时，又必须建立新的历史观点，也就是说建立以人民群众为历史中心的观点，遵照新史观重写当代历史、批判古代历史，使历史还其本来面目。按照新史观写述历史，具体要求有以下诸事：

1. 废除两千年来一脉相承的历史正统论：成王败寇；
2. 泯灭过去正史与野史的分界；
3. 是非善恶一本于群体的至公大正的精神；
4. 历史题材主要内容着重治与被治、贵与贱、富与贫、诸阶层间的奴役关系；
5. 记载以人民的创造进化为中心，强调国民经济、技艺、创造与发明。

曦园同人为集思广益起见，还共同商订了一个读书计划，将世界学术名著逐一加以浏览；同时又由于个人研究兴趣有所互异与外文阅读能力的差别，各成员又自订读书计划与研究专题，二者互为补充，有相得益彰之效。

曦园同人鉴于当代欧美出版之人文科学与自然科学书刊典籍虽浩繁，但其中译成中文者为数有限。于是同学们加强外语学习，并着手从事原本翻译工作（详情可参考一九八七年商务印书馆出版的《康德生平》"序言"）。我当时选定康德哲学与西方宗教问题等为定期目标。康德为近代世界著名学者，学问道德素为西方所崇仰。康德于一八七四年十一月受到东普鲁士国王手谕谴责。其一生言行触犯时讳，尤为可同情。当时北大图书馆馆藏德文书籍丰富，阅览方便。浏览所及，见到康德著作有《纯粹理性批判》《实践理性批判》《逻辑学》，均属第一流名著。为更进一步探索康德学术思想，我和北大同学商承祖共同商议着手从事翻译康德几种主要著作，拟从译述过程中透彻了解康德全部思想体系。我们入手的方法是先阅读与译述康德传记，然后译述其他主要著作。关于康德生平原著，德国出版界流行极广，堪称浩繁，其中富尔伦德（K. Vorlander）所著实为当代善本。译写过程遵循"信、达、雅"三原则进行。首先二人各自阅读原著，每日十页为度；其次交换阅读初译稿，遇有疑义共同提出，互相研究讨论，务求不失原意。待双方大致取得一致，然后作为改正稿。第二阶段工作经过时间较长，两人反复商讨，期于至当，无误为止。最后交由我执笔整理全稿，修饰润色，字斟句酌。前后费时一个多学期，全书方告完成，后由北大校长出函介绍，委托上海中华书局哲学丛书委员会排印出版。这部《康德传》自一九二二年二月初起，连续重版多次，为当时国内《康德传》中文本唯一译著。

康德著书，哲理幽奥，文笔高深，素称难解。其中有些语句虽心知其意，却极难表达。因此我们在译述时往往遇到困难。记得英马奴埃·康德曾有下列名句："有两种事物充满心灵中，如果持续的去思索便觉得不断地惊异，这就是在我头上星辰密布的天空和内心的道德规律。"（引自《康德传》末章语）上述简短格言与警句原意颇不易表达，我们二人斟酌损益，易稿数次，经时既久，始获定稿，举此为例，可见一斑！

继《康德传》出版后，我曾选译赫克尔《宇宙之谜》(Ernst Haeckel: Die Weltraetsel)，同时又选译 Goethe's Faust 与 Storm's Immensee，稿存箧中，因人事殷繁，均未及整理出版。

我在这个时期写了很多文章，翻译和写作了一些文学作品，如《茵梦湖》《红外套》就是这个时候翻译的。与此同时，我和同班同学商承祖交往很密，共同从事译著工作，前后经历数载。承祖字章孙，原系北方人，其父宦游广州，故寄籍番禺，但不谙粤语。其父商衍鎏为清朝探花，曾出使德国。章孙幼年随父母出国，就读于柏林大学，造诣很深，且品学兼优。辛亥回国，后转学北京大学德文系。他在北大毕业后，赴德国汉堡大学担任汉文教授，前后三年，回国后任南京大学教授兼德语教研室主任，译著德国文学书籍多种。

《绮梦思》(Immensee，《茵梦湖》)是德国文豪斯托姆(Theodore Storm)著名文学作品，以作者少年时代与伊莉莎的初恋故事为题材。故事发生在蜜蜂湖畔，叙事清新，诗文并妙，其中民歌诗韵均称佳构。我以极大精力译完此书。德文系教授杨丙辰对此评价很高，称为"青出于蓝"云。后来杨任河南大学校长，聘我为教授，实由于此。诗中有句云："窗前有棵白桦树，黄金的流光飞渡。"杨老师建议将此译本出版，我即向一个书店交涉，书版商勒索费用，因而出版未成。便先在报上发表。后有某投机分子套用伊稿，改头换面，自行出书，大获其利。

曦园生活于一九二〇年七月结束，曦园存在时间约一年左右。虽然时间短促，但对于我个人思想洗灌，生活磨炼，却有不少收获，如建立新史学，否定宗教，对新型革命思想的酝酿，颇有影响。

在曦园结束后，有些同学毕业离校，我就搬到马神庙北京大学西斋宿舍字字号居住。字字号是一独立小院落，有三间房，住有六七个同学，同住的有一个理学院姓于的学生，他那时正创作成功一种仪器。另外几个广东同学是学法律的，与谭平山、陈公博同乡，他们互相有往来。住进西斋以后，转入新的学习与实践，我正式从事各种校内外的革命活动，除上述同学以外，往来密切的还有商承祖、宋天放、王净、黄日葵、范鸿劼、张树荣、何孟雄、缪伯英、李墨耕等。他们都是学有专长，且风格高尚，同情革命，因此大家同心同德，开展了很多方面的工作。我们的生活逐渐从纯书斋转入到产业工人群众中去，即深入中国工农兵群众而开展新的革命活动，前后达十五年之久。

北大新闻学会

一九一八年以还，北大学术研究与活动盛极一时，其中以哲学研究会与新闻研究会会员人数最多，均公开活动。其活动情况由当时的校刊《北大日刊》（三日刊）择要公布，至今犹斑斑可以考见。

北大新闻学研究会为我国最早研究新闻学的团体，历时也较长。除课堂研究外，兼重实践。会员中，参加当时的革命行动者不乏其人。其中邵振青便是代表人物之一。

溯至辛亥革命后，中国新闻事业如雨后春笋，一时勃兴起来，北京、上海等大城市日报刊行颇多。北京报业颇为发达，大小数十家报纸，像《晨报》《京报》销路相当多。当时北大同学在课余之暇自办刊物兼从事新闻记者工作的不乏其人。北大创办了各种周刊，于是同学爱好新闻事业遂一时蔚为风尚，谭鸣谦、谭植棠、高尚德、区声白、毛润之与我等诸同学，自办刊物并经常为各报刊撰写稿件。同时，也喜欢研究有关新闻业务的理论与实践诸问题。

可是当时北大没有设置"新闻学"课程，北京各大学中，也没有设新闻专业。一天，我和几个同学在景山公园散步，途中谈及此事，大家觉得何不联合同学，共同来研究这门学问。回校后我们便去向徐宝璜教授请教。徐教授是江西人，新从美国回来，会谈之下，十分热诚。自称"在美国时，已学习过几门有关新闻学的课程"，很愿意指导我们学习。同时，我们又将这个意思，告诉了常向我们索稿的邵振青。邵氏是《京报》报社社长，浙江人，三十余岁，为人聪慧开朗，一表非凡。他亲为《京报》写社论，做采访，编新闻，并经理发行广告等事，十分干练，每天工作极忙，时感人力不足，因向北大同学组稿。他听了我们的来意，立即表示愿意赞助，并约定下周开始讲习，一切讲义、印刷、实习等事，由《京报》免费负责供应。他曾主动写信给蔡元培校长，倡议设立新闻学研究会。回校后，将此意转陈校长蔡子民，他迟疑了一下，问，你们功课正忙，是否因此荒旷学业。我们再三请求，子民方答应了，并鼓励大家应为建立理想的报学而努力。我们益觉兴奋，遂与徐宝璜教授商量妥当。

此事酝酿多时，经北大师生多人共同努力，北大新闻学研究会终于在一九一八年十月成立。讲习会址在沙滩东口红楼三十四教室，先后参加的会员五十余人，均系北大同学。蔡元培校长因势利导，并积极参加学会工作，被选为会长。徐宝璜与邵振青选为导师。徐先生还兼任学会总干事，亲授新闻史。他自编讲义，前后约百余页，源源本本，内容精彩可观。徐先生诲人不倦，心地诚实，很有心做中国新闻学的开山祖师。高兴时，他滔滔不绝，一讲就是两、三个小时，毫无倦意。讲到一个段落，他发问责答，十分认真。有时，发给每人卷纸，令大家作题实习。如发现有错误，立即援笔批改，我们着实获益，短期讲用，一生受用不少。

新闻学研究会每周讲习三至五次，主要在第一院文科三十六教室举行。工役茶水等事，由北大庶务处供应。开学起首的日子大概在十二月杪，小室内水汀甚热，窗外朔风如虎，路上来往颇觉寒冷。所印发的讲义数厚册，亦极有参考价值，可惜这些东西都留在北大第三院储藏室，迄今尚不知下落。学会还举办一个临时性的小型报，是为北京全市运动会开幕而出版的，会毕随即停刊。经过五个月的讲习后，举行了一次结业仪式，蔡校长亲自主持毕业典礼，由北大新闻学研究会发给文凭，文凭上有会长蔡元培与总干事徐宝璜的亲笔签名，大家如获珍宝。计学会会员中取得证书者共五十五名。其中得听讲一年证书者共二十三人，即：

何邦瑞、谭植棠、区声白、倪世积、谭鸣谦、黄欣、严显扬、翟俊千、张廷珍、曹杰、杜近渭、徐思达、杨亮功、章楷诒、傅馥桂、温锡锐、缪金源、冯嗣贤、萧鸣籁、欧阳英、丘昭文、罗汝荣与陈公博等。

取得听讲半年证书者共三十二人：

李吴祯、陈秉瀚、徐云光、姜绍谟、来焕文、马义述、杨立诚、易道尊、毛泽东、罗璈阶、锺希尹、常惠、吴世晋、王南丘、鲍贞、韩荫毂、陈光普、朱存粹、华超、朱如儒、舒启元、刘德泽、梁颖文、倪振华、杨兴栋、曲宗邦、慰士杰、黄琴、吴宗屏、高尚德与陈鹏等。

上述诸人其思想分野与政治倾向，互不相同，如谭植棠、谭鸣谦、陈公博、毛泽东、罗璈阶、舒启元、高尚德等均先后参加中国共产党，其余分别参加不同政治团体者，不遑悉举。尚有一部分会员从事革命文学活动，思想进步，均曾积极参加"五四"运动的直接行动与新文化革命运动。由于北大师生同心合力，新闻学研究会办得很有成绩，声誉日盛，因此，他们被誉为中国新闻学界的拓荒者。

我大学六年修业期满（预科二年，本科四年），新闻学会的会员风流云散，有的游学海外，有的橐笔四方，徐先生亦不知在天地间何处。当时共事的同学，有为国立功勋者，革命被戕杀者，有以文学自显者，有以治学著书终生者，其存其殁，不能悉举。我出校后浪迹欧洲，常好彼邦新闻事业接触，间写通讯，专栏论文，归国后初亦曾自办报纸，终无所成。某年筹备一个英汉版大型报纸亦遭停刊，从此以后即放手不再办报，决心治学。

一代报人邵振青

在北大新闻学会的学习研究和活动中，还应郑重提到邵振青。他是北京大学新闻学会的倡议者和促成者。北京大学新闻学会的开展当时虽然名义上由北大校长蔡元培负责，但蔡因校务殷繁，实际工作均由导师二人主持。同学实习辅导则由邵振青独立承担。因此，他实负重任。大家对邵都怀有好感。我由于工作上的关系，与邵接触频繁。他的言论和行动，后来渐渐与中共北方区委党的政策发生共鸣。一九二六年，他以"宣传赤化"被北洋军阀政府逮捕入狱，枪杀于北京天桥刑场。他对党的革命事业是有卓越贡献的。

邵振青，字飘萍，浙江东阳县（一说金华）人。在浙江高校毕业后，曾为中学教员，同时兼任地方报纸通讯员，辛亥革命时曾与杭辛斋经营浙江《汉民日报》（一九一二至一九一三年）。该报与浙江旧势力抗争，与官厅立于反对地位，因此邵被逮捕三次，拘禁九个多月，最后《汉民日报》竟被封闭，邵乃东赴日本，自设东京通讯社，向中国各大城市供应新闻稿件。他又在北京自办昭明印刷厂。邵在北方时与李大钊过从颇久，结为文字之交，实为后日加入政治活动之媒介。邵到北京后，创办《京报》，参加新闻学会，一生事业从此发轫。

邵振青是具有革新思想和较有魄力的新闻记者，他是最早创建中国新闻学专业的拓荒者。

一九一九年四月，他为徐宝璜所著《新闻学纲要》写序时，说："自蔡元培先生任北京大学校长以来，各种学科，渐臻完备，又注意于临时讲演，以补教科书所未及。……窃叹我国新闻界人才之寥落。远观欧美及日本近年以来，新闻之学，与日俱进，专门著述，汗牛充栋，其新闻事业之发达，亦即学术进步之效果耳。去年之春蔡校长有增设新闻讲演会之计划，余乃致书以促其成。比得蔡先生覆书，极承奖饬，斯会遂于暑假以后成立，请教授徐伯轩先生主任其事。蔡先生复以余从事新闻记者有年，并函聘为导师。自维于新闻之学，素乏研究，而以蔡先生之所期许，于理又不敢辞，遂与伯轩先生分任演讲。区区之意，欲为未来之新闻界开一生面。"

从上述文字可见邵振青对新闻学极有抱负，慨然欲为中国新闻界别开生面，可谓前无古人。不仅如此，同时邵还写有《实际应用新闻学》一书（一九二三年八月北京京报馆出版）。他在该书序言中开宗明义阐明，我国新闻界所最需要者，为培养各种外交记者（访员 Reporter）。他说："记者精神上之要素，以品性为第一，所谓品性者，乃包含人格操守，侠义勇敢，诚实、忍耐，及种种新闻记者应守之道德，贫贱不能移，富贵不能淫，威武不能屈，泰山崩于前，麋鹿兴于后，而志不乱。"他参考欧美日本学者专门著述，及自身十余年来实地经验所得，以极浅显之理论，供有志青年之研究，书中所述理想的外交记者应"取法乎上"。邵振青又认为从事新闻事业应对各国社会思想有真知灼见。他著的《综合研究各国社会思潮》一书流行国内。他在采访新闻时强调政治经济与劳工诸因素。

各工厂，举凡工矿中之黑暗，工人之待遇，工资，时间，工头制度，徒弟生活，工人团体（教育训练），罢工酝酿等均应为社会记者所特别注意，邵特别重视劳工运动，关于同盟罢工问题，他主张采访下列各项新闻：1）公司组合，工厂及地方名称，2）工厂等所有者及经理人姓名，3）罢工者人数，4）以前该地有无罢工其时日及原因（与今次比较），5）劳动者方面代表的姓名，6）今次罢工的真正原因，7）劳动者方面提出条件（如对工资削减不平，及加工资要求等），8）工厂方面提出的条件，9）劳动者与工厂争论始末，10）现在的工资，11）劳动时间，12）工资及时间，近来曾行改革否，13）与其他地方企业的工资时间比较，14）劳动者的团结力，15）劳动者中破坏团结作业者，16）罢工前途的预测，17）劳动者已受到社会方面的同情，18）上次罢工时的结果，19）与工厂接洽总代表姓名，20）解决前途的推测，调停者活动情况，21）罢工业务的种类产额及现况，22）新劳动者雇入之预计量，23）雇主等的威吓行动，24）警方之处置，25）罢工的结果，26）工会方面的光景，27）工厂方面的态度，28）罢工者罢工中之生活费所从出，29）商业及公众所蒙受的影响等。由此可见他同情罢工追求新闻自由，思想是激进的。对新闻学理论与实践是有深刻修养的。

邵在北大新闻学会讲授新闻实践，他自己承认学问根底不佳，其实他文采丰富，议论通畅，思想敏捷，真是下笔千言，倚马可待。他在这方面给我们的训练影响很大。他最能干的是采访新闻的手段，他自诩"守如处女，动若脱兔，有鬼神莫测之机"。例如当时刺宋渔父要犯洪述祖正在北平就逮，他运用方法从洪之妾手中获取洪氏亲笔日记露布《京报》，幽燕人士，无不惊其采访绝技。

邵为人做事极能干切实，且机警肆应，故《京报》销路首屈一指，广告收入大为增加，他以报社经济力量，支持北方区革命事业，做了许多对革命有益的事情。

邵振青对于非宗教运动工作，曾做出重要的贡献，当年北方区党组织曾给予良好的评价，事情大概经过是这样的。

我当时担任北大中共支部书记，除联合北京国立八校教育界师生和北京新闻界共策进行公开集会讲演外，并出版《非宗教论》

一书。

该书中刊有八英寸铜版肖像三十四幅,另有中国分省宗教"教毒"地图一巨册,内有总图二幅,均须用锌版。

此项工作均由邵振青所主办的昭明印刷厂承印办理。他在这方面给我们提供了不少的义务援助。

当年《京报》在《非宗教论》一书上刊登广告,首称:"《京报》由邵飘萍主干,专门学子十余人,分任编辑。"所谓专门学子,大都系北京大学学生,马克思学说研究会的成员。他们是通过北京党组织派往工作的,由邵本人负责培养训练,后来都渐渐成为新闻战线上的干部,有才能的记者和编辑。

与此同时,邵振青在本位工作上,又不断向我们党组织提供了关于北洋军阀政府方面的重要军事、政治、经济等一系列情报资料。同时他又从东交民巷外交团、路透社、电通社,法国、德国等为我们取得特殊重要的新闻消息。这些工作都很有价值。

一九二三年二七大罢工期间,中共北方区委政治宣传任务十分繁剧,而北京地区白色恐怖严重,缇骑密布,禁网森严,我与北大支部同志高君宇、缪伯英、宋天放、江囚、刘伯青等坚守岗位,隐蔽居住,在骑河楼等处主编《京汉工人流血记》。一夕数迁,不遑宁处。当时印刷发行条件极端困难,排字、铸版、打纸型、装订等项工作,原来主要放在北京大学地下室印刷厂秘密进行,后因发行数量激增,人力物力均感不足,幸得《京报》尽力支持。这样《京汉工人流血记》数以万计的发行量,方得顺利完成。因此,同志们都说这是《京报》对革命工作雪中送炭!

一九二二年前后,我党在北方发动八条铁路的同盟罢工和唐山、开滦大罢工,在革命宣传方面出版了《工人周刊》,创立劳动通讯社,同时也得到邵飘萍的同情和支持。此后,我作为北方党的负责人经常和他联系工作,在北京市工会工作方面成立了革命的印刷工会,《京报》印刷厂工人也参加了这个组织。

一九二三年六月我离开北京到上海中共中央局工作。随后又奉命出国,出席共产国际第五次大会,旅途中我和邵飘萍仍保持通讯联系。

一九二六年,北方革命如火如荼,向前发展。我负责铁路总工会工作,曾留居北京数月,知道《京报》工作也极有进步。邵振青在主持《京报》期间,在一九二四年时,热情拥护国民政府联俄、联共和扶助农工的三大政策,歌颂俄国的十月革命。在《京报》出版"纪念马克思诞辰专号"和"列宁特刊",一时人人争购,号称"洛阳纸贵"。其中部分编辑系由北方区委派往工作的,大都是北京大学学生。由于《京报》内容刷新与充实,销数骤增至六千份以上。这在当时,已是相当不错的了。

邵振青生平性格开朗,交游极为广阔。曾先后受聘任上海《申报》驻京记者,日本东京《朝日新闻》驻沪特派记者,在京时与《泰晤士报》记者 George Morrison 往还,增加了他在国际上的声誉,因此他名满京华,誉望极高。但誉之所至,毁亦随之,他却处之泰然,尝对我说要从事革命就难免"尽如人意",但求心无愧怍就够了!但反动政府对于他的政治背景是多方进行侦查的,所以最后以"宣传赤化"罪名将他杀害,这决不是偶然的事。如所周知,邵振青在军阀专政下,从事新闻记者工作是备受压迫的。他在政治上与中共北方区地下党发生联系后,更引起军警方面的经常注意。《京报》的言论和新闻,旗帜相当鲜明。因此一九二三年"二七"惨案发生,《京报》一度被查封。该报被封时,军警搜查,如捕大盗,他仓促间从屋顶逃出,暂避居于东交民巷六国饭店。当时安福系内阁即以扰乱京师治安罪名照会公使团引渡,并行文全国通缉,他乃仓皇逃往天津。

一九二六年二月,《京报》再被搜查,他走避东交民巷,四月二十四日晚间化装回馆清理文件，在琉璃厂被警察捕去，同时《京报》被封。

二十五日，北京各界推举代表谒见奉军第三军团长张学良，请求释放。张学良说："取缔宣传赤化分子，早经奉天军事会议决定，警厅奉令执行，邵不过其中之一人而已。"邵在警厅受到军法审讯，二十六日清晨被绑赴天桥枪杀。他临刑时态度从容，面不改色。

邵为中国新闻事业，为中国革命做了大量的工作，最后为人类伟大目的，贡献出自己的生命，这是求仁得仁，中国人民对他是永远怀念的。

五四风云

行动小组

我进入北京大学的第二年——一九一九年,爆发了著名的"五四"爱国运动。其发源地亦在北大,我躬与其事,见闻较为亲切。

当时的北大一如前述:自蔡元培出长北大后,力图把旧式的北大办成一所新式的学校。他聘请各方面有名望的人物来校任教。这些人中,又以当时有进步思想的学者为主。蔡先生的这些主张和做法,对形成北大活跃的学术空气,使一些进步的学者云集北大,从而成为一种文化上的新力量,无疑起了颇大的作用。

文科学长陈独秀所主办的《新青年》,更成为革命青年意识形态的启蒙刊物,它大力宣传"科学与民主"的新思想。陈独秀和李大钊在《新青年》杂志上撰写了很多批判旧思想的文章,特别是十月革命后,在宣传马克思主义和十月革命的经验方面,更是一马当先,不遗余力。如李大钊的《庶民的胜利》、《布尔什维主义的胜利》等,在当时影响很大。同时,这些新思想也有力地冲击着封建礼教,孔孟思想的集中地——落后的北京大学。其势犹如江河决口,沛然莫御。

北京大学内部这些新、旧思想斗争的展开,随着一九一八年末至一九一九年初的社会政治变动和政府外交上的吃紧,也就一天比一天扩大,一天比一天活跃。它的具体表现之一,乃是各种社团的涌现犹如雨后春笋。在当时主要还是学术性质的社团,如哲学、新闻、进德三个学会，是以学校名义组织、由蔡元培先生领导的。除了这种"官方"的以外，在当时也有一些学生自己组织的团体，较重要的如国民杂志社、新潮社、平民教育讲演团、辅仁社等等。

其中的国民杂志社，在"五四"运动中曾起过中坚的作用。该社的负责人周长宪、吴迪恭等，均是北大法律系学生。周还是《国民》杂志的主编人之一。国民杂志社的成员遍及北京国立八校，在北大的会员尤为众多。

李大钊和其他一些教授，如吴虞、杨怀中也经常参加一些学会的活动。

除上述各种社团外，还有各班、各系、各科（院）的学生会组织。但从整个北大说来，还没有正式的全校性的学生会组织。在院一级的学生会中，以文科、理科的学生会组织比较整齐、比较坚强，而其他的则不十分严密。除北大外，国立八校如高师、工专、医专、法政，俄文专修科、法文专修科、农科等，也都有各自的学生组织。还有跨院校的会社组织，如湖南学生会、陕西旅京学生联合会（即"共进社"的前身）、新滇社等等。

参加各种学会的成员，有一批追求进步，立志社会改革或思想激进的青年。其中有不少人，从此走向革命，参加了党和团的组织。

以上种种事实表明，"五四"运动前夕，在青年学生中已是"山雨欲来风满楼"，为即将到来的暴风骤雨式的群众运动奠定了思想和组织的基础。

一九一九年一月十八日，巴黎和会开幕，消息不断传来，各校学生对于北洋军阀政府的腐败无能、丧权辱国、奴颜婢膝的种种倒行逆施愈益不满。二月九日，北大学生曾集会，专电中国政府派往出席巴黎和会的代表陆宗舆等不要退让。在平日，学生中讨论国是的活动也愈益频繁，他们通过各校组织，经常聚会。我参加了一个以湖南学生为主的小组活动。这个小组的人数起初虽然不多，只二、三十人，但有代表性，国立八校的同学都有，但以北大同学为主，小组及其成员具有组织力量，可以发动各校的运动。这个小组的主要成员是：易克嶷、宋天放、匡互生、罗汉（海潮）、吴予坚、李梅羹、吴慎恭、刘澄宇、陈德荣、吴铿、张树荣、王复生和我。小组没有设正式委员会或书记，对外也没有名称。其中许多是我过去辅仁社的同学。小组成员常常碰头，议论当时的重大政治问题。他们也都是一些学校学生会和社团的负责人或积极分子。平时则分散活动，遇有重大事情，小组便集中一起讨论。

四月底，青岛事件发生，巴黎噩耗传来，广大学生群众非常愤慨，小组讨论就集中在这个外交问题上。议论一番后，大家认为静等政府处置是没有希望的，必须发挥国民外交作用，采用民众的力量来制裁。于是，一致主张"外争国权，内惩国贼"。为了有效地推动运动，我们组成了秘密行动组。这时，国内外形势急转直下，行动组有人主张采取暴力手段制裁卖国贼。大家都同意这样做，于是分头准备。组内成员有不少同学是南方人，身强力壮，具有南方强悍民风和勇于斗争的精神。大家斗志昂扬，并推定易克嶷、罗汉、匡互生及我为全组负责人，具体部署，分途进行。

经过商量研究，确定宋天放、吴慎恭等去探查卖国贼的住宅，查明行动的门路、进出的路线；另外，易克嶷、刘澄宇等想办法认识曹汝霖、陆宗舆、章宗祥等人的面貌。为认识曹、陆、章等人，大家想了一个办法，北京的廊坊头条胡同，是几家照相馆的集中地，当时政府一些官员为了显示自己，将个人的照片都陈列出来。我们就派人到照相馆去对号。这些准备工作都是事先完成的。

到了五月一、二号，最先是北京大学内部从下而上的进行了各级学生会的讨论。学生组织掌握在中年级同学手里，经过从班到系层层发动，于五月三日晚召开了学生大会，决定次日在天安门前开北京各校学生联合大会并举行大规模游行。行动组连夜讨论,安排了几项工作:第一,推定执行主席负责控制大会主席台;第二,派专人负责指挥几个大学带队掌旗的;第三,组织交通队和口号队,口号队还设有英语的,标语、传单也分中西两种文字,目的是让外国人也懂得大会的意义;第四,做好打卖国贼和可能发生冲突的准备。

五月四日这天,十几个学校的学生队伍潮水般云集天安门,北大的队伍到得较晚。我们到那里时,小组的一些成员正在进行演说和鼓动,群情振奋。接着,就宣布出发游行。

游行开始时,没有公布详细路线,按过去习惯,游行是经东西长安街、东单,西单、前门一带。这时有人提议到东交民巷去,向日本公使馆提抗议。群众跟随着校旗,浩浩荡荡,呼着口号前进。除了小组的负责人,谁也不知道这次游行要去攻打赵家楼。队伍在东交民巷受阻,经过一番交涉后,领队就簇拥着校旗,改道把队伍带到东城猪市北边的一个较大的胡同(赵家楼就在这里)。我们领头的四五个人见胡同里外已布有军警队伍,曹宅铁门紧闭,没法打开,便想走后门进去。但经研究又觉不行,怕调动中队伍走散了。最后决定派三个人搭人梯,从事先探明的窗子里爬进去。我们陆续攀登进去十余人。其中匡互生、罗汉、吴予坚和我都先后由窗口进去了。当时,院子里站着一排军警,都上着刺刀。我们在门外的同学,不断地喊口号,有的还用砖头、大石砸门,其势甚为汹涌。警察未奉上级命令,不敢擅自开枪,也不敢随便乱动。我们进去的人,有的去给警察作解释,宣传爱国反日。有几人乘其不备,将大铁门打开,人流像潮水一样涌进来。我们没有找到曹汝霖,只发现了章宗祥,大家一涌而上,把他痛打了一顿。章宗祥被打时,有一个日本人扑在章的身上,连声喊叫:"不要打了。"还有一个时髦的年轻女子,见状吓得了不得,披头散发,大呼救命,原来她是曹汝霖的妾苏佩秋。有人叫她离开，遂由我和罗汉上前将她引出火场，并护送她到另外的地方躲避。后来，匡互生等同学没有找到曹汝霖，气愤地将屋子里一些易燃的挂画都扯下来，集中起来点火烧了。匡互生又名日休、务逊，湖南宝庆（今邵阳）人。他是我们行动组的中坚分子，高大个头，有股侠义劲，敢说、敢干，但思想倾向无政府主义。

火一起，外面的军警就包围进来了。群众开始撤退。因有些人负责掩护断后，结果有三十一二人被军警逮捕了。其中有几个是行动组成员，如易克嶷、吴予坚等。

"五四"这天游行示威与火烧赵家楼的行动，北京大学及其他学校的教职员均没有参加。《北大日刊》当时对于五月四日运动也心存顾虑，亦未加报导。

为了援救被捕同学，五月五日上午，北大召开了学生大会，蔡元培校长也出席了。会上，决定成立统一的北大学生干事会，决心把斗争坚持下去，进一步争取全市学生的联合行动。

"痛打章宗祥、火烧赵家楼"的行动毕竟在社会上产生了效果，卖国贼的气焰低落下去了，反动政府也着了慌。五月七日，被捕的同学全部获释，但是军阀政府又提出"追查肇事学生，依法惩办"和"严禁学生扰乱社会秩序"等，进一步迫害爱国学生，而对卖国贼却不予惩办。学生们继续坚持斗争，外出讲演，罢课抗议。这一运动已得到全国各地响应，声势也愈来愈大。

从六月一日至六月三日，演讲、请愿斗争更为激烈。这是"五四"运动后的又一高潮。几天来，从清晨到傍晚，北京及全国各地赴京请愿的学生，布满大街小巷，到处是游行的队伍，到处是呐喊的声音。"六三"那天，我和班里同学组成一组，按约定到东城讲演。时值炎夏，烈日当空，同学们挥汗如雨，但仍不顾疲劳进行宣传。不久，忽来一队军警，将我们组全部捕去，关进北河沿北大三院临时监狱中（三院十五个教室内）。此时北大三院大门外沿河一带遍布军队帐篷，北京卫戍方面负责人派兵五营，已将三院团团包围，并在景山高处安装大炮，声言要炮轰北大，借以镇压北京的学生运动。此事震动京城内外，外面的市民派来很多代表到第三院赠送食物、日用品、衣服、被盖等。当天下午，北大学生会和北京学生联合会，发动了一二万人赴新华门总统府请愿，要求北京政府总统徐世昌出来接见学生，回答问题。这次请愿规模声势之大，斗争精神之坚韧、顽强，在我国学生运动历史上是空前的。

爱国学生的革命行动，使军阀政府极为震惊。当晚，徐世昌总统在中南海召开了内阁阁员紧急会议。以北洋军阀段祺瑞的参谋长徐树铮为首的一些武职官员，认为学生无法无天，"太猖狂了"，叫嚣要用"武力解决"。徐树铮还建议把大炮架到景山，轰平北大；另外，徐世昌等人主张"和平解决"。但是，虽然内阁会议做出了"和平解决"的决议，没有炮轰北大，徐世昌还在接见方豪等十名学生代表之后，表示同意学生提出的拒绝在巴黎和约上签字、惩办卖国贼、释放被捕学生等要求；而另一方面，徐树铮等却早已做好了镇压学生的部署。我们请愿队伍在深夜解散回校途中，又一次遭到反动军警的大逮捕。关进北大三院临时监狱的人不断增加，行动组的成员全都被关进去了。被捕的学生当中，还有不少女同学。

北洋军阀政府镇压学生运动的暴行，激怒了全国各界民众。罢课、罢工、罢市之举蜂起，全国陷于一片混乱之中。在举国一致的强大压力下，北京政府不得不向爱国学生让步，于六月五日下令释放被捕学生。六月十日，北京政府下令罢免曹汝霖、章宗祥、陆宗舆三个卖国贼的职务；六月二十八日，出席巴黎和会的中国代表团拒签和约。至此，伟大的"五四"运动便胜利地告一段落了。

值得一提的是长辛店的铁路工人所组织的"救国十人团"。它在"五四"期间曾到北京，参加了学生运动。

我们这个行动小组的许多人，后来都成了中国共产党党员，北方小组成员,或青年团的基干。"五四"运动对我们来说,是一次革命的演习,也是一次很好的锻炼。

新的政治动向

"五四"运动告一段落后,北京各院校开始复课,同学们对于几个月来大噪大闹的生活感到疲倦,动极思静。红楼图书馆阅览室,人数又渐渐地拥挤起来,只有一部分学生仍有余勇可鼓。这时出现了另一个新的政治动向,即是向工人运动进军的一幕。

这个新的动向的开辟者是以守常、我和特立几个北大师生为核心的小组。

先是在"五四"期间,长辛店车站电报房有少数学生响应北京爱国运动,曾组织"十人团"参加反对卖国外交,抵制日货运动。在运动中,辛店"十人团"经常到北大西斋找我、找特立等联系工作,交流经验,为礼尚往来,北京方面决定回访他们。

长辛店位于太行山东麓,永定(桑干)河中游,是历史有名的形胜之地。战国时候,燕国的都城就在附近。昔燕太子丹遣荆轲刺秦王时,使荆轲持督亢地图送给秦国,督亢就是长辛店附近一个土地肥沃、出产丰富的农业地区。现长辛店是属宛平县。我和特立到达辛店时,"十人团"同学们热情招待。为我们导游芦沟、辛店,并到大厂照相,参观清代慈禧太后的花车,最后到机车厂参观。见到了史文彬、陈历茂、陶善宗、王俊等师傅。这些人都是后来北方铁路工人斗争的风云人物。

我和特立二人自辛店回北京,在五人小组座谈会上做了一个简单报告,守常喜形于色,说此次宛平之行可谓不虚,可喜可赞,今后应继续向京津地区寻找战场,征兵积粮,以求发展。大家商谈结果,决定由我和特立赴京东一行。两人下车后茫无头绪,于是先到唐山路矿专门学院——唐山大学访同学许君,他是"五四"风潮中唐山大学学生会负责人。在会谈中，许偶然提到他在唐山机车制造厂实习时，认识一位广东工人名叫邓培，字少山，他是当地广东会馆的理事，在工人群众中颇有威信，但许未能说出关于邓培的更详细的情况。我们辞别许君，回到旅社，研究结果决心去寻访邓培，但苦于不知邓的地址。不意在饭馆吃饭时遇一广东人，攀谈之下知道他姓陈，广东香山人，是机车厂木工，耳有些聋。陈自称与邓培同乡，所住宿舍相邻不远，我们因请陈师傅领去访邓，这样在邓家中见到了邓少山。

邓培当时约五十多岁，有三十年工龄，三代（其父、本人、其子）均是工人，本人是旋工，每月收入九十多元。邓有中学文化程度，好阅书报，能说英语，看英文图纸操作（车间主任是英国人）。与邓谈话中知道，一九一四年唐山曾有过工党组织，邓曾参加过这个组织，但未久，邓停止活动。我们有意和他漫谈十月革命的新闻和消息。经过多次接谈，我们约定请邓担任劳动通讯社记者，互相交换所知的政治新闻、工厂情况，临行，邓为我和特立送行，彼此珍重道别。

我们到唐山会见邓少山是一个大收获，我们内心很感谢那个耳聋的木匠。离唐山后，顺便到秦皇岛、马家沟、王家宅等地煤窑游历，通过铁路工人的介绍，我们认识了几个当地贫苦矿工，并由他们指引，下矿井参观，深入地下千尺以上。这里有一个矿井在前不久因瓦斯爆炸，死伤四五百人，造成极大伤亡。此行结果，结识了十多个矿工，他们后来都成为开滦五矿大罢工的领袖人物。

在秦皇岛参观了几天，应该进行的事务办理完毕，我顺便去到碣石山看望李守常。守常住在半山中的一所别墅内，对不速之客到来，突然叩门感到意外，但见面后十分喜悦，亲自做饭招待我。饭后并引我登山越险，跨独木桥，观海涛与日落奇景。我们坐在一棵大松树下自由漫谈，直到黄昏以后才回到别墅下榻。谈话当中，守常对于我们近来的活动感到很大的兴趣。他说：你们的辛勤劳动将来便是震动历史的震源地。他又说：像邓少山乃历史戏剧人物，不可多得！

我从碣石山回到北京，过了些时，通过秦皇岛路矿工人的介绍，又独自一人到南口建立一个"点"，负责人是张清太、张济海、王洪文、陈再兴等。张济海是一个列车长，天津人，颇有文化，略懂外文，为人颇有风趣。他对我说：我们劳动工人是要求革命成功的，我为此不断求贤访友，今天见到你，感到极大的愉快，以后我做事就更大胆了。果然，张在后来独当一面，取得了很大成就。

北京大学马克思学说研究会

"五四"运动大大地触动了学术界、思想界。"五四"运动的结束，意味着轰轰烈烈的革命告一段落，大家也想进一步研究学问。于是，以"五四"运动中的核心小组部分成员为基础，成立了曦园这一生活团体，大家在科学领域中广采博收，其中一些人逐渐转向马克思主义的研究，而又不满足于原来过于广博的研讨方式，于是我们一些人开始酝酿新的组织形式，我们直接取名为马克思学说研究会，这是一些更为志同道合，倾心十月革命道路的人的结合。酝酿组织马克思学说研究会，也促成了曦园的解体。当然曦园的解散，还由于一些高年级同学已经毕业离校等其他因素。

马克思学说研究会开始是一种秘密团体，因为当时社会上嫉视马克思主义，认为它主张"过激"，形同"洪水猛兽"。在我们对此还未深入研究时，为了不致引来不必要的干扰和非议，我们暂时保持秘密状态，更有利于会员致力于马克思主义、列宁主义和十月革命文献的研究。当然这时的组织形式仍是比较松散的，除了对马克思主义著作的阅读和译述外。还从事一些工人运动的实践。这个研究会的会员到一九二一年夏，发展为十九人，其中一些核心会员已成为北京共产主义组织的成员。学会设有书记二人，由王有德和我担任，我兼负学会对外联络责任。

有一次，研究会的成员在中央公园来今雨轩开会讨论会务，不少人感到研究会长期处于秘密组织状态，不能扩大影响，我们不能以学院式的研究来对待马克思主义，而应作为一种终身的事业，这就更感人力物力的不足。持这种意见的会员，其中有一些已是中国共产党的党员了，而且已经从事工人运动实践很久了。但也有人担心，若要公开，会碰到一些问题，会受到一些阻力。经过反复商讨，最后大家决定公开，好在社会上争取合法地位，至少要在北大取得合法地位。只有公开，工作才能开展。为了减少阻力，我们进行了多方面的工作。校长办公室的秘书同我们很接近。还有《北大日刊》的一位编辑陈政，北大哲学系，浙江绍兴人，他是蔡元培先生很信任的人，也表示同情我们。可以通过他们向校长办公室做工作，争取对我们的支持。蔡元培周围有些守旧的顽固派，他们当然会持反对态度，但蔡元培本人对学校新生力量有相当认识，做事颇有勇气。为争取蔡先生的支持，我们预先做了一些工作。蔡元培先生曾留学德国，中年以后还学外语，很好学。有一次他演讲，内容是批评宗教思想，主张以美育代替宗教。我们去给他做记录。他讲演的内容在理论上颇为深奥，我们事先预习了一些参考书，所以记录做得深入浅出，平实易解。送给他看时，他认为表达了他的本来意思，便对人讲："能记录到这种程度就算不错了！"因此，他对我们的印象很好。此后，我们就不断同他接触，希望得到他的赞助。

学会最后决定先在《北大日刊》上登一个启事，把马克思学说研究会的牌子打出去。记得启事的草稿曾几经修改，由我定稿后，大家推我和另一同学去找蔡元培先生，请他同意将启事登在《北大日刊》上。我向蔡先生陈词略云："中国二千年来学术思想界先后受儒、佛思想的影响甚大，时至今日，儒、佛思想已不能范围人心，行见新的思潮必将起而代之。"蔡先生颔首，我继续说："卡尔·马克思的学说在本质上运用，均有超越前人之处，我校马克思学说研究会成立，是试图对于革新思想界，做些促进工作。"我强调："凡事'穷则变，变则通，通则久'。马克思学说今后对中国人行将发生不可估计和极深远的影响！"蔡先生详细阅看了启事和发起人的名单，终于欣然同意，我们兴辞而出，同学们闻讯也喜形于色。下面即是登在一九二一年十一月十七日的《北大日刊》上的启事原文：

北京大学发起马克思学说研究会启事

马克思学说在近代学术思想界底价值，用不着这里多说了。但是我们愿意研究他的同志，现在大家都觉得有两层缺憾：（一）关于这类著作博大渊深，便是他们德意志人，对此尚且有"皓首穷经"的感想。何况我们研究的时候，更加上一重或二重文字上的障碍，不消说，单独研究是件比较不甚容易完成的事业了。（二）搜集此项书籍，也是我们研究上的重要先务。但是现在图书馆简单的设备，实不能应我们的要求。个人藏书，因经济的限制，也是一样的贫乏。那么，关于书籍一项，也是个人没有解决的问题。

我们根据这两个要求，所以各人都觉得应有一个分工互助的共学组织，祛除事实上的困难。上年三月间便发起了这一个研究会。现在我们已有同志十九人了。筹集了一百二十元的购书费，至少要购备《马克思全集》英、德、法三种文字的各一份。各书现已陆续寄到，并且马上就要找定一个事务所，可以供藏书、阅览、开会、讨论之用。我们的意思在凭着这个单纯的组织，渐次完成我们理想中应有的希望。

现在谨致意校内外的同志们，盼望你们热心的赞助，并欢迎你们加入共同研究。今将我们暂拟的几行规约写在下面：

一、本会叫做"马克思学说研究会"，以研究关于马克思派的著述为目的。

二、对于马克思派学说研究有兴味的和愿意研究马氏学说的人，都可以做本会底会员。入会手续，由会员介绍或自己请愿，但须经会中认可。

三、研究的方法分四项：

1. 搜集马氏学说底德、英、法、日、中文各种图书；
2. 讨论会；
3. 讲演会；
4. 编译刊印《马克思全集》和其他有关的论文。

四、本会设书记二人，担任购置、管理和分配书籍事务。

五、会员有分担购置书籍费的义务。

六、本会书籍，会员得自由借阅，但须限期缴还。如会外人想借阅时，须经本会特别许可，并交纳保证金。

通讯处：（一）北京大学第一院王有德君

（二）北京大学西斋罗章龙君

发起人　高崇焕　王有德　邓中夏　罗章龙　吴汝铭
　　　　黄绍谷　王复生　黄日葵　李　骏　杨人杞
　　　　李梅羹　吴容沧　刘仁静　范鸿劼　宋天放
　　　　高尚德　何孟雄　朱务善　范齐韩

启事刊出后，报名者十分踊跃，同学辗转相嘱，国立八校同学亦争相报名，外地也有来信要求入会者。有鉴于此，我们又在《北大日刊》上发表启事云：不论何人，凡愿加入本会者，都可以接洽，外地可以通信联系。并增设李骏处为一新联络地点。

启事刊出后也引来一些非议，冷嘲热讽不乏其人，如某经学教授看后，对启事中的一句话，"皓首穷经"的典故，很不以为然。该教授在课堂上讥讪道:"儒家群经汗牛充栋,浩如烟海,马克思何许人?他写过几篇文字,值得'皓首穷经'吗?"宋天放即席回答:"儒家十三经中孔子亲自写作的如《易经文言系辞》、《春秋》等,为数本来不多,这是人所共晓的事。马克思所著的《资本论》卷帙浩繁,博大精深,方之孔丘论著,有过之无不及,难道一般人都通晓吗?"某教授闻后,自觉失言,默然无以应。

蔡先生左右的人很有谋略,很能办事,但颇为保守。我们找蔡先生刊登马克思学说研究会启事这件事,就没让他们知道。等到《北大日刊》将启事登出来以后,他们说:"今后学校不得太平了。"

经月余,会员已增至四五十人,学会准备借北大会议厅开成立大会,蔡先生也颔首许诺,还应我们的邀请,参加了成立大会,并在会上讲了话。会后,我们还共同照了像。我继任正式成立后的第一任书记。学会成立后,我又去找《北大日刊》的编辑,让他替学会致意校长,提出找一所房子作图书室和办公会址,希望学校对于马克思学说研究会与其他学术团体一视同仁。该编辑应允后,先找到当时的总务长,试探性地了解一下房子问题,总务长表示犹豫说,如果此端一开,学校以后将穷于应付了。言外之意,即使有房子,也不愿拨给。干事会商量结果,决定还是由我出面去找校长本人交涉。我以研究会书记的名义去会见蔡先生,此事总务长事先已给蔡讲过了,蔡心里是明白的。一见面他就对我讲,你们的房子可请蒋总务长解决,与学校其他学会同等待遇。结果给了两间颇宽大的房子。房子应有设备齐全,火炉、用具都有,还派有工友值勤。事后,日刊编辑对我讲,这次你们碰上好运气了。蔡先生左右有人很不赞成此举,他们对学会是心怀敌意的,他们认为答应给房子事小,从此,北京大学将不得安宁了。但蔡告他们:"你们只知其一,不知其二!我正因为要学校安宁,所以才要安置他们哩!"翌日,学会即搬进新址。从此以后,北京大学师生生活中政治风气和精神面貌渐渐改观了！从这件事可以看出，蔡元培先生确实是一个很有胆识、很有远见的教育家。

北京大学马克思学说研究会公开征求会员时只有十九人，到年底开成立大会时，已有五十余人。

一九二二年初，我因忙于劳动组合书记部事，而辞去了马克思学说研究会的具体事务，经过新会章的制定和改选，成立了黄绍谷、范鸿劼和李骏等四人的新干事会。

与此同时，以马克思学说研究会为基础，先后成立了北京大学党支部和社会主义青年团的组织，成员中有少数北大印刷厂的工人，我兼任党支部书记，黄绍谷任团支部书记。以后，北京八校也逐渐建立了共产党和社青团的支部。

马克思学说研究会人名录

马克思学说研究会最初发起的十九人，绝大多数是北大学生，李守常先生是赞助的，他没有在启事上签名，但是马克思学说研究会的当然会员。

发起人名单没有一定的顺序，按签名先后排列，现将十九个发起人当时的情况略作介绍：

高崇焕：河北人，北大法学院学生，在"五四"运动中是活动分子，北大学生会的负责人之一。

王有德：云南少数民族学生，外貌有点像广西人（或是彝族）。他原来在昆明进过军事学校，毕业后当了个下级军官。当时他看了些进步杂志，不满现实，辞掉了军职来到北京念书。他绕道越南坐海船到上海再至北京，沿途千辛万苦，用完了所带的全部旅费。到北京后，他凭学识考取北大，但无钱入学，人生地疏。既没有熟人，语言也不通，处境十分困难。一天，蔡元培坐车外出开会，王在路上拦车。蔡初很惊愕，继见他模样很朴实，便问他有什么事？王说：

"我是北大新生,想跟校长说几句话没有机会。"蔡答:"那就另约个时间谈谈。"王有德回去后写了份"万言书",介绍他自己的经历。蔡见他文采颇佳,很重视,问他有何要求,经王说明后,蔡说:"你到总务处报个名,以后每天上完课后,做一两小时的工。"王有德想学德文,但没有基础,于是重新学起。王是中年人,诚实能干,我们大家就帮助他的学习和生活。他在工作过程中入了党,在北方来说,他是少数民族地区中第一个党员。后来他搞工运工作,很勇敢,是北方劳动组合书记部得力的工作者,起过很大的作用。

邓中夏:北大中文系学生。他父亲在日本留学回国后考取了法官,在司法部工作。当时我们很需要这方面的人,他对我们的工作有帮助。邓是北京共产主义小组早期成员之一,任平民教育讲演团主任。

吴汝铭:湖南长沙人,法学院学生,是第一个报名志愿到长辛店担任劳动补习学校教员的。这个工作很艰苦,并无薪资,他一直任劳任怨,坚持不懈。吴后来入了党,任长辛店支部的第一任书记,兼京汉铁路总工会秘书。

黄绍谷:湖南岳阳人,当年是共青团北大支部负责人,是北大最早的团支部书记,后来入党。

王复生:云南人,学法文,是研究会法文组的组长。他在家乡时当过小学教员、校长,作过一段工作,后来到北大来念书。他曾在河内读书,所以法文学得很好,是北大法文班会的负责人,其弟儒廷。王氏兄弟号称"夜郎三王"[1]。

黄日葵:广西人,是我在上海遇见的日本回国学生之一,是研究会日文组的组长。他在日本学了三四年,文章写得很好,后来入

---

[1] 夜郎作为古国名,在今贵州西北、云南东北、四川南部地区,作为古郡名,在今云贵两省境内,作为汉置县名,在今云南境内。一般理解"夜郎"在贵州,此处所指为云南。三王系指王复生、王德三和王有德。

了党，做了不少工作。

李　骏：湖北人，英文系学生，英文很好，后来也是党员，参加翻译工作。

杨人杞：即杨东莼，湖南人，任长辛店劳动补习学校教员。

李梅羹：北大德文班学生，原来是学医的，以医专学生的身份加入研究会，以后转入北大读书。后来到苏联，在第三国际东方大学当翻译，是党员。

吴容沧：杭州人，坚持在长辛店劳动补习学校当教员，参加了许多次斗争，既勇敢，又机智，能吃苦耐劳，是党员。

刘仁静：湖北应城人，北大英文系学生，是党员，后任《先驱》主编。

范鸿劼：湖北鄂城人，北大英文班高才生，英文系学生会领导人之一。

宋天放：湖南浏阳人，德文班班会的负责人之一，为人忠诚，做了不少工作，是党员。

高尚德（君宇）：山西榆次人，北大英文班学生，原系山西太原学生联合会主席，文学院学生，是最早加入北方劳动组合书记部的成员，后来参加了"二七"大罢工。

何孟雄：湖南江华人，起初是北京工读互助团领导人之一，工读互助团有几十个人，这个团体带有无政府主义倾向。以后何到了北大，入了党。

朱务善：湖南澧县人，北大学生，平民教育讲演团团员。

范齐韩：北大法律系学生，湖南人。

上述十八人，加上我十九人，其中党、团员十六人。

马克思学说研究会先后发展的会员数字，说法不一。据我所知，曾前后统计过几次。第三次统计时有会员一百一十人；一九二二年第四次统计时有一百五十人；一九二三年"二七"前统计时有二百五十至三百人。以后我离开北京，可能又有些变化。解放后我找到一份记录有一百五十一人的名单。沧海遗珠，上述名单也是不完全的。兹将名单附后。

    北京大学马克思学说研究会发起人及部分会员名录
罗章龙（书记）　湖南浏阳　北大文学院
王有德（干事）　云南昆明　北大文学院
高崇焕　河北　北大法学院
邓中夏　湖南宜章　北大文学院
吴汝铭　湖南长沙　北大文学院
黄绍谷（干事）　湖南岳阳　北大文学院
王复生　云南昆明　北大法文系
黄日葵　广西桂林　北大中文系
李　骏（干事）　湖北　北大英文系
杨人杞　湖北　北大文学院
李梅羹　湖南浏阳　北大德文系
吴容沧　杭州　北大
刘仁静　湖北应城　北大英文系
范鸿劼（干事）　湖北　北大英文系
宋天放　湖南浏阳　北大德文系
高尚德（君宇）　山西　北大英文系
何孟雄　湖南江华　工读互助团
朱务善　湖南常德　北大文学院
范齐韩　湖南宜章　北大文学院
李子洲　陕西榆林　北大文学院
李大钊　河北乐亭　北京大学
安体诚　河北丰润　天津法政学校

吴先瑞　湖南平乡　长沙一中
张人凤　河北　平民学校
陈公博　广东　北大文学院
彭礼和　湖南长沙　长沙联中
王　铮　台湾基隆　北大文学院
刘　恕　湖南长沙　清华大学
李宝成　济南　津浦铁路工人
梁　成　广东江门　达士通讯社
梁鹏万　河北唐山　京奉铁路工人
邓　培　广东香山　京奉铁路工人
史文彬　山东济南　京汉铁路工人
张泰清　河北张家口　京绥铁路工人
贺其颖　山西离石　太原中学
王仲一　山西太原　太原中学
许兴凯　河北大兴　高师
贺　阁　湖南邵阳　高师
蔡　牗　山东　北洋大学
石评梅（女）　山西　女高师
缪伯英（女）　湖南长沙　女高师
夏秀峰　湖南长沙　北京高工
萧镇湘　湖南醴陵　北京高工
舒大桢（舒治）　湖南长沙　北大中文系
李鸿斌　河北滦州　唐山交通大学
许孝炎　江苏　唐山交通大学
张剑鸣　河南　唐山交通大学
许启元　江苏　唐山交通大学
戴培元　河北任丘　河北大学

任开国　东北　北京大学
郝　英（赤耳）　安徽阜阳　北大印厂
王儒廷　云南昭通　北大法文系
游　泳（天洋）　福建　唐山交通大学
韩麟符　天津　南开中学
安幸生　河北沧州　天津中学
王瑞俊　山东莒县　济南中学
于方舟　河北静海　天津学联会
郭增昌　山西太原　保定军校
杨明斋　山东济南　教员
王忠秀　河南登封　北大文学院
王净尘（敬臣）　河北保定　北大文学院
辛璞田　河北天津　天津学联
辛克让　河北正定　石家庄中学
陈为人　湖南鄜县　衡阳师范
姚佐唐　安徽桐城　津浦工人
王　璧　安徽安庆　徐州铁路工人
许鸿儒　江苏滁州　津浦铁路工人
葛树贵　河北良乡　长辛店铁路工人
林育南　湖北　武昌中学
施伯皋（洋）　湖北竹山　湖北法专
胡信之　山东　青岛日报
张隐韬　河北元氏　军官学校
刘少游　云南昆明　北大文学院
张兆丰　河北保定　河北讲武堂
戴朝震　湖南浏阳　北大法科
侯绍裘　江苏淞江　松江中学

恽代英	浙江湖州	武昌师范
白秀卿	河南洛阳	小学教师
魏野畴	陕西关中	北京高师
张昆弟	湖南益阳	第一师范
郭寿生	福建	烟台海军学校
李之龙	湖北	烟台海军学校
李求实	湖北汉口	武昌外语学校
许白昊	湖北汉阳	武昌工人夜校
谭平山	广东	北京大学文学院
茅延贞	安徽安庆	保定军官学校
王荷波	福建闽侯	浦镇铁路工人
马尚德	河南确山	河南开封师范
王克新	河南信阳	信阳中学
王新元	湖南长沙	上海交通大学
李树彝	湖南郴州	北大文学院
张树荣	湖南浏阳	北京法文专校
罗汉	湖南浏阳	北京法文专校
陈延年	安徽怀宁	上海震旦大学
柯庆施	安徽歙县	芜湖中学
刘子倩	四川简阳	川东师范
李希逸	河北静海	北大文学院
董鸿猷	河北唐山	开滦煤矿
李渤海	山东	北大文学院
罗运磷	江西萍乡	北大理科
冯品毅	河南	北京高师
谢连清	台湾	厦门集美
高玉涵	安徽合肥	安徽中学教员

王右木　四川重庆　东京早大
李味农　安徽巢湖　安庆中学
赵醒侬　江西南昌　九江店员
张春木（太雷）　江苏常州　南开中学
谢怀龙（女）　浙江杭州　启秀女中
刘天章　陕西三原　三原中学
沈干城　浙江萧山　沪杭铁路工人
谭因甫（女）　湖南长沙　北大中文系
杨善南　湖南长沙　北京法政专校
陶永立　河北唐县　保定育德中学
高仁山　浙江　北大教授
江　浩　河北天津　众议院议员
李季达　四川　法文专科学校
孙云鹏　河北天津　正太铁路工人
孙津川　江苏江宁　沪宁铁路工人
李青山　山东潍县　胶济铁路工人
阮永钊　安徽芜湖　北大英文系
奚　贞（女）　上海浦东　北大英文系
郝克勤　河北沧县　北大印刷厂
王　力　奉天营口　大连报记者
徐名鸿　广东大埔　北京高师
凌芝藩　湖南湘阴　京汉郑州技术员
刘志丹　陕西　榆林中学
陈　毅（仲弘）　四川　省中法大学
王人旋　湖南浏阳　湖南第一联中
匡务逊　湖南邵阳　北京高师
吴　明　湖南　法文专修班

高语罕　安徽　芜湖中学教员

陈启修　四川　北大教授

李　季　湖南平江　北大文学院

刘孝恕　湖南浏阳　清华大学、麻省理工学院

耿白钏（丹）　湖北　武昌文华留英

邵振青（飘萍）　江苏　《京报》主编

贺　恕　湖南衡阳　第三师范

朱圣之（女）　湖南　衡阳师范

田波扬　湖南浏阳　民国大学

潘心源　湖南浏阳　民国大学

廖汉星　湖南衡阳　衡阳三师

彭泽湘　湖南岳阳

孙光余（琅工）　湖南湘潭　北高师

李书渠（须除，伯刚）　武昌　武昌外语

杨锺健　陕西　北大理科

陈兴霸　湖南长沙　北大法科

周长宪　湖南长沙　北大法科

鲁士毅　浙江　北大理科

王力心　河南信阳　信阳师范

赵子健　湖北　扶轮学校教员

田奇璃　湖南　北大理科

唐宏经　大连　铁路工人

　　这里值得一提的是，那时我们已注意在工人中发展会员，在上述一百多人的名单中，就有二十五人是工人。如李宝成，津浦路工人；梁鹏万，京奉路工人；邓培，京奉路工人；史文彬，京汉路工人；张太清，京绥路工人；姚佐唐，津浦路工人；王璧，徐州铁路

工人；许鸿儒，津浦路工人；葛树贵，长辛店工人；王荷波，浦镇工人；沈干城，沪杭路工人；孙云鹏，正太路工人；孙津川，沪宁路工人；李青山，胶济路工人；唐宏经，大连铁路工人等。他们主要是长辛店、唐山、石家庄、郑州等大厂的工人。

马克思学说研究会的活动

马克思学说研究会正式成立后，我们一面公开接纳会员，不断扩大这块阵地，一面有组织、有计划地开展研究活动。一九二二年二月二日，我们发表了马克思学说研究会的第三个通告。通告这样写道：

会员公鉴：

　　本会正式成立，已经一月有余。其间经过新旧两个年关，耽误日子不少。故仅仅只开过两次讨论会，一次纪念会。起初会员虽不足二十人，现在已增至六十三人了。

　　本会成立之时，都讲实用，不事虚文。所以简章未定，至今尚付阙如。惟经一月余试验的结果，每次开会，例必有新会员数人加入。因此书记又不能不每次将本会议决几条实用的办法，当众重述一次。书记固不胜麻烦，旧会员亦甚觉其讨厌。为免除这个困难起见，特详细通告于此，务希查照。

　　一、研究方法

　　（1）讨论会——每星期六晚七时开一次（准时开会，过时不候），先由会员一人述释该题之内容及其要点，然后付诸讨论。一次讨论不完，下次续之。

　　（2）讲演会——每月终开一次。暂时敦请名人学者担任讲演员，由书记负责接洽。俟本会研究确有成绩后，则完全自行担任。

（3）特别研究——完全由会员自动的自由组合，现已有了三个：

A．劳动运动研究　由几个感觉此项知识之需要的会员组成的。每星期三晚集会一次。

B．《共产党宣言》研究　由几个感觉西文程度不佳的会员组成的，采此书为教本。每星期一、四、五晚请会员一人教授之。

C．远东问题研究　材料分三种搜集，英文的、日文的、中文的。已在酝酿中，尚未开会。

以上三个小组会，任何会员皆可随时加入。

以后拟实行固定的分组研究如下：

第一组　唯物史观

第二组　阶级斗争

第三组　剩余价值

第四组　无产阶级专政及马克思预定共产主义完成的三个时期

第五组　社会主义史

第六组　晚近各种社会主义之比较及其批评

第七组　经济史及经济学史

第八组　俄国革命及其建设

第九组　布尔札维克党与第三国际共产党之研究

第十组　世界资本主义国家在世界各弱小民族掠夺之实况——特别注意于中国

但会员研究，选一组选三四组或全选皆可，只要力量来得及。请即来函认定，以便赳期着手实行，至要至要！

我们的研究活动得到了李守常先生以及北大一些进步教授、讲师的大力支持。一九二二年二月十九日下午，守常先生在北大第二院大礼堂给会员们作了马克思经济学说的讲演。这是马克思学说研究会召开的第一次公开讲演会,参加的人除了马克思学说研究会会员外,还有许多尚未入会的人。他们都为守常先生的精彩讲演所深深吸引,反响很强烈。此后,我们又多次组织这样的讲演会、纪念会,吸引更多的人,马克思学说研究会也随之日渐发展、扩大起来。

学会的图书室,收藏中、外各种图书、报章,并于每日下午四时至八时开放(星期日在上午八时至十二时开放),供会员借阅。我记得一九二二年二月,马克思学说研究会曾出一个通告,向会员报告此事。经查此报告登在《北大日刊》上原文如下:

马克思学说研究会通告(四)
(一九二二年二月十六日)

本会现已有西文书籍四十余种,中文书籍二十余种,兹报于下:

社会主义丛书

Communist Manifesto (Marx and Engels)

Socialism, Utopian and Science (Engels)

The Books on socialist Philosophy (Engels)

The Poverty of Philosophy (Marx)

The Origin of Family (Engels)

The infantile Sickness of Leftistien Communism (Lenin)

The Proletarian Revolution (Lenin)

共产党宣言 (马学会德文译书组译,打字印本)

阶级斗争 (恽代英译)

马克思资本论入门 (李汉俊译)

马克思经济学说 (李达译)

社会主义史 (李季译)

社会问题详解 （李季译）

经济丛书

Wage Labour and Capital（Marx）

工钱、劳动与资本 （袁让译）

历史丛书

Revolution and Counter Revolution（Marx）

The 18th Brumaire of Louis Bonaparte（Marx）

The Civil War in France（Marx）

俄国问题丛书

劳农会之建设 （列宁著）

讨论进行计划书 （列宁著）

杂志报章

Soviet Russia （苏维埃俄罗斯）

Asia （亚细亚）

Weekly Review of the Far East （米勒评论）

The Communist International （国际共产党）

大陆报 共产党 新青年 先驱 工人周刊 劳动周刊 济南劳动周刊 长沙劳工周刊 晨报 民国日报 时事新报 申报 广东群报 时事月刊 妇女声

以上各书，或系会有，或系私有，皆有符号，归众共览。尚有四、五会员出金购买一百四十元之英、德文书籍，当不久可到，并告。

当年马克思学说研究会所进行的这些工作，是很有意义的，成绩也是不小的。它不仅扩大了我们的视野，丰富了我们的知识，更重要的是使我们进一步接受了马克思的革命思想，为后来开展革命斗争活动培养和造就了一大批骨干。随着革命事业的发展，马克思学说研究会也逐步成为党的外围组织，不再是一个学术讨论团体，而是直接参预革命的行动组织了。而当年参加马克思学说研究会的绝大多数会员，后来都是共产党员、共青团员，在全国各地分别担任党、团领导工作或参加北方劳动组合书记部的工作，为党的事业做出了他们应有的贡献。学会的活动据说一直延续到一九二六年以后，不过，我早已离开北大，此后就不知其详了。

亢慕义斋

马克思学说研究会成立后，由于得到校方的支持，学校拨出西斋宿舍中两间宽敞的房子，作为学会的活动场所。这套房子，我们都亲切地称它为"亢慕义斋"，其中"亢慕义"是德文译音，全文意思是"共产主义小室"（Das Kammunistsches Zimmer，当年对"亢慕义"进行汉语译音时，曾借重于古汉语的释义。按：《周易》乾卦，爻辞云："亢龙有悔"，历代注释者自东汉郑玄、唐孔颖达，到南宋朱熹等均释"亢"为"极""穷高""亢阳之至、大而极盛"等义。《周易》文言传云："亢之为言也，知进而不知退，知存而不知亡。"综言之，"亢"乃"盈、高、穷、极"之义，即吾人理想的最高境界，极高明而致幽远的境界，故称为"亢斋"），对内习惯用"亢慕义斋"或"亢斋"，我们的图书、资料以及对外发出公告，都是用的"亢慕义斋图书"印记（北京大学图书馆现在还保存着六十年前珍藏下来的盖有"亢慕义斋图书"图章的德文书八册）。亢斋图书室成立后公推我和天放等主持图书的征集和对外联系，以及图书的编目、出纳等事务。当时由我设计，天放自刻"亢慕义斋图书"章一枚，图书正方形长宽各三十二毫米，篆文六字左右直列分二行，每行三字。天放素善治印，篆文简朴，线条清晰，六十年后犹可想见其治印风格。这些图书一部分是由北大图书馆购进转给学会的，大部分则是第三国际代表东来后，陆续由第三国际及其出版机构提供的。

"亢慕义斋",既是图书室又是翻译室,还做学会办公室,党支部与青年团和其他一些革命团体常在这里集会活动。"亢斋"的地址在景山东街第二院,地名"马神庙",又叫"公主府",同校长办公室相距不远,有校警站岗,闲杂人等不得入内。它在校内是公开的。有一个时期守常常到这里工作。(当时北京大学学生宿舍分为二处,第一舍位于北河沿第三院法学院,亦称东斋,第二舍位于马神庙第二院理学院,公主府右侧,亦称西斋。中共北方区委开会经常在红楼东楼下图书馆办公室邻近小室内举行,有时则在西城石驸马大街迤南后闸三十五号,人数较多时则在马神庙西斋。区委常委会一切行动工作及内部联络处亦指定在亢慕义斋进行。长辛店劳动补习学校驻京办事处则设在东斋,党团书刊发行部设在中老胡同三号,由中夏、王铮等住在该处。当时北方区委负责人经常到亢慕义斋集会,座谈或接洽工作。)

"亢斋"室内墙壁正中挂有马克思像,像的两边贴有一副对联:"出研究室入监狱,南方兼有北方强",还有两个口号:"不破不立,不立不破";四壁贴有革命诗歌、箴语、格言等,气氛庄严、热烈。自分得房子后,大家欢腾雀跃,连日聚会。守常也和大家一起朗诵诗歌,表示庆祝,亢斋同人如贺天健、宋天放和我都写诗纪念。

对联"出研究室入监狱,南方兼有北方强"是宋天放的手书,取自独秀和守常的诗句。上联意指搞科学研究和干革命,革命是准备坐监牢的;下联"南方兼有北方强",意指马克思学说研究会里,有南方人,有北方人,守常称南方人为南方之强,我们则誉守常等为北方之强,南方之强又加上北方之强,表示南北同志团结互助,同心一德。这副对联概括了当时学会生活奋发图强的精神。

"亢斋"中"不破不立""不立不破"的口号,反映了北京大学校内的斗争。当时的北大,是新旧思想矛盾集中的地方,一方面代表无产阶级革命思想的马克思主义如日方升;另一方面,守旧、复古思想其势犹炽,唯心主义、宗教思想也相当活跃。北大开唯心论的课,听的人不少,学生中研究印度佛经和老聃、庄子思想的人也很多,许多留日、留英、留美的先生们,也把西洋资产阶级反动思想贩运到中国来,可说是五花八门,样样货色都有。蔡元培当时的思想是居中偏左的,对马克思学说研究会的人怀有好感。在这样的情况下,我们不把马克思学说立起来,就无法破对方,不破对方,马克思主义的旗帜也打不起来。为了开展思想意识形态的斗争,我们努力翻译和介绍马克思主义的书籍,宣传马克思主义。当时也有有利条件,蔡元培先生很强调学习外语,课程安排上,外语比重相当大,有英、德、法、日、俄、西班牙语以及拉丁文,印度梵文等七八种之多,都开了班。我们亢斋的翻译组就是吸收这些外语系的同学,计有三四十人,其中德语有十来人,英语二十多人,俄语四五人,法语五六人,日语也有一些人。此外,还有老师辅导我们。

开始,我们翻译了《共产党宣言》和《震撼世界十日记》,还翻译了一些宣传唯物论、进化论的西方科学书籍。这些书当时可以印行,在我们也是个练习过程,锻炼和提高了我们的外文基础和翻译技术。以后,慢慢翻译马克思的著作和十月革命以后的书籍。前后规划有二十种,陆续译成付印,一九二三年由人民出版社出版。根据人民出版社通告(广州昌兴新街二十八号),该社编译社会主义新书和重版书籍共计四十八种,其中标明康明尼斯特丛书十种,列宁全书十四种,均系亢慕义斋翻译任务。又马克思全书十四种,是亢慕义斋与上海、广州同志分任编译的,书中编译者大都用笔名,其他九种亦同。

我兼任德文翻译组长,蔡校长对德文组非常关心,他曾在德国莱比锡(Leipzig)大学修习哲学、历史、美学、文学等课程,他刻苦学习,成绩优秀。回国出任北大校长时,在北大设立了德语系。他对德文翻译极感兴趣,我们最先翻译的一本书是《英马鲁埃·康德传》，接着我们翻译了《共产党宣言》，以后又试译《资本论》。对于翻译我们提出三个标准，即：信、达、雅。信是忠于原著；达，即要用中文通畅地表达出来；雅，还要有文采，要讲究语言修辞。我们德文组先后翻译了《马克思传》《共产党宣言》《资本论》第一卷初稿，我参加了这些工作，并为执笔人。《共产党宣言》原著理论深邃，语言精练。但要达到以上三条标准殊为不易。我们先是就原著反复通读，并背诵一些精辟的段落，不懂的地方就集体研究。然后直译，但译出来后仍自觉不能完全满意。后来，我们在必要的地方试加了一种解释性的文字，使读者明白文章的含义。例如，《共产党宣言》第一句是："一个幽灵，共产主义的幽灵，在欧洲徘徊。"对于这句话研究时间很长，觉得怎样译都不甚恰当，"幽灵"在中文是贬意词，"徘徊"亦然。于是加了一段说明文字："有一股思潮在欧洲大陆泛滥，反动派视这股思潮为洪水猛兽，这就是共产主义。"以后，我们译的《共产党宣言》中文本油印出来了。由于当时不便公开，同时恐译文不尽准确，只在内部传阅学习。在以后公开发行的《共产党宣言》之前，在北京见到的油印本，可能就是这个版本。

《资本论》是巨著。我们的思想理论水平不够，但很想翻译，开始是直译，参加这个工作的有一位北大教授和德文组的同学。这个本子是最早的中文本。我因工作忙碌没有参加译完，但以后仍续译成出版了。郭大力译的《资本论》是在一九三八年，这是十几年后的事了。我出国在欧洲还碰到参加译《资本论》第一卷的同志，当时他还继续在做翻译工作。

在一九二一年前后，我们在亢慕义斋做翻译工作，是因为有以下几个有利条件：

首先是北大有大量新出版的西文书，可以说，北大是当时中国各大学中拥有进步书籍比较多的地方。

其次，北大有一个相当强大的外文队伍。因当时北大对外语教学很重视，各种外语都有名教授。有的是中国名教授（杨丙辰、辜鸿铭等），有的是外国教授 Volker、刚和太等。

马学会成立翻译室，计划编译丛书，并为《向导》及劳动通讯社供应稿件。译书计划是《向导》编委会讨论后做出决定的。当时马林来京，携来上海、广州方面的翻译工作方案。马林在会议上把北京马学会的译述意见书合并讨论，遂产生一个新计划，各组主持译事同志经常在亢斋集议，讨论有关编译问题。最先被提出的是翻译方向与方法问题。对于方向问题决定丛书偏重政治理论，采取集体决定，刊物稿件则范围更广，由译者自由决定。对于方法问题，经过若干次座谈后，才逐渐取得明确意见。当时集中讨论的有：可译性与不可译性，如何保证译文忠实，通顺与条理明畅。长短句译法研究、译述韵文方法、语言与翻译的关系等问题。

关于可译性的问题，有人认为两种语言结构互异，且风韵各别（如西班语庄严、法语流畅、德语强劲、英语含混等是），其思想反映不可能在双方语言中恰如其分地表达出来。如威廉·孔柏特 Wilhelm Gunfoldt 所云：或者过于严格地遵守原文，结果损害了原著，两者以外无中间道路。（见威廉·孔柏特一七六九年致友人书语）。由于有些人过分地强调不可译性，遂产生不必要的顾虑，甚至◇翻译大可不为，勉强为之，无异含哺哺人。这是全盘否定论，已被大量翻译界实践所证明其不合理。因此大家一致认为译述工作固然有若干困难存在，但是如果熟谙有关语文与业务，并具有高深的科学、文学、哲学、社会生活经验等方面的修养，则凡属在各个单独要素中不能翻译的东西，在复合全元中却可以翻译。根据各个要素在全元中的意义上的联系，就能克服不可译的困难。其次为了保证译文忠实通顺与条理明畅起见，应努力研究原作思想内容与语言分析，反复进行翻译，尤应彼此互相观摩切磋，才能将原文真意确切表达出来。在译述过程中特别应对于繁复语句,简略语句及独特习惯语等逐一攻破。

关于翻译文学、诗歌,特别是具有音韵、声律、骈偶以及隐语等文学著作,原应比译述散文加倍困难,但这并不是说一切有韵文学都不能译。过去如歌德所译东西方抒情诗集(一八一七年出版),仍是优秀译品,只要译者具有高度文学修养,对原作有正确与深刻的理解,抓住原作特点兼会通全文意思,亦可融会贯通,选用适当语式将原作表达出来。我在执行计划时(一九二〇年秋至一九二一年冬),曾与北大德文系同学商章孙(学名承祖,其父商衍鎏系前清探花,章孙毕业后任南京大学教授)合作试译卡尔·费尔伦德所著《英马鲁埃尔·康德传》Immanuel Kants Leben。该书译成后于一九二二年二月由上海中华书局出版(哲学丛书)。同时还译有德国文学家歌德、雷新、斯笃姆等人著作。在泛览康德所著《纯粹理性批评》等书时,感到康德思侔造化,文若悬河,益人神智。我所译的约翰里德著《震荡世界十日记》曾在一九二三年十一月廿四日《中国青年》第六期刊出,其中一章题为"俄国农村之一幕",其余部分稿件因原稿被租界巡捕抄去,未续完而罢。

中共中央局诸人多擅长外语(英、俄、德、法、日语),仲甫与守常对英、日文书刊均能阅读。仲甫所编模范英文教本颇具匠心,又其所译赫克尔《宇宙之谜》一文,词义信达,但仲甫口语发言却不甚纯正,听力亦欠佳,因此在与国际代表会谈涉及长篇讨论时,必须藉助于他人翻译。《向导》编辑室订阅多种外文书报,均由编委会分任译述,国际代表所撰文章亦须经过编委会译成中文,然后刊布。C.Y.中央有关外语文件亦由《向导》编委室代译。有一个时期大家热衷学习希腊文,以期阅读欧洲古典文学。墨耕进度较快,博闻强记,为侪辈冠。他每遇困难问题发生,往往脱口而出,连呼"英特雷希"(希腊文音译,意为完成)!闻者启齿。

列宁使者东来

当时,苏联被帝国主义包围,国际间交通断绝,那时在远东方面组织了一个共和国,是半独立性质,与苏维埃本部联系不密切。白俄军队在赤塔邻近中国东北处非常猖狂,中国的俄国大使馆、各地领事馆、中东铁路的实权都掌握在白俄手里,还有一部分白俄舰队逃来中国。因此,在这期间,中国与苏维埃俄国之间没有发生直接外交关系,后来远东共和国撤销,但中国境内的白俄势力,还挣扎了一个时期,直到一九二一年左右,苏联的外交人员才正式来到中国。

北京大学当时有一位俄文教员叫柏烈卫的,他在过渡时期内长期留在中国,同北京大学革命学生发生联系。又有一位山东的教员旅居北京,名杨明斋,他是苏联的共产党员,也与北大学生发生联系,但这些都是个人的关系,不过互相交换宣传刊物与革命情况而已。

苏联方面由列宁正式派遣代表到东方的活动是一九二〇年春季,这批代表主要是马林、伍廷康及其夫人等。马林原在印度尼西亚做革命工作,对东方情况颇为了解。伍廷康是一个留美的学生,他们最先到日本,从日本方面对北京大学有所了解,通过日本共产党人佐野的关系来到中国北京大学。他们来北京的目的,主要是找仲甫,其次是守常。当时仲甫已因《市民宣言》的问题入狱,出狱后即离开北京,所以马林、伍廷康等就去访问李守常。

马林等到北大后即见到守常,双方倾谈甚欢,因马林等首次访问时请求约有代表性的学生参加谈话。守常即用电话通知我和特立、君宇(高尚德)、杨明斋、刘宇(刘仁静)在北大图书馆开座谈会接待他们。在座谈会上,大家各自用各人所谙的外语和他们交谈。所谈问题大致分两方面,一方面是国际代表报告革命以后苏联方面的政治经济情况与学生运动、工人运动等。当场国际代表将带来的苏联十月革命后出版的书刊、宣传品等,包括大量的马、恩、列的著作(分别用英、德、法、俄四种文字出版)以及国际通讯等交给我们。双方谈话记录也于整理后交国际代表阅看。在谈话会上,国际代表表示,他们以第三国际的身份批准参加会谈的七个人为共产党员。会议结束后,国际代表启程去上海会晤仲甫去了。

柏烈卫在七人小组成立前后曾经捐款帮助北京附近的工人运动,他又曾介绍从苏联来中国的文学艺术家与小组成员往来。

我们有一次在柏烈卫家中会见埃罗新哥(B·R·Eroshenko,亦译为爱罗先珂),盲人,年三十多岁,凭自学成为作家,所写童话、诗歌蜚声国际文坛。苏联十月革命后他流浪远东,最近自日本来到中国,北大聘埃为文学讲座,寓居柏家。他是一个有非凡毅力和观察力的作家,他询问我游泰山的情况,我以所见告之,说到摩崖无字碑时,埃说:这是泰山返老还童的迹象,构思与众不同。

探讨宗教及关联问题

在一九一九年五四运动以还,科学与民主思潮同时也是否定宗教迷信的。当时北大校长蔡孑民公开倡言以美育代宗教,这是一个含有建设性的主张。宗教是迷信愚昧的同义词,其派生为专制、恶毒,宗教是与科学及民主相对抗的事物,因此应给予批评并肃清其有害影响。亢慕义斋同人就积极探讨。

宗教产生的思想根源:原始人类对于水、火、电、风雷等自然界现象认为是神力,是万物的生命,这便是宗教产生的根源。后来民智渐启,对于更多的自然现象与人文现象仍然感到不得其解。如:物质与力的原始,宇宙的形成,生命的发生,运动的开端等。又如人类感觉、语言、意识的起源,纯理性与意志自由诸问题。其中有先验的,也有后天实践的,当问题不能明确认识的时候,遂发生神与天帝的信念，久之渐渐形成各种各式的宗教。

宗教的政治背景：环宇以内，东西各国，几千年来实行长期的奴役制度。严酷的政治压迫、经济剥削与思想控制，交互为用。实行以贵役贱，以富役贫，以强凌弱，以智役愚。由是人民涂炭、水深火热，视当前为地狱，憧憬世外的天堂。狡黠者流乘机蛊惑其间，遂生宗教。且宗教历久流毒未衰，时至今日，欧美诸邦号称文明民族，现代科学家，还有些人在重视宗教课程，信仰创世纪，上帝万能三位一体说，玛利亚圣灵感孕，基督复治与升天等，都是彰明较著迷信说法。其他宗教如伊斯兰教、佛教、摩西教、婆罗门教等诸多教条，可谓大同小异，一丘之貉！

宗教既已形成，各国统治阶级复加以提倡宣扬利用之，以麻醉人民，愚诬万众，影响所及，其毒焰更张。如中国自汉以来即输入佛教，至南北朝而大盛。唐宋以还释道二教并行不悖，均为专制政体所尊宠。

元朝皇帝忽必烈尝宣称："予对各位先知圣人，一律顶礼。"其意盖谓：各种宗教来自各邦，均翼赞帝政，对百姓起驯顺作用，是万不可少的愚民工具。（儒教虽无宗教形式，但其定于一尊。愚民自恣，亦属变相宗教。）对此诸种宗教，上自执政阶级，下至百姓平民，上行下效，如饮狂药，把一切传统迷信作为个人安慰与群体义务而加以颂扬，并表示最高崇敬与虔诚。

宗教问题的重要性：宗教问题之所以重要，便是由于它对于广大人民生活具有重大影响。近世基督教号称有教徒四亿三千万，其中百分之五十属罗马教，百分之二十五属耶苏教，希腊天主正教约占七千万人。在中国信仰基督教教徒，近百年间，随年代时有增加，清朝以还外国牧师泛滥南北，如水银泻地无孔不入，为侵略者作伥。

佛教徒主要分布在亚洲地区次大陆各邦与印度支那诸国，有教民五亿人。另有婆罗门教徒一亿几千万人，与愚昧贫弱结不解之缘。

伊斯兰教教民分布在亚洲西部，欧洲东部、非洲北部及东非、西非内陆地区，拥有教徒一亿五千万左右。

根据上述粗略统计，可知各主要宗教信徒达十二亿人。由此可见宗教思想与影响是十分广泛与深入的。面对此项现实，岂能熟视无睹。

基督教问题应优先提出：全部宗教问题内容复杂，涉及极广，吾人今日匆率之间，未能全面论究，或在短期内提出一个完整方案，对全部宗教问题予以求圆满解决。盱衡世局，相度缓急，先就占比重三分之一的基督教问题优先提出，加以探讨。

就当前宗教界状况考察，自印度输入中土的佛教，经过千多年间的转展变化，已成强弩之末。在青年学生生活中，非宗教矛头为什么指向基督教而放松批评佛老，这是因为中国原有的佛老等教（儒家思想另文批评）既已式微，基督教遂起而代之。基督教自十七世纪以还，自西方随重商主义、资本主义传入中国，结合中国专制主义，乃形成一种不良信仰，为非作恶，变本加厉，造成新的社会灾难，至近世纪而益盛。因此对基督教应追本穷源，从思想领域加以澄清，方能拯溺扶颓，祛除痼习。基于上述理由，所以当时反宗教思想与运动便集中火力于基督教。

基督教思想及其后果综述：在西方原始基督教占有最初三个世纪，罗马天主教自四至十五世纪，宗教改革自十六至十八世纪，十九世纪至二十世纪则号称近代基督教时期。综合前后观察，基督教的基本思想大体是前后相承的。

在许多宗教典籍与文献中，在旧约与新约全书中，诸如摩西创世纪、灵魂不灭、地狱天堂、末日审判诸般说教，一切都由前定。凡宗教徒所称"真理"全属捏造，纯是颠倒历史狂妄怪诞的童话。由是更可知：宗教充满神秘思想，倡言认识来自内省，重视直觉、预感与圣灵启示或顿悟，主张神不灭论（精神不死），认为世界是上帝凭空一次创造出来的。

中古欧洲宗教黑暗世纪，从亢士坦丁大帝到路德宗教改革，整个世界陷于疯狂！在散漫无组织的贫困群氓中，天主教组成一个教会集团。由于采取绝对的极权组织与专制体统，所以否定一切，对个人肉体、自然、文化、妇女、家庭等实行歧视。如所周知，宗教是犯罪渊薮，例如天主教的神父利用入教时免罪符与忏悔等方式，对教民进行强暴侮辱，同时他们假借上帝名义把极少数亲近的富贵寿考的人引进天堂，把更多的异己分子贫苦人民迫堕地狱，永世不得超度。自尔以后，基督宗派复杂，入主出奴，用火与剑对待异端（实为同教之人）。四世纪以后 Konstantin 自称大帝，从此以后在罗马天主教压制下科学研究被埋没达十二世纪之久。当罗马天主教盛行期间欧洲到处建立异端裁判所惩治制度下，约有一千万人死于烈火与严刑。西班牙被焚死有册籍可稽者凡六千余人。科学家被迫害者尤多，考之远代如笛卡儿对于统治者迫害，为避免烈火焚身之祸，明知故昧，隐忍自诬，是其显例。天主教迫害残杀异教徒，长期宗教战争，罹战祸而死者更不止千万人数。十九世纪下季，即一八六四年十二月，罗马教皇公布教皇上谕与教会禁书目录，凡属书及内容应绝对服从"永无谬误"的教皇上谕（教皇永无谬误说是一八七〇年七月梵帝冈宗教会议决定发布的文献）。

天主教盛行一种"办神功"运动，号召教徒们应向神甫悔罪，交代自己一生的罪行，本着坦白从宽原则，罪可邀赦免，死后不下地狱。教徒向神甫自述坦白交代，神甫即利用机会进行讹诈勒索强奸等非法行为。

从德意志学者著作中了解到欧洲宗教在中世纪黑暗时代所造成的诸般滔天罪恶是无与伦比的。当时宗教主要是统治教徒的灵魂，毒化人民的思想，影响所及，毒痛世界。

各国非宗教思想的发展：基督教思想是违反科学的，因此在近代科学发达的西方国家，很早就有不少学者对宗教提出批评与抗议（如古天文学家伽里略、笛卡儿等）。如所周知，近代科学昭示：人是顺应自然进化而来，同理，宇宙也是顺应自然进化而来。人与宇宙的起源均非非自然力量（如上帝或神）所能致力，因此宗教经典种种创世说（如摩西创世说）均属幼稚可笑的非科学思想。

自从十六世纪下期（一五七一年十月底），自路德在 Wetinborg 发布宗教改革大纲九十五条以后，旧教威信逐渐衰落。德国神学家施特劳斯 D.F.Schtnavss 提出捍卫理性与反对迷信的口号以后，西方大陆宗教迷信前景已日趋暗淡。

德国文化界如 A.Faik（一八二七～一九〇〇）（普鲁士教育大臣）、康德 I.Kant、Goethe、Haikel 等均属非宗教宣传者。康德哲学举世瞩目，他曾经是无神论者，他对宗教从一元论观点出发，认为上帝存在与灵魂不死均无法证明，宗教信仰纯属虚构，人们必须放弃宗教信仰，崇奉真理。这就是说宗教明目张胆提倡迷信，要求人类理性盲目服从信仰，同时否认科学真理与历史事实。因此对宗教必须全盘加以否定，当代德国新文学家反对宗教尤为显著。

席勒 Friedrich Schiller，公开刊布其诗云："若问我信奉那种宗教？我不信任何宗教！为什么一种宗教也不信？——由于宗教的原因！"

德国学者布仑达洛 Leo Brentano（一八四四～）提倡科学与非议宗教更属不遗余力。尝宣称："科学研究的唯一目的乃认识现实，于此可云，真理是最神圣的，真理深入一切，不当畏惧考验与分析，真理本身是决不顾艰险、不惜毁誉而我行我素的。"

上述反基督教思想在各国酝酿既久，渐渐弥漫各国，成为一种时代潮流，中国学术思想自然亦受到启发，对宗教由迷惘而生觉悟。后来深知宗教是迷信，科学是智慧，二者方向背离，宗教与科学不两立，她们既不并存，也不可折衷调和。

组织非宗教同盟

这段时间，我们除了集中精力从事马克思学说的研究和翻译工作外，还做了一件极有意义的工作，即组织非宗教同盟。

在一九二〇至一九二一年间，亢慕义斋同人就积极探讨科学与宗教关联问题。当时在巴黎的萧子升与我通讯频繁，大都是讨论北方新民学会工作与新文化及学术建设诸问题，同时亦涉及宗教与科学的关系问题。双方强调了在思想领域内，当前不应回避宗教问题。一九二〇年十二月萧子升归国到北京后找我，我们共同商定组织非宗教同盟事，并定期邀约北大师生组织讲演会。主持者多为北大哲学会会员及北大马克思学说研究会会员。随后由我与蔡校长商量进行办法。蔡校长在思想上反对各种宗教，主张以美育代宗教，所以力赞此议。商讨结果，大家决定组织非宗教同盟，并由北大师生联合国立八校师生共同发起。

萧旭东到西斋来找我倾谈，后同往前门珠市口浴室进浴。二人在浴室凭几对坐，畅谈别后双方生活及学习与工作等问题。二人正谈话间，忽见炕凳上茶杯互触，发出响声，电灯摇曳，头感晕眩，浴客一群，惊呼地震，夺门奔出。二人整衣出外，立在院中，众浴客仓皇出走。旋地震中止，二人横躺炕上谈宗教问题，子升表示愿助一臂之力，组织生力军向梁等反攻。翌日，子升复至西斋告我云：李石曾有意出刊反宗教论文丛书，愿意彼此合作。因商定目录、性质，分别向各方约写文章。

非宗教同盟成立后，公布了非宗教同盟纲领（李墨耕与我共同起草）。非宗教同盟的基本成员，是以马克思学说研究会会员为基础，采取广泛方式，联络了北京各校的部分师生。蔡元培、陈独秀、李守常等是当时学术界著名人物，也是非宗教同盟的重要成员。非宗教同盟在北京方面的会员后来发展到二百余人。

非宗教同盟的目的首要是反对神道设教，肃清迷信，解放思想，反对玄学，为科学大众化开辟道路。其次是打倒封建思想，发扬民权主义，为民主政治奠定基础。非宗教同盟的活动是在各校开展活动的基础上，扩大其组织到京外各工厂和中等学校的，包括社会各阶层及劳动人民。

非宗教同盟的常规活动，起先是以北大为基地，组织公开的学术讲演。如蔡先生以"美育代宗教"为题作讲演，具有深邃的哲学与美学的学术水平，有很强的感染力与说服力。学术界轰动一时，影响显著。后来非宗教讲台渐渐推广到全国各大城市，与各地教派正面交锋起来。当年王尽美就在济南亲自组织过反宗教的群众运动。

随后，我们出版了《非宗教论》，这是一本反映当时思想战线斗争的重要文献，曾一时风行全国。

《非宗教论》是一九二二年六月出版的，全书有十万七千多字。

对于出版《非宗教论》，当时的京报社、华俄通讯社、光报等都从人力、物力给予大力支援。为出版这本书，邵振青采用支付广告费的方式，捐助许多纸张，印刷也是按成本计算的。当时铜版印刷价格昂贵，费用均由京报社一力担承，它所提供的资助是最多的。

在《非宗教论文集》一书中，我们列入书首者有世界著名科学家培根（Francis Bacon）、戴楷尔（René Descartes）、服尔德（François-Marie Arouet Voltaire）、狄岱鲁（Denis Diderot）、边沁（Jeremy Bentham）、拉普拉斯（Pierre de la Place）、拉马克（Jean Lamarck）、孔德（Auguste Comte）、许峨（Victor Hugo）、达尔文（Charles Darwin）、卡富尔（Camillo Benso Cavour）、贝尔纳德（Claude Bernard）、巴枯宁（Michel Bakounine）、马克思（Karl Marx）、卢月（Clémence Royer）、邵可侣（Élisée Reclus）、纳凯（Alfred Naquet）、克鲁泡特金（Piotr Alekseevich Kropotkin）等人的照片，并附简略的传记及他们关于"非宗教"的名言，如马克思的像下有他的名言："宗教是人群的鸦片。"意指宗教能使人迷惘，失其性灵，人们应迷途知返。克

鲁泡特金的像下有他的名言："人群思想,进步很慢,正如一个人睡了很久,方才清醒过来。在清醒后,就即刻要将皇帝、教士所用来缚他的锁链去了,恢复原有的自由,方得安乐。这条锁链丢去了以外,还要攻击向来诱惑他,禁锢他的宗教偏见,自己找一条新生活的道路,从新走去。"

在法国女经济学家卢月的像下有她的名言："自然的法则决不会为一个想象的上帝所扰乱,宇宙的秩序,是由于各星球间有'以太'一类的东西在那里运动,互相维系成的。宇宙是一种自然物,是一种公共的组织,不是经什么造物主的意思可以创造,可以毁灭的。"

《非宗教论》是由旭东、墨耕、明斋、怀龙、咏裳、振青和我共同组稿编辑、发行的。《非宗教论》的序是由我执笔写的。《非宗教论序》中有以下说明:

> 非宗教论,是非宗教丛刊的一种。我们第一次汇集非宗教同志的言论,得了萧子升、罗章龙、罗素、蔡子民、张耀翔、陈仲甫、周太玄、吴又陵、李幼椿、李石曾、李守常、汪精卫、朱执信、王抚五诸君的文字共数十万言。以各个人的文字为段落;除首列附有近世界非宗教大家肖像插图者外,以著者姓氏笔划多寡为先后将它合编起来,按实定名,叫做"非宗教论"。

还有各同志关于信教与自由一类的文字,我们预备另行编辑。各同志非宗教的文字,也有未汇齐或汇印以后又有新著的;我们预备在第二版以后,随时增订。外国同志非宗教的书报,我们也要择要翻译,努力介绍。

"海内外各地同志,有以非宗教文字惠寄我们的,无论何项,均所欢迎。"

当时,非宗教论文来自各方者为数颇多,因此,我们预定出两集，后因有事迁延，未来得及继续印行，只出一集。此书是当时很有影响的读物，京、沪各大图书馆，均有馆藏。（初印本现存北京马恩列斯编译室；北大图书馆善本 200.7/1340。全本已由巴蜀书社于一九九二年重印。）

在《非宗教论》中，我们共收入三十篇论文，执笔人是：

萧子升（法华教育会秘书）　五篇

罗章龙（中共北大支部书记、北方区委委员、北方劳动组合书记部主任）　二篇

罗　素（英国哲学家）　一篇

蔡元培（北京大学校长）　七篇

张耀翔（北大心理学教授）　一篇

陈独秀（中共书记）　二篇

周太玄（四川大学教授）　二篇

吴又陵（北大讲师）　一篇

李幼椿　一篇

李石曾（华法教育会会长、北大生物学系教授）　四篇

李守常（北方区委负责人、北大教授兼图书馆主任）　一篇

汪精卫（国民党中委）　二篇

朱执信（国民党《建设》杂志主编）　一篇

王抚五（北京大学教授）　一篇

我在《我们何故反对宗教》的论文中，首先指明了"宗教是社会革新的大障碍"。为论证这个观点，我从三个方面加以阐明。

第一，社会改造的动机，起于不满足现实的生活。我们目击现代不安的社会，剥削阶级的横暴，愚贫小民这般可悯——凡有血气者，没有不惊心动魄、图谋挽救的。可是宗教徒对于这等重大的、紧急的问题，偏有些糊涂的解释。他们主张，人生罪过是与生俱有的；环境的压迫是应该容许的。人人只当熬忍眼前的痛苦，图谋未来的

超升。是以他们所努力的仅有超人的神界,虚空的幻想界,与实际生活绝无关系。推原人类社会,所以有改善的希望,全在乎他们时时有自觉的动机,有革新的要求,若是尽像宗教家的理想,直可谓是自杀,这岂不是一件绝可危险的事吗?所以宗教上这种暗示,我们认为它与人类有生死存亡的关系,无论如何,不敢赞同。

第二,社会革新的信仰既是立脚于近世纪的进化论上,并且同时承认人类具有伟大的能力,可以驾驭自然界多种质力,渐次完成我们各样的理想。因为我们相信社会是进化性的,故一切文化制度风俗,递演递变,变动不居,由野蛮而开明,由简陋而繁颐,人类应常怀善于推陈出新,勇迈无前的气概,才是正当的态度。说到宗教的理想,可就大不同了,他们的极乐界是悠悠无为迎送岁月的。他们的宇宙观是"天造地设",一切归上帝统御的。所以社会间一切应行解决的问题,在他们看来,简直是"好事",他们自视,俨同刑余的因犯,尽毕生的力,还不能了却自己浑身的罪过。试问时至今日,社会的动态,日趋险恶,莽莽大地,一切表现尚不能脱去原始人类的痕迹,我们的责任便是兼程并进还恐不及,像这样袖手旁观,谦让未遑,任听自然界的宰制,那就除非甘心毁灭社会不可。这是我们的信仰与宗教根本冲突之第二点,万不能疏忽的。

第三,革新社会是以科学真理为依据,科学的态度是明显的,分析透的,实验的。宗教教义恰与它相反,它是神秘的,笼统的,唯心造作的。以神秘的、笼统的、唯心造作的方法去求知识,现代稍有常识的人,都可以断言它不但无益,且有危险。关于这层已为人所易晓,并且前期宗教与新学术反复论列,已很明了,所以不加详述。现在我们只问:科学贡献的成绩能不能否认?如果不能,这个与科学势不两立的主体,决保不住不倾覆了。宗教倾覆,科学愈益昌明,即社会的革新就有希望。统上三点言之,不过举出荦荦大者。总之社会是亟待改造的,宗教则给予人以不正当的安慰;社会是进化性的，宗教则以一定的偶像为归宿；实际生活的改善是人类能动性的表现，宗教则宅心于超尘的想象界；人类的最大价值是尊重本能，宗教则毁灭人格，遏抑个性；科学的真理是救拔人类的唯一途径，宗教则到处与他刺谬，此处虽然还有其它的事实没有一一指出，可是仅凭这几件显见的罪案，也就万难饶恕了。

在这篇论文的后半部分，我进一步阐明，任何宗教都是"建立在神秘的基础上的"，是"违乎理性的"。"宗教的一个绝大谬误的见解，就是崇拜偶像的存在——广义的偶像——并且对于所崇拜的偶像均有唯一而限于一的一元心理。"因此，我认为宗教"是人类精神上一层极深厚的壁垒"，是人类进步的极大障碍，应大声疾呼"打破宗教"！

在《再论反对宗教》一文中，我驳斥了几种为宗教辩护的借口：

（一）宗教可以安慰人生；

（二）宗教可以鼓舞人类向上的勇气；

（三）宗教可以增进道德。

最后我得出的结论是："总之以上诸端，均是以宗教为生命人的梦想，据我们看来，宗教的成绩只有杀人，战争，遏抑个性，阻碍进化。纵然有一二无庸反对的地方，也不是他们的特有性，并且常有利不胜弊的危险，我们于此应该寻求其它的方法——科学的方法——去代替它，决不是因循苟且可以了事的。"

当时除《非宗教论》一书外，尚编辑出版了《中国教毒图（分省）》，此图系将各省耶稣教流毒情形，详细绘出，按教堂的实数一一标明，并有教毒总图两幅比较教毒漫衍的情况，以及蔡元培先生反对宗教的论文，编定成册出售。

非宗教同盟活动的开展，使国内宗教迷信者大感不安，于是北大教授钱玄同、周作人、沈兼士、沈士远、马叙伦等一九二二年于三月三十一日发表宣言，反对非宗教同盟及其发起人，另一些人则暗中破坏，梁启超于四月十六日在哲学社公开讲演，题目是"评非宗教同盟"，斥责反宗教运动是违反约法与宪章的，对北大主持非宗教运动者大肆攻击。这时候陈独秀挺身而出，于四月十一日在北京《晨报》上发表了一篇题为《论信教自由》的公开信。该信全文如下：

> 启明、玄同、兼士、士远、幼渔诸先生：
> 　　顷在报上得见公等主张信教自由的宣言，颇难索解。无论何种主义学说皆应许人有赞成反对之自由；公等宣言颇尊重信教者自由，但对于反对宗教者的自由何以不加以容许？宗教果神圣不可侵犯么？青年人发点狂思想狂议论似乎算不得什么，像这样指斥宗教的举动，在欧洲是时常有的，在中国还是萌芽，或者是青年界去迷信而趋理性的好现象，似乎不劳公等作反对运动。私人的言论反对，与政府的法律制裁不同，似乎也说不上什么"干涉""破坏"他（人）的自由，公等何以为此惊慌？此间非基督学生开会已被捕房禁止，我们的言论集会的自由在哪里？基督教有许多强有力的后盾，又何劳公等为之要求自由？公等真尊重自由么？请尊重弱者的自由，勿拿自由人道主义许多礼物向强者献媚！
> 　　　　　　　　　　　　　四月二日　弟　陈独秀白

这封信发表后，一方面使争论告一段落，另方面对广大青年给予很大的启发。

当时在青年思想界，由于旧社会痼习尚存，因此有些不明事理的青年学生，起初以为尘世纷扰，怀有出世思想，认为信仰宗教可令心境宁静得到解脱，读了《非宗教论》后恍然大悟，纷纷表示毅然放弃出世思想，参加非宗教同盟。

综观《非宗教论》的要点：1）宗教、迷信神权及祭司与科学对立；2）宗教定于一尊与民主不兼容；3）宗教派生之变相宗教（教条主义）亵渎人类尊严，祸害与宗教无异；4）铲除宗教与变相宗教后，人类始获真正自由与平等；5）政治应与宗教及变相宗教分离，否则便成为专制独裁与暴政。《非宗教论》对宗教颇发挥反击力量，由是反宗教运动更加广泛深入地开展起来。

北方区委对这件事很重视，认为这在思想上是反对唯心主义，宣传唯物主义，在政治上是反对帝国主义，在教育上是反对文化侵略。

当时党中央也很重视此事，认为北方区发动的反宗教运动是意识形态的重要斗争，足使帝国主义、中国统治集团惶然不安！我们还收到不少国外学术界的来信，说明此运动的国际影响良好。

激浊扬清

《新青年》的纲领

北京共产主义小组是在一九二〇年春成立的,为了说明北京小组的起源,更须前溯到一九一八年的北大社会主义宣传与组织各项活动,特别是《新青年》的活动。

《新青年》原名《青年》杂志,一九一五年九月创刊(上海群益书店发行)。创刊号社论云:国势凌夷,道衰学弊,后来责任,端在青年。本志之作盖欲与青年诸君商榷将来所以修身治国之道。其具体主张见第一卷《警告青年》,内容:1)自主而非奴隶,2)进步而非保守,3)进取而非退隐,4)世界而非锁国,5)实利而非虚文,6)科学而非想象。在同卷所撰《法兰西人与近世文明》一文中标示:近代文明的特征有三:1)人权说,2)生物进化论,3)社会主义。当时执笔者为陈独秀、刘叔雅、彭德尊、高一涵、易白沙、陈嘏、高语罕、汪叔潜等。第二卷改称《新青年》,一九一七年陈仲甫入北大任文科学长(相当于后之文学院长),始于《新青年》二卷六号(1917年2月1日)刊布《文学革命论》,手订北大中国文学课程表。他自任文科学长后,北大教授李守常及校外人士张继、马君武等先后加入《新青年》社为撰稿人。

当时仲甫以文科学长地位与李守常一道开始团结北大内部的激进同学于其周围,其中如理科学生张国焘、文科学生罗章龙、邓中夏、刘仁静、高尚德、谭鸣谦(平山),法科学生谭植棠等十余人,均为当时热烈宣传社会主义的先行者，后来渐渐从事有组织的革命活动，先后成立共产主义小组，社会主义青年团，马克思学说研究会与劳动组合书记部等革命组织。

《新青年》同时辟"读者通讯栏"并征集社外文稿。当时参加投稿与通讯者有：高语罕、恽代英、二十八划生、杨明斋、李震瀛、周佛海、陈公博、叶希夷、沈玄庐、李达、沈泽民、李季、李汉俊、戴季陶、沈雁冰、高君宇、纵宇一郎、张崧年与柯庆施等廿余人。上述诸人后均参加中共组织。因此有人称《新青年》当时已成为中国革命青年思想界的水泊梁山，反抗旧社会叛徒的逋逃薮。又叶希夷（叶挺）（一八九六～一九四六）时为湖北陆军预备学校学生，致《新青年》主编陈仲甫信，全文颇长，中有句云："愿向圣贤道路鞭策。"云云。此外尚有读者多人向《新青年》投函。仲甫后因反抗北洋军阀，主张市民权利，于一九一九年六月被捕入狱，由于北大师生奔走请愿及北京各界营救，旋获释出狱，出狱后不久便赴广州，到达广州后对于革命事业信心更趋坚定。回溯数年以前他尝有一种思想苦闷，感到救国无方（见其所著《自觉心与爱国心》），现在他对人生问题上已有明确的判断，在其近作感怀诗中意境非常明晰。诗云："在永续不断的时间中，永续常往的空间中，一点一点画上创造的痕迹……为了光明去求真神，见了光明心更不宁，辞别真神，回到故处。爱我的，我爱的姊妹兄弟们，还背着太阳那黑暗的方面受苦，他们不能和我同来，我便到那里和他们同住！"（《新青年》七卷二号）守常说："此诗全篇意旨在热爱众生，修己安人，修己以安百姓，全非自性涅般可比。"同年十二月，他在《新青年》七卷一号一九一九年十二月一日刊布本志宣言，简明扼要标明民主革命主张：反对军国主义和金钱主义。打破旧观念，树立新观念。建立新社会。主张民众运动和社会改造，与各派政党断绝关系。建立真正的民主政府。创造新时代所需要的文学、道德。尊重科学，尊重妇女人格权利。

认识陈先生

我进北大时，陈先生已在校任职执教了。在中学时，我就是《新青年》的热情读者，尤爱读署名独秀的文章。进校初期，又听到有关陈先生的许多惊世骇俗的传闻，对他是很敬仰的。但我认识陈先生，却是很偶然的。

当时，我所在的德文班有三四十人，彼此学历很不一样，大致有三种类型：一是从国外回来的，他们大多是外交官的子弟，随家在德国、奥国、瑞士学习，回国后又转入北大继续升学，如商章逊；一部分是在青岛大学读完两年以后，转入北大重读预科的，青岛大学为德国人所办，用德语授课，德文水平较高；再就是像我、宋天放、李梅羹这样的普通中学毕业生，在中学学过四年德语。这个班由于程度参差不齐，老师授课颇感困难。同学们学习进展也不一致，对学习进度不免意见分歧。为此，我们开了几次班会，进行协商，最后确定向学校交涉，请求解决。班里决定从三种程度不同的同学中各推一名代表主持此事。我是代表之一，和其余两位同去见文科学长陈独秀。事先我们还拟了一个书面报告，由年长的一位代表面呈陈先生。陈在办公室接见了我们，说："你们来干什么？"

我们申述来意后，提出分班的要求。陈先生听后说："分班？办不到，目前教员和教室都没有多余的。"

我们接着提出："是否可采用甄别的方法，部分同学经过考试合格后，可升到本科学习。"陈先生听到这里，打断了我们的话，说："你们学生是想读书，还是想早毕业？你们希望早毕业好做官为宦？多读两年书有何不好？"

我们申辩说："不是这个意思。再说，早毕业进入社会、转入仕途也不是坏事。"陈先生赋性急躁，听后便有些光火，说："你们根本不想认真读书。你们平时对社会上的重大问题也不愿研究，只知道考虑个人……"声调越说越高，语气失和。同学们听了也不耐烦，起身就走，结果不欢而散。

陈先生送我们出门时，似有悔意。我在班上年纪较轻，在申述理由时，越次发言颇多，出门时走在后面，陈先生边走边对我问道："你是哪里人？"我回答说："湖南人，湖南联合中学毕业生。"他听后点点头说："你且留下，我们再谈谈。"我留下后，陈先生问我："你说说看，这事该怎么办？"我回答："同学们的意见是合理的，并不过分。没有教员和教室也不是您的责任，可以转告学校有关部门，让他们解决！"陈点点头。我又说："同学们要求通过甄别考试提前毕业，也是正当的。有人想做官入仕，不能说我们都是怀有做官的思想。今天没有解决问题，大家不会就此罢休。"陈先生若有所思地又点了点头。我谈完意见就告辞走了。

代表们回去报告交涉的经过后，果然，大家不以为然。经过讨论，又派我们三人再去找陈先生。仲甫认为文虎有胆识，乃命人请我去解释。这次陈答应了，同意向学校反映，设法分班。并说，提前毕业事还要经教育部核准。一场风波得以解决了。经过这件事后，我认识了陈先生，此后，我和他的交往也逐渐多起来了，印象也逐步深入了。以后二人渐成莫逆，过从无间。先生在文科学长期间，多次邀我参加他与蔡元培的谈话。

革命领导者

陈先生当时确具革命领导者的质量。他学识渊博，才能出众，目光敏锐，敢说敢干。与刚从美国留学回来，倾心于美式民主，宣扬实用主义的胡适相反，他常向我们谈到法国大革命和巴黎公社，对巴黎市民攻破巴士底狱和建立工人政权的革命壮举十分向往。他常说，人类文明的发源地有二：一是科学研究室，一是监狱；并以"出了研究室，便入监狱"、"出了监狱，便入研究室"的豪言与我们青年共勉。"五四"时他一再强调，要采取"直接行动"对中国进行"根本改造"。他的这些言论非常符合当时激进青年的心意。青年们对他十分敬佩，亦步亦趋团结在他的周围，正是在他这些号召的鼓动下，易克嶷、匡互生、吴坚民、宋天放、李梅羹、王复生、刘克俊、夏秀峰、张树荣、吴慎恭、吴学裴、王有德和我等各院校的青年学生，在"五四"前夕，秘密组成了一个行动小组，外称"十三太保"。在"五四"那天采取了"火烧赵家楼，痛殴章宗祥"的直接行动。

陈先生不只是号召青年行动，他自己也身体力行，"五四"后不久，六月十一日，他亲自带领我们上街散发《市民宣言》。那天，当他从新世界香厂游艺场屋顶向下撒传单时，被侦探发觉了，他走到天坛就被逮捕了。陈先生被捕可以说是"五四"运动中的一大事件。

陈先生早就为北洋政府所注目，他被看作"过激派"的"元凶"，军阀恨他入骨，早欲置之死地而后快。他被捕时所散发的《市民宣言》，就足以罗致重罪。《宣言》中强烈要求政府："一、对日外交不抛弃山东省经济上的权利，并取消民国四年、七年两次密约；二、免去徐树铮、曹汝霖、陆宗舆、章宗祥、段芝贵、王怀庆六人官职，并驱逐出京；三、取消步兵统领及警备司令两机关；四、北京保安队改为市民组织；五、市民须有绝对集会言论自由。"这五项要求揭露了北洋政府勾结日本、出卖主权的罪行，指名道姓地要求惩办当政的显要，并提出了解除反动政府武装这一要害问题。《宣言》最后说，政府如"不完全听从市民的希望，我等学生、商人、农工、军人等惟有直接行动，以图根本的改造"。这就是，要采取革命手段来推翻政府了，在这帮杀人不眨眼的反动军阀眼中，岂不是犯了"忤逆大罪"。如今，陈先生落到他们手中，真是凶多吉少，若是被他们杀害，将对"五四"运动造成严重后果。

李大钊先生一向对陈先生十分敬重，看到陈先生落在敌人手里，非常着急,马上领导同学设法营救。大家首先想到的办法,是将陈先生的被捕消息通告全国,借以造成强大舆论,使北洋军阀政府有所顾忌,不敢胡作非为。果然,这个消息由北京学生致上海学生的电报传出后,全国舆论沸腾,函电交加,要求释放陈先生。毛泽东在《湘江评论》创刊号上亦大声疾呼,抨击北洋政府。

李大钊先生想了各种方法来营救陈先生。这对当时的警察总监吴炳湘等人产生了一些影响,北洋政府中一些人也怕事情闹得不可收拾,才于九月中旬将陈先生释放出来。

陈先生出狱的喜讯传来,大家十分欣喜,李先生尤感高兴,特写了一首诗《欢迎独秀出狱》,全文如下:

（一）

你今出狱了,
我们很欢喜!
他们的强权和威力,
终究战不胜真理。
什么监狱什么死,
都不能屈服了你;
因为你拥护真理,
所以真理拥护你。

（二）

你今出狱了,
我们很欢喜!
相别才有几十日,
这里有了许多更易:
从前我的"只眼"忽然丧失,

我们的报便缺了光明，减了价值，
如今"只眼"的光明复启，
却不见了你和我们手创的报纸！
可是你不必感慨，不必叹息，
我们现在有了很多的化身，同时奋起：
好像花草的种子，
被风吹散在遍地。

（三）

你今出狱了，
我们很欢喜！
有许多的好青年，
已经实行了你那句言语：
"出了研究室便入监狱，
出了监狱便入研究室。"
他们都入了监狱，
监狱便成了研究室；
你便久住在监狱里，
也不须愁着孤寂没有伴侣。

　　李先生的诗表达了他和陈先生的友谊，也反映了"五四"时期给青年一代带来的革命风貌，为当年北大青年所进行的斗争留下了一块纪念碑。

　　陈先生出狱后，并没有停止战斗，他随时有被再次逮捕的危险，他先是隐居在刘文典先生家中。李先生考虑他的安全，遂与我们反复研究，最后征得陈先生同意，决定护送他出京。李先生亲自就如何护送问题精心设计，并为此一度亲到天津，做出了周密妥善的安排。一九一九年底，李先生带了我们几个学生，与陈先生一起，都打扮成商人，雇了一辆骡车，趁着晨光曦微悄悄出城，由小路经廊坊前往天津。李先生是位老成持重，胆大心细的人，他一口道地的河北口音，乡情又熟，因此，他们顺利地到达了天津。

一九二〇年一月，李先生又在天津亲送陈先生登上开往上海的轮船。从此，陈先生结束了在北大的教学生活，而开始了新的征途。

北大内部情况

中共策源地是以北京大学为基地，但《新青年》分裂并非事出偶然！一方面表现出坚持革命的北大青年凌励无前，同时也反映出保守文化势力无比顽固。为了了解双方冲突，特别是中共艰苦奋斗历程起见，这里必须就当时北大内部情况略作说明。

北京大学的前身是满清京师大学堂，原以造就官僚为主的学府（译学馆则专培养翻译人员）。当蔡元培被任为校长后（原任校长为张百熙），即屡次谈到北京大学腐败污习。如学生以求学为猎官之阶，教师以风雅相尚（指玩妓纳妾等），从此可见北大所继承的旧染污习是非常浓厚的。因此蔡履任后组织进德会，号召不做官、不纳妾、不嫖赌等，以冀收移风易俗之效。不过蔡所指陈诸弊尚非北大全部面貌，实际上当有更甚于蔡所云者，即蔡本人亦多言行相违，名不符实，其他诸人更不足论，从以下无数事实中足以说明。总之，五四以后，北大师生中对革命有远见、有抱负的只是极少数出类拔萃的"北大人"，其余大都属于洋迷、官迷、财迷或兼而有之的世故派，等而下之则为酒色征逐一流。由此可见北大教师中的实际情况是流品不齐、杂处其间。以所抱人生观加以分析："温饱之夫"（宣传温饱主义）与"乡愿之徒"（附从大盗的乡愿），实居多数。从其历史出身说，更可以发现：帝制余孽、封建官僚、市侩洋奴各种人物，形形色色，未遑齿数！

蔡元培治校标榜兼容并蓄，故北大人事杂沓，鱼龙混杂，贤愚互分，蔡之一生，亦受其影响。蔡长北大时年已五十岁（蔡一八六六年生），阅世极深，对于当前政治问题一面重视现实，同时却巧于依附社会新兴的思潮力量。如在五一节宣讲劳工神圣，对北大中共活动与马克思学说研究会表示支持。在苏联大使越飞欢迎会上，蔡元培率先颂扬十月革命，说道：愿以中国居于俄国革命弟子之列。当时舆论认为蔡惊世骇俗，一鸣惊人。

北大江浙集团对北大革命新兴力量心存歧视，但蔡别有用心，独排众议予以赞助，从二十年代北大校刊纪载可以觇知一二。按实说来，蔡在北大校长任内前期，确曾做过一些有意义的事，北大亢慕义斋流风余韵至今不息！

"二七"罢工后，国内革命低潮，蔡乃远扬旅行欧洲以避难。一九二六年吴稚辉劝蔡返国参加南京政府，蔡乃在比国公开讲演三民主义为中国所必需，中国不宜阶级斗争，无共产可能。一九二七年一月蔡回国以后，受蒋介石命任浙江政治会议委员，四月任上海政治委员会委员与吴敬恒等发表护党救国通电，反对武汉政府及中共与苏联。后来南京政府成立，蔡参加清党运动，历任教育部长、中央监察院长及中央研究院长等要职。一九三三年一月，蔡在南京任中央研究院长时忽与该院总干事杨铨（杏佛，江西人）及林语堂组织民权保障同盟。那时我被逮，陷南京狱中，蔡以师生之谊营救出狱（一九三三年五月）。此事为奸人所深忌，乃派人将杨铨暗杀，是年六月十八日杨铨被刺身死，蔡惧祸及己，停止活动。（杨十八日上午八时被刺，二十日葬上海万国公墓。）一九三三年中共党内在大规模残酷斗争后，革命实力损耗无余，中共临时中央迁闽赣，是年三月，蔡见中共式微，乃领衔与叶恭绰、李石曾等发起马克思逝世五十周年纪念会。在抗日战争时期，蔡隐居香港，以寿考终。一九三四年一月，蔡作自传：《我在北京大学的经历》，一九三七年十二月又写《我在教育界的经历》，自叙经历甚详，但对北大中共活动诸事则讳莫如深（原文见《宇宙风》五〇至五六期），对李守常亦佯作不识。北大同学有人箴蔡反复无常，蔡门人某以"五就汤、五就桀"为蔡解嘲，其一生善变，出人意表，往往如此！

北京大学人事复杂，熏莸共器已如前论，教师中洁身自好，学有专长，诲人不倦者固不乏其人，但居全校统治地位者，实为江浙派人物。孑民自民元以来，历任绍兴中西学堂监督与教育部长多年，其同乡攀援依附左右者渐渐形成江浙派。即：蒋梦麟、周作人、周树人、马叙伦、马夷初、沈兼士、沈伊默等，其中多绍兴同乡，且为蔡之门生故旧。如蒋梦麟即为绍兴中西学堂学生，蔡时任该校监督。周树人为蔡长教育部时该部科员，其他诸人均属蔡所提拔，彼等以北大为巢穴，平日对于任何不利于自己派系之变革均在反对之列，遑论革命。在蔡领导的江浙派人物中，当时在北大掌握实权者为绍兴师爷蒋梦麟，遂依附蔡进入北大，任总务长兼为蔡私人秘书及账房。蒋为人多权谋，人称为绍兴师爷的智囊。蒋、蔡深相结纳，把持校政，后依附南京助桀为虐，自身亦臻显位。

在北大教授阵营中，社会革命主流以《新青年》为代表，已见另文，逆流思潮中则有胡适与陶履恭等人狼狈为奸。胡适留美，归国任教，适依托杜威，宣扬杜威哲学，有如小庙庸僧，何能有为，后乃整理国故，考证旧闻，蛊惑青年，世所共喻。陶履恭不学无术，曾一度留学英国，媚外最甚！他常宣扬英国道德意识，说："中国如果亡国，最好亡给英国。"又说："英国政治清明、生活富裕，百年以外中国当不能及。"其丧失民族自信如此。因此对一切革命行动均表示憎恶，不愿触及。此外追随胡、陶同流合污者尚有钱玄同、刘半农等。这一伙人盘踞学府，成为学阀，均属社鼠城狐之流。以北大为窟宅，巧伪自饰，欺世盗名，流毒学府，污秽红楼，人所共知，毋俟烦言！由上所述，可见北大思想界分野是十分显明的，有如泾渭分明,清浊互见。从长期观察,激浊扬清亦属历史演进,势所必然!

团结安那其主义者前进

一九二〇年前后,北京大专学校参加社会革命者以共产党与共青团为中心,其对外活动则为北方劳动组合书记部。其革命活动活动范围以产业工人群众为主,其次为北京各大学与专科院校学生。当时北京学生中信仰激进社会主义者有安那其主义(即无政府主义)与工团主义分子,人数虽不甚多,但多属纯洁无瑕青年,各树一帜,从事独立的宣传与组织。北方中共组织对他们特别重视,并与密切联系,因此,双方往来频繁。亢慕义斋谈话会时彼等参加,中共经常以争取他们共同革命为务。

安那其主义者大都分住在斗鸡坑及西什库等处,其重要人物为何孟雄、罗汉、张树荣、李树彝、贾纡青、王诤、吴容沧等。安那其主义者自号清流,俯视社会主义各流派,其根本思想是反对政治、泛劳动、去战争(自称不吃人肉馒头),对共产主义格格不入,但他们承认马克思学会及书记部的人革命动机纯正,可引与为友,所以亢斋与斗鸡坑双方往来无间,且经常辩论共同感兴趣的问题。现在仅就安那其对于若干重要问题意见摘述如此,可见双方由分歧到合作过程之一斑!(下述诸论点是根据安那其主义者座谈言论及书刊综述。)

安那其诸论点包括:1)无治思想;2)泛劳动;3)反思想奴役;4)政治动物论;5)战争与和平;6)社会主义各派;7)悲观史观等,这些论点都与亢斋诸人所抱观点互不一致。当时围绕上述论点所发生的辩论,记载已佚,遂成阙文。

从以上所述各点,略可窥见当时北大安那其主义者的思想与言论一斑。他们的思想言论虽然与亢斋诸人异趣,但双方接触频繁,互相辩论,往来竟无虚日。当时中共方面自仲甫以下诸人先后刊布与安那其辩论文章多篇，其中一部分文字分别在《新青年》、《共产党》月刊、《工人周刊》及《向导》发表。同时中共与安那其双方政治关系亦渐成为北方区委书记部经常研究与讨论的问题。

当时中共方面认为斗鸡坑诸人虽然怀有"不完全则宁无"的理念，怀有若干消极虚无情绪，从而对旧政治有严厉的谴责，对共产主义者有深刻的批评。但他们却律己甚严，遇事勇猛精进，见义勇为，因此认定他们的人生观究竟与"山河幻象、四大皆空"的虚无寂灭思想完全不同。至于安那其主义者从历史见地，对于现实政治表示深恶痛绝，这是有其根据的。对于革命党派表示怀疑亦未可厚非，因为过去绝大多数信誓旦旦的革命党人，在取得政权以后就摇身一变为反革命者。要使革命者永远不变为反革命者究竟凭甚么去保证呢？除政治观点外，他们在思想上是激进的、民主的与反专制的，行为是坦率无邪的。如在"五四"时亢斋诸人多参加北京学生会组织及活动，并有多人在"五四"与"六三"运动中被捕，均与无政府主义者携手并进。赵家楼之役，罗汉等率先踏肩翻窗进入曹宅纵火，旋见烈焰腾空，推开铁门仓皇退出，后至者易克嶷等八人乃被警察捕去。六月三日我与罗汉同时被捕。此后中共初期许多工作均与安那其主义者采取联合行动。

北方区委决定先后派我与君宇、中夏、缪伯英等用座谈会形式，多次与安那其分子解释中共党与团的政策与书记部策略，表示愿与他们为友，共同赴敌。经过多次磋商后，安那其分子共同表示愿以个人身份分别加入中共党团与马学会及书记部工作。犹忆在某次斗鸡坑举行的座谈会上，对方有人向中共方面提出许多质问，当经天放等做详细说明，始释然。树荣后因病回南方，临行到亢慕义斋话别，谆谆以双方团结共同革命互相勉励，并向我表示，党内民主应有保证，应尊重不同意见。

缪伯英为中共北方区第一个女党员，湖南长沙人，高师史地系毕业学生。身材适度,面如满月,双目浑圆若点漆,秉性诚笃,机智雄辩。她从事工人运动,不幸于一九二七年患肠炎病逝于北京德国医院,年三十岁。先是伯英尝语孟雄云:"世俗追求富贵寿考,此种生活极无意趣。以前童话作家格林早已说及,我们要做永久革命者,就应该永远站在统治阶级的敌对立场,做一个永远叛逆的勇士。"关于共、安双方合作问题,当时缪伯英曾说过下面一段话:"由于书记部马克思学说研究会对各派革命采取兼容并蓄的政策,于是党内有人担心革命阵营将不免互相牵制,但事后表明,双方却遵循共同前进的道路,有如蜂群运动,内部虽然群动不息,但总体却是朝着一个方向奋勇前进!"

  中共北方区在采取团结社会主义革命各派战士政策的结果,使北方党与工农运动获得迅速发展。在组织马克思研究会时,双方互相尊重,一致合作,同时北方书记部容纳了更多的无政府主义者,他们在许多次罢工中,都遵守纪律,站在斗争最前线。

第二部分

党 内 前 期

（受陈独秀领导）

建党初期的主要活动

北京共产主义小组

"北京共产主义小组"这个名称,是后人起的。在过去,对内对外都没有用过这个名字,现在既然用惯了,为了称呼方便起见,我们还沿用这个名称。北京共产主义小组的范围在北京,北京区委则是稍后的事。

北京共产主义小组的建立,从五四运动以后,一些信仰马克思主义的青年学生,自发地组织起来,做些宣传、翻译工作,同时也有过一些行动。后来,组成马克思学说研究会,这些工作,得到李守常先生的支持。我们经常聚集在守常先生的办公室里探讨一些有关理论和实践的问题。在这些谈话中,自然而然地涉及到需要建立一个更为严密的政治组织。我记得守常先生常提到:"我们应该组织起来,要吸收很多人,只有这样才能做一番事业。"许多同学向往俄国十月革命,向往俄共组织,也迫切想建立类似的组织。我们不止一次、也不止一个人,更不止在一个地方酝酿这个问题,但真正组织起小组,还是在一九二〇年五月,共产国际代表维金斯基到北京来,在李大钊办公室召集了几次座谈会之后。

一九一七年十月革命后,苏俄内部许多事情还没有就绪,远东还有白俄捣乱,赤塔政权还未解决,因此中俄关系没有解决,中俄之间尚无来往。

一九一九年三月第三国际成立，中俄也开始有了往来。共产国际是支持远东各国的民族革命运动的，同时俄国革命胜利后，处于帝国主义封锁包围之中，因此他们也需要找同盟军。于是一九二〇年五月第三国际的使者维金斯基偕译员杨明斋来到北京。

那时听说维金斯基来北京是经日本到中国的，又有人说他是直接来中国的。维金斯基来北京之后，首先见到了李大钊。

北京大学经五四运动以后，在国际上有了一些声望，当时欧洲一些国家，渐渐与北大有往来。一是图书的交换，二是北大的同学出国留学，只要由北大出一个证明，证明学习过什么课程，国外大学都承认有效，而其他学校则没有此种地位。

李大钊是北大教授兼图书馆馆长，他在当时写了不少水平很高、语言精彩的文章。《新青年》上宣传马克思主义的文章数他的最多。他公开赞扬十月革命，是我国最早宣扬共产主义的代表人物。因此，他在那时，就享有很高的名望。维金斯基到北大会见李大钊是很自然的事。

维金斯基访问李大钊也不是盲目而来，而是事先做了些准备工作。首先维金斯基了解到李大钊先生是赞成十月革命的。他同李大钊见面谈了一席话之后，便要求见见参加过"五四"运动、新文化运动的一些同学。这样大钊先生就找了几个同学和维金斯基见面。人数不多，其中有我和张国焘、李梅羹、刘仁静等。这些人后来都成为北京共产主义小组的成员。

我们同维金斯基见面的谈话会，是在图书馆举行的。会上，他首先介绍了十月革命。他还带来一些书刊，如《国际》、《震撼世界十日记》等。后者是位美国记者介绍十月革命的英文书。他为了便利不懂俄文的人也能看，所带的书，除俄文版外，还有英文、德文版本。维金斯基在会上还详细介绍了苏俄的各项政策、法令，如土地法令，工业、矿山、银行等收归国有的政策，工厂实行工人监督与管理，苏俄国民经济最高委员会管理全国经济工作的制度，列宁提出的电气化的宏伟规划等，他还讲到苏俄在十月革命胜利后，面临种种困难，为了解决困难，不得不临时实行军事共产主义、余粮征集制等等。这次谈话内容相当广泛。当时我们很想了解十月革命，了解革命后的俄国，他谈的这些情况，使我们耳目一新，大家非常感兴趣。这就使我们对苏维埃制度从政治、经济、军事到文化都有了一个比较清楚的认识，看到了一个新型的社会主义社会的轮廓。

维金斯基这个人工作很细致。他来了之后，除了开座谈会，介绍苏俄情况，了解中国情况之外，还找人个别谈话。通过个别谈话，可以了解座谈会上不易得到的情况。他是一个有知识，有工作经验的人，对大家提出的问题，回答得恰如其分。他的英文德文很好，能用英语直接与同学谈话。他对中国的历史，中国的问题颇有研究。关于五四运动，他问得很详细；对帝国主义和中国军阀相互勾结的情况看得也清楚；对五四运动，辛亥革命以前我国的历史也很熟。他同李大钊先生谈得很融洽，对李大钊先生评价很高。他在座谈会上曾暗示说，你们在座的同学参加了五四运动，又在研究马克思学说，你们都是当前中国革命需要的人才。他勉励在座的人，要好好学习，要了解苏俄十月革命，正因如此，中国应有一个像俄国共产党那样的组织。我们认为他谈的这些话，很符合我们的心愿。我个人体会，通过他的谈话，使我们对十月革命，对苏维埃制度，对世界革命都有信心了。

维金斯基住在东城王府井外国公寓处。进行几次座谈后，又邀约我到他的寓所谈过两次。我们谈话是漫谈性质，主要是了解个人学习、工作情况，涉及面也很广泛。有一次谈话我记得比较清楚。当我坐下之后，他像谈家常一样，问我，"你是哪里人"？我说："我是湖南人。"他找了张地图看了看，说："这离北京很远吧！"他还说："你们同学中间，南方人不少，家离这里都很远。"然后他又问，你们是如何学习的，从前读过一些什么书，现在在读什么书，学校里现在教些什么，学些什么？我就把学习的情况，看过的书刊，一一同他谈了。同时把我们学习中存在的问题和困难也跟他说了。我说，现在我们学习的书很少。他就把北大地址、个人名字及通讯处都记下来，并答应回去以后寄些读物来。此外，他还同我谈了一些青年的理想、前途等问题。他还说，俄国在革命以前是非常落后的。维金斯基是学经济统计的，他对苏俄国民经济发展的有关数字记得很清楚，谈话时列出数字说明革命胜利后工农业生产的增长，他说这些成就的取得主要是由于社会主义制度的优越性。

从这次谈话中，我了解到维金斯基十月革命前在美国学习多年，研究政治经济学，学习了马克思政治经济学理论，对美国工人运动研究也很全面，后又游学欧洲。维金斯基年纪四十开外，文质彬彬，学者风度，在谈话中，他表示来华前，对中国问题曾作过研究，特别是从辛亥革命到五四运动。他很关心中国革命的发展。从他的谈话中可以看出他确实阅读了不少有关中国问题的书籍。他曾谈到义和团和同盟会主要人物的思想及活动等，又询问五四运动以来北大学生运动的情况，从《新青年》杂志起旁及北大内部教员、学生的思想情况。通过与他谈话，我感到维金斯基是一个学问渊博、思想革命的人。他还对国际社会主义运动作了详尽介绍。在两人漫谈间，维金斯基强调帝国主义与资本主义的关系。他谈到中俄两国的国情，从过去及展望未来，说有很多相似的地方。他说帝俄时代俄国经济比西欧落后五十年到一百年，工业生产尤为落后，汽车、拖拉机、飞机、电气设备都不能制造。钢铁工业的产量比美国落后七倍，比德国少三倍，燃料比美国少十七倍，比英国少十倍。外国资本占全俄一半，外资工业占百分之五十以上，外国银行占全俄金融资本三分之一。当前追赶上去的唯一办法，就是采用社会主义革命。俄国十月革命正在开辟一条新的道路。

他谈话辩才横溢,感情奔放。他的说理内容切实、新颖、动人。他的一席话,使我在政治方面的视野与过去显然不同了。我们憧憬共产主义革命的远景,更是看得真切,一往无前了。

在他离京前,我们召开了一次会,会议地点在北大图书馆办公室。这个会可说是北京共产主义小组正式成立大会,他以第三国际代表身份亲临小组参加会议,是相当肃穆的。他在会上作了讲话,说他的访问是双方共同的需要,说参加座谈会的人都是信仰共产主义的中坚分子,拥护十月革命,积极参加当前革命斗争的先进分子,同意应邀参加座谈会的人是共产党员,并表示要向共产国际汇报。守常在会上简明致词,感谢第三国际对中国革命的关怀。还说:我们这些人只是几颗革命种子,以后要好好耕作,把种子栽培起来,将来是一定会有收获的。之后,他还赠送了一些书籍刊物作为礼物。他行前与我重谈了一次话,主要是有关双方联系的事。我们后来源源收到从国外寄来的外文书刊。他在北京工作结束后,由守常写信介绍到上海,是作为北京小组写信给上海的。他决定离开北京,转往上海访问,临行时对我说:"我们谈话很有意义,不是'老生常谈',不久的将来会有重要结果。"连称:"此行成功,后会有期!"握手道别而去。

北京共产主义小组最初的成员有:李大钊,张国焘、罗章龙、刘仁静、李梅羹等人。后来加入的有邓中夏、高君宇(即尚德)、范鸿劼、缪伯英、吴汝铭、王仲一、宋天放等。当时我们已明确几点:第一,我们是信仰马克思主义的;第二,我们是拥护俄国十月革命的;第三,我们是要搞工人运动的。在这三点上,我们与无政府主义的看法有根本的不同。

当时,马克思学说研究会中的中坚分子,参加过工人运动的,后来都成为北京共产主义小组成员,以后工人党员渐渐增加了。当时的工作没有严格的分工,主要是宣传马克思主义,开展工人运动。

大家推守常作为小组领导人，其他人遇到什么工作做什么工作。后来工作渐渐发展，开始有了简单分工。张国焘主持组织、交际；邓中夏主持学生、青年与共青团工作；我负责宣传，主编《工人周刊》，兼管北方工人运动；刘仁静主要搞翻译工作。当时彼此分工界线不明显，可以说是既分工又合作。

北京大学社会主义青年团

北京共产主义小组成立后的一件大事，是成立北京大学社会主义青年团。

社会主义青年团是仿效苏俄共青团在青年中建立的组织。当时，少共国际有位代表格林（Green）继维金斯基之后来到北京，他原是莫斯科共青团的书记，他的到来使北大社青团和少共国际建立了联系。

青年团员的年龄应比党员小一些，但那时青年团没有年龄限制，因大学毕业一般是二十五六岁。李大钊和我们都是团员。

北京大学社会主义青年团约在一九二〇年十一月前后成立。一九二一年三月十六日统计团员有四十七人，月底团员增加到五十多人。社会主义青年团的活动是由共产主义小组决定的。开会地点经常借用二院校长办公室（当时叫会议室）开会。我主持了首次成立大会。会议的议程包括：报告筹备经过和讨论章程，章程是以少共国际转来的青年团章程为蓝本的。最后选举了团的委员会。会议进行得简短顺利，就这样开始了团的工作。大致每隔一月开一次全会。

大约在第三次大会后，发生了一件意外的事情，在我们开会时，混进了一个名叫关谦的谍报员，他是北京军阀政府步军统领衙门派来的。并在次日就把会上情况呈报给步军统领王怀庆了。他在北大社青团组织中，活动了很长时间。这是事隔多年之后，从敌伪档案中发现的，倒是十分有趣，给我们保留了当年北大社青团活动的一鳞半爪。尽管关谦不可能悉知当时社青团活动的内幕，但援引他的报告，也可略知当年的情况。

  关于北京社会主义青年团活动情形致王怀庆报告

  为报告事：窃三月十六日早，由陈德荣电招，谦于下午二时到北大第二院共产主义青年团会议。谦此为第一次到青年团大会，须有二团员介绍，故谦于一时到陈德荣处，约王伯时同往。适值无政府党陈廷璠、黄兼生、陈友琴、邰光典等在座，讨论将来统一会议之通知书，订期八月十号至二十号在汉口或广东召集，以便合力进行，谦亦签名"伊知"。发起人又议如何联合或攻击陈独秀之方法，因独秀与广东无政府党势同仇敌，每日在广东《群报》（青年团报）与《晨报》（互助团报）两相攻击，然独秀又来函至京，甚为和蔼，联络凌霜、廷璠等人，议决由北京方面去书独秀，劝勿自相伤斗，总以协力推倒现政府为要，如其再事反对，则进为排斥也。因阅广东报论说，遂延至二时四十分，谦方与廷璠、德荣、伯时同到青年团会议。查是日到会者共二十四人，探知其姓名者如罗章龙、李一志、徐六几、张作陶、顾文仪、徐文义、郭文华、宋价、何孟雄及北大图书馆主任李大钊、廷璠、伯时、德荣。由书记报告：俄国少年共产党人格林现年不过二十岁，住天津，时来北京，住灯市口十二号，已来京两星期之久，今来函陈述赴津有事，不克莅会，惟希望我们即日选出赴世界少年共产党大会代表，此次会期为四月二十五日，会址柏林，总机关或在莫斯科分处，说明川资由伊代垫云云。查期限已近，此次会议最关紧要，将来国际间运动与信用，是吾人必须参加，愿望今日同人，以投票式慎重公推一人为北京代表，随同格林齐往。于是以何孟雄多票当选。随即建议临时设一审查委员会，以五人组织之，专收此次各同志对于赴会之意见书,并审查将来赴会提议各案事。谦于选举时,并未投票,因未知各人之名。遂于事毕由德荣起立介绍,谓谦热心改造之好同志,请众赞成入会后,谦谓连日病魔,今日不克多发言论。甚歉!唯声明愿牺牲一切,以追随诸君之骥尾,建设新社会之义务云云。后各人稍有议论,当即散会。预定收齐意见书再作饯行之大会云云。……兹将经过情形呈请

堂宪大人钧鉴

关谦　谨呈
中华民国十年三月十七日

从关谦的谍报中,看出这个密探是骗取了个别团员的信任,才混入团内进行活动的。当年团组织的一些重要文件及会议情况都被他窃去了。

在关谦呈王怀庆的报告中,附有北京社会主义青年团致国际少年共产党大会书一份。其全文如下:

北京社会主义青年团致国际少年共产党大会书
(中华民国十年三月)

诸位同志们:因为交通上的阻碍,竟把远东和社会主义者运动的国际中心隔离,所以我们久想和世界具有革命精神的青年联络,但未能如愿以偿。自从接读国际少年共产党执行委员会东方书记格林君的信,我们在三月十六日召集了一个特别会议,并决定派代表出席这个会议,但是在中国还没有一个中国青年社会主义者的总会,所以我们的代表只有发言权无表决权。

我们的青年团成立只有四个月,现有团员已过半百之数,但我们相信,我们的团体将来必然发达得很快。

我们的报告将用种种的可能的方法，送达国际少年共产党的总局或东方局。

国际少年共产党万岁！共产主义解放全人类之主义——万岁！

北京青年团上

三月底，我们召开了北京社会主义青年团第四次大会，商议成立北京社会主义青年团执行委员会一事。开会的情况也被关谦窃走了。他在四月二日给北洋政府步军统领的报告中说：

> 为报告事：窃于三月三十日下午一时三十分钟，共产主义青年团在北大第二院开第四次大会。查是日到会者共二十五人，探知其姓名者，有李大钊、罗章龙、张国焘、刘仁静、高尚德、宋价、顾文萃、王伯时、郭〔郑〕振铎、徐六几、张作陶、陈德荣、李一志、顾文仪、徐文义、郭文华等。首由书记张国焘报告：在三月十六日以前，共计会员四十七人，现又加入八人，共计五十五人。但内中已有出京者七人。这几日极力设法筹经费，今由会员所缴来之款及特别捐等，共得现洋九十六元五角，并陈述料理何孟雄出发种种手续。次由李大钊、顾文萃提议，本团事务日渐纷繁，实际上发达得亦很快，所以应极急进行的手续，势必多起，兹拟设立一个事务所及筹备油印机，使总机关成立，以利办理。随付表决，多数赞成。事务所由调查股极力寻找，而油印机由李大钊、顾文萃担任筹借。惟会计刘仁静发言，谓设立事务所必添设什物，经济上应请各同志设法特别捐助云云。再由团员张君临时动议，将本团旧有之四股制及委员制，改正为执行委员会，设置委员十一人，分书记一人，会计一人，组织三人，教育三人，出版三人，并说明改组之理由：（一）旧有之四部制及委员制，有互无关连之弊。（二）将来本

团人数增加，势必不能人人俱负事务上之责任，或因此影响本团精神。若改行执行委员会制，则可以免此二弊，况同志皆系负责者，有事时自可随时分担职务等语。即付讨论，大多数同意，当即投票改选。公推张国焘为书记委员；刘仁静为会计委员，顾文萃、高尚德、祁某为组织委员；宋价、王伯时、某为教育委员；李大钊、郑振铎、某为出版委员。并议决：每星期执行委员会集议一次，大会每月一次。又由陈德荣提议，谓昨接同志李芨来函，谓本团像少爷式的平民集合，试思此语极是，欲救此弊，便须多介绍工人、中学生入团云云。公议赞成。至于如何向全国中学生及工人宣传，请同志发意见书，由大会决择。并公议办理同志赴俄调查及赴俄留学事；筹经费及造预算，事务所问题，因组织改变，须修改章程等事，统归执行委员会斟酌办理后报告大会。议至四时十五分始散。谦连日到无政府党人处，探悉该党近日并无特别议案，但各人拟半月刊出版底稿而已，前日有上海无政府同志张秀书、邹进二人来京，谓由上海方面派赴俄调查，随后一星期内尚有同志二人北上云云。查该二人准于一日晚由京出发。并由陈德荣转来汉口萧俊章来函，报告抵汉后之进行及请助资事，原函抄呈（略）。谦又觅得青年团代表何孟雄带交国际少年共产党书，原函译呈。以上均数日经过情形，合亟报告。按各方面进行，日见紧急，至于如何联络资助等情，以便窥其全豹，而易进行之处；恭请核夺施行。呈请

堂宪大人钧鉴

关谦　谨呈

四月六日和二十四日，我们又开会研究开展纪念"五一"活动的事情。关谦探知后，也把这两次会议的情况于四月八日和二十五

日先后都给北洋政府步军统领写了报告。他的报告是这样写的：

关于北京社会主义青年团筹备"五一"活动等事项报告

为报告事：兹探得共产主义青年团于四月六日在北大第一院开执行委员会，所讨论之事有六：（一）筹备五一运动，使群众游行，为劳动大会以作平民自决之始。（二）筹备五一运动时，刊行一、二种小册子，征求团员文稿，以为社会运动之文化品。（三）讨论委托团员分任职务问题。（四）调查北京之平民学校及平民讲演所，并设法使变为社会主义化。（五）印刷及其他工人组织问题，以便鼓吹工党联盟，要挟资本家。（六）讲演会之筹备及如何研究主义等事。……合亟报告。呈请

堂宪大人钧鉴

关谦　谨呈　四月八日

关于北京社会主义青年团第五次大会情形报告

为报告事：窃于四月二十四日下午二时，社会主义青年团在北大第二院开第五次大会。查是日出席者十六人：李大钊、王伯时、谌小岑、王永禄、易道尊、王复生、张国焘、高尚德、祁大鹏、宋价、刘仁静、罗章龙，不知姓名三人及谦等。首由书记张国焘报告前三次执行委员会所议决之事：（一）修改章程，请大会通过。（二）"五一"运动已付印一种小册子，定名"五一日"，二千本；又一种明信片式之纪念品乙千张，皆于三十日前分散工厂。又一种简明宣言传单，注重工人每日作工八小时，星期停工，仍支薪金，鼓吹抵抗资本家，要求加薪，于五月一日散发各处。（三）会址因无适宜之处，暂设于平民讲演所内，以便办公。（四）陈述前次国焘与李实赴津，联合该津会，亦拟于五一日发布传单；及到唐山，此处本无青年团，经伊等

联络工业学生[1]数名，从事组织，并于五一日由京派代表及印刷品助辅进行，谓该处工人俱粤民，较易传播也。（五）宣告长辛店劳动补习学校同志来函，拟于五月一日开工团成立大会，是日招集工人演讲游行，请京派多数同志莅会帮助云云。次由会计刘仁静报告：收支数目尚余十七元二角，随即讨论。何孟雄来函，谓在满洲里京、沪、津赴俄同志十三人被拘，转解于黑龙江陆军监狱，已十余日，饱受痛苦，因伊有格林介绍赴莫斯科书，故只好承认赴俄考查教育，请设法向学务局或本校去电证明释放。当由书记发言：幸未被搜出本团证书及致大会书，"因该件缝在棉衣内，大半由格林带去"，尚易营救，此次是同人公推他去，现在被捕，理应尽力请公决办法。即由李大钊云：接各处来函，皆说上海代表自认过激，以致招祸，而学务局及本校事前未发证书、护照，此种彩色断然不允援救，且时隔多日，恐更有不便。兹有黑省友人熟识督署，托为设法，料有八九成功。惟昨与之预算，往返交际等费，至少所需三百元，再加孟雄回资，合计四百元应用，请公决如何募捐。当议由到会人先行认出特别捐，有李大钊签十元，张国焘、刘仁静各五元，高尚德及谦各四元，其余各捐一、二、三元不等，共计筹得四十九元；则所差尚多，拟再以分担法，每团员二元，除出京十数人，预得一百元；其不敷之数，李大钊提议向北京方面无政府党筹负小半数，"因该党亦有刘仲容、刘稀、孟知眠三人被捕"，附带代为设法；其余之数，再由热心同志分头募捐，李大钊担认总包足此数，并于未筹足以前，由伊垫办，以促救出。又议设"五一"运动委员会，推选法即：举出七人，如王永禄、罗章龙、王复生、高某等，先期设法联络北大印刷工人

---

[1] 工业学生，指唐山路矿工业学校的学生。

及各校役，财政部印刷工人，同文、新社会、国京各报工人，在北大"五一"以前集合，帮助其游行运动劝诱及派传单，预备印刷品或国旗，担任散布，并选出三人赴长辛店，及二人赴唐山，协助进行，所有各费，由会计发通知，征收四、五、六月份各团员常费及请特别捐；并请各团员于三日内拟运动法之意见书，七日内交常费及特别捐等事。……合亟报告。呈请

堂宪大人钧鉴

关谦　谨呈

关谦谍报中提到何孟雄被囚，确有其事。先是格林来华还负有邀请中国青年团参加少共国际大会的使命，当时还没有全国性的团组织，于是指定一些青年团体选派代表列席。北大社青团选派何孟雄为出席代表，北方还有一些青年代表，如王钦等人，一行十多人，大部为青年学生，年长的不过二十四五岁，年轻的只有十五六岁。他们初次出国，非常兴奋，沿路高谈阔论，更无秘密工作经验可言，也不熟悉北方语言和东北生活习惯。以致引起地方军警的注意，当他们一到满洲里时，就全体被捕。

何孟雄等在黑龙江被捕后，当地督军孙烈臣极为重视，亲自审问。孙系行伍出身，质朴无文。我们的同志在审讯中据理力争，庄谐并出，使孙非常难堪，遂延未结案。

自我们接到了何孟雄由黑龙江狱中的来信后，了解到他们被捕的经过和狱中生活。虽然已是早春天气，北满一带仍是风雪载途，严寒铺地，狱中困难极多。我们乃先寄去寒衣、食物和药品等，鼓励他们坚持下去；同时筹款托人向黑龙江当局疏通转圜。何孟雄已是北京大学马克思学说研究会成员，我亦向北大校方请求出面营救孟雄出狱，得到校长首肯，嘱我代拟电稿，说明案情原由，并经他审阅后，由学校拍发。经一段时日后，得到黑龙江同意开释的覆电。

于是我们又派人持北大公函前往东北办理觅保手续，将他们领回，此案遂告结束。据督署办案人宣称："咱衙门向来是'捉贼容易放贼难'！这次算京师大学堂有面子，一切免究。这重大案子就轻易处理了。今后难免还要打交道哩！"

何孟雄等一行回京后，风尘满面虮虱遍体，但精神还饱满。孟雄说："此次坐牢，殊出意外，但机会难得，确也增长了不少见识。"自此，孟雄起用笔名"江囚"，意指曾作过黑龙江的囚徒。我为此曾赋诗赠他以纪其事，诗为：

闻道邻邦泆水流，网罗冲决压神州！
少年意气峥嵘盛，万里龙江作楚囚！

北京社会主义青年团成立初期，也容纳有其他社会主义派别的青年和无政府主义者参加。因为当时的青年中，信仰空想社会主义、信仰英国基尔特社会主义的人，为数不少，有的则是无政府主义者。但这些青年，在反帝、反封建、反复辟、反孔等重要问题上，与我们是有共同点的。在党成立以前有些活动就是联合进行的，如："五四"运动中，我们就曾并肩战斗过。对于信仰无政府主义的青年来说，其中以北京大学学生为主。他们提倡"互助"、"泛劳动"；他们对统治阶级、军阀是仇视的，主张采取激烈行动。但他们反对阶级斗争，反对无产阶级专政。而他们周围也团结了一些人。我们认为，在这派人中，有部分人是可以争取到我们阵营中来的，争取的策略是多做些细致的工作，有的确被争取过来了，如工读互助团的何孟雄、罗海潮、吴容沧、张树荣等人。为争取他们，双方进行过多次辩论，最后他们同意了我们的观点，参加了社会主义青年团。

当时对于加入社会主义青年团，要求并不是很严格，因为入党没有候补期，往往是先入团，经过一段时期考察再根据表现吸收入党,年龄限制也不严格,李大钊和我们一样都参加团的活动,所以,在一段时期中,团成为党的预备队伍,许多同志都是先吸收入团,经过一段实践考察后才转为党员的。

中共第一次全国代表大会

中国北京、上海、武汉、广州等大城市共产主义小组成立之后,约经过一年半的时候,共产国际代表向莫斯科请示,经齐洛威夫同意,决定在中国成立中国共产党作为第三国际的支部。中共成立会是一九二一年七月间在上海召开。

一代会是以中国各个共产主义小组为基础,截至一九二一年六月上,各地共产主义者党组织成员大致如下:北京,李大钊(守常)、罗章龙(文虎)、邓康(仲澥)、张国焘(恺荫)、刘仁静、高尚德(君宇)、邓培(少山)、史文彬、李梅羹、何孟雄、王俊、吴汝明等十二人;上海,陈独秀、戴传贤(季陶)、周佛海、李汉俊、李震瀛、李启汉、袁达时、李达、于秀松、柯庆施、高语罕等十一人;武汉,陈潭秋、董用威(必武)、刘芬(伯垂)、林育南、许白昊、张梅先、恽代英、项英等八人;济南,杨明斋、王瑞俊(尽美)、邓恩铭、王用章、王象千(翔千)、王复之、王天章、王崇五等八人;长沙,毛泽东(润之)、何叔衡(瞻岵)、郭亮(静笛)、夏曦(迈伯)、易礼容、夏明翰等六人;广州,谭鸣谦(平山)、陈公博、谭植棠、刘尔崧、阮啸仙、杨殷等六人,以上共五十余人。

一代会时,仲甫尚留广州。先是一九一九年,仲甫自北京出走到上海,暂时避难于春申江上。后陈炯明据广州(一九一九年陈炯明部二十一营驻守福建漳州,一九二〇年陈回师占领广州,任广州督军),延仲甫赴粤赞襄政务,仲甫遂离沪到广州。

一九二〇年十二月仲甫至广州后,即受任广东全省教育委员会委员长,以陈公博任宣讲所所长,锐意革新,宣传社会主义,因此引起广州守旧派的攻击，并动员全国卫道学者向他进攻。在上海《中华新报》著文申讨仲甫云："陈独秀之禽兽学说，谓万恶孝为首，百善淫为先。滔天祸水，决尽藩篱，人心世道之忧，将历千万亿劫而不可复！"（见一九二一年三月八日《中华新报》）同时上海广肇公所（即广东同乡会）致广东省政府主席陈炯明电，请驱逐陈独秀出境，电文有云："陈惑世诱民，凶于兵祸，独夫不去，四维不张，乞即下令驱逐。"（见一九二一年三月上海广肇公所通电）广东守旧派称陈独秀为"毒兽"（谐音）。时上海《国民时报》亦著文评论其事。仲甫不自安，遂请辞职，作离粤返沪计，陈炯明、孙中山共同挽留，仲甫遂继续任职，决定在广东组织教育行政委员会，计划设立编译局，成立广东大学，在教育方面注重数理化，各校设立实验室。大刀阔斧，革除广东教育界积弊。旋在广州公立法政专门学校作公开演讲，批评各派社会主义，中国应采用俄国的社会主义，应依靠国际社会主义帮助。孙中山初闻之亦表惊愕。

自一九二一年三月起，仲甫主编《共产党》月刊，自后四、五、六、七月各出一号，前后五个月共出版至第五号。仲甫虽未在沪，但召开全国代表大会的大会工作，于一九二一年六月初已开始筹备。各地代表到齐后，于七月间开始举行。李达所记，当时国内外有八个小组，出席代表十二人。北京中共组织党员有李大钊、罗章龙、张太雷、邓中夏、张国焘、刘仁静、李梅羹等七人。上海机器工会由李中（高语罕化名）主持。社青团由俞秀松主持。（见一九五五年八月二日李达作《中共发起与第一、第二次大会经过回忆》，同年十一月印行）。又据参加人陈潭秋所记，一代会参加代表九人，一代会主席为张国焘，秘书为周佛海。（原文载一九三六年七月莫斯科《共产国际》月刊）

参加一代会有下列各人出席会议：国际代表马林与尼可洛夫；各地代表，北京刘仁静、张国焘，山东邓恩铭、王瑞俊，广东陈公博，湖北陈潭秋、董必武，上海俞秀松、周佛海、李汉俊、李达，湖南毛泽东、何叔衡。

上述代表十三人，但其中无一个工人。各地共产主义小组成员除北京有三个铁路工人外，其他各组均无工人。会议推举特立为主席，首由国际代表报告，着重说明：1）共产国际第一次大会决议，世界革命形势与远东革命形势；2）中国革命目前任务强调反对帝国主义与反对军阀，开展中国工人革命运动。

一代会议在讨论国际代表政治报告时，各地代表意见颇不一致，各代表意见重大分歧点是：一方主张目前暂做一般社会主义的宣传教育工作，不采取实际行动，以李汉俊、李达、周佛海等为代表。一方主张开展工人运动。另有些人无一定主张，主张多研究问题。但最后均同意以从事工人运动作为中共总方向。一代会曾通过发表《宣言》，《宣言》草稿由国际代表起草，内容严厉谴责军阀政治。关于选举中共中央书记问题，国际代表事先个别谈话，提出书记人选为学术地位、革命意志坚强表现与群众基础条件，经过全体代表酝酿讨论，决定推选仲甫为书记。但据仲甫事后告人：他起初并无意组织一个政党。他认为条件还不够，自己也不适于做实际政治工作，最多只能做个宣传者。关于一代会选举书记事，仲甫说并未征求他的意见，所以他听到选举结果时，非常尴尬，因为会议已经结束，他既无法辞职，辞后又不能再召开一次会议另行选举，所以只得勉为其难。

一代会本身由于上述原因，当时并未公布纲领性文件，大会后在共产党月刊上，以短言为题，抨击中国南北各派政党，正面提出中国共产党的经济使命与政治使命，要言不烦，申述当前中共任务。经过一年以后，即一九二二年六月，中共才正式发表第一次对时局的主张。

关于一代会日期，因文献无征，久无定论，后定为七月一日。

但是从《新青年》所记,则称一代会开会期间似为七月下旬开始,八月初结束,究竟真实日期如何,讫难确切证明。

《新青年》九卷三号以"十日旅行中的春申浦"为题一文中,作者陈公博自称:"七月十四日启程赴沪,在上海住十日。……在上海被法国巡捕误认我是日本社会党。到上海的翌日,见到两个外国教授,我和他们去访问一个朋友,谈了片刻,两个外国教授先行。马上来一个法国总巡,两个法国侦探和中国侦探,一个法国兵,三个翻译,问我们为什么开会?我们答不是开会,只是谈话。他们问两个外国教授是哪一国人,我答是英国人,他不信,他即下令搜查,经过两小时,把我们隔离讯问,查无所获,遂去。七月三十一日住大东旅社,卅一夜车赴杭州,游三日。"上项记事,系影射一代会在上海租界李汉俊家开会,中途有法捕房警探到寓查问,及临时迁移会场。种种情节,均与当时会议经过吻合。据另一参加一代会者说,一代会会场在贝勒路李汉俊家,李汉俊家被搜查后改往南湖开会,陈公博不耐,未终会携眷游西湖。后查在莫斯科发现马林 Slievlied Haring 报告一份,内称中共成立日期为七月二十三日,均足与上文参证。

中共二代会前后

中共中央在一九二二年六月至是年冬间有数事足纪,其一为第一次发表对时局主张,次为中共二届全国代表大会的召开发布宣言,三为中共中央在北京召开全国性扩大会议。上述三事均为当时中共中央涉及全党的重大措施。

中共第一次发表对时局主张。中共自成立后,久未对外公开出名宣扬本党政治意见,至一九二二年六月间,中共本身组织已具雏形,工人运动组织亦日臻发展,中国政治正在发生酝酿变化,因此,于是年六月十五日正式发表《对时局主张》。

中共中央第一次《对时局主张》,全文分十段,约五千字,主要内容如下：辛亥革命失败的分析。民主政治的要求，非少数政客鼠窃狗盗——几个人更替，而是阶级的起倒，制度的代替。国民党政纲是民主主义色彩，但对帝国主义和军阀动摇不定。评法统派，斥联省自治派，斥拥吴佩孚政客。军阀是内战根源，必须打倒。评好政府主义的妥协无用，裁兵废督概属空谈。奋斗目标十一项，联合向军阀战争，以求实现。宣言是中共首次公布有系统性的政治主张，有发聋振聩之效，为后此中共诸政治文献所祖述。

中共第二次全国代表大会及其宣言要点。一九二二年七月中旬，中共第二次全国代表大会在上海举行，上距一代会恰满一年。在此一年中，中共已奠定工人运动阵地，全党有党员一百九十五名，约半数在北方，以产业工人比重为最高。此次全国党部出席代表共二十五名，其中北方区代表有王俊、李守常、罗章龙、何孟雄等八名。大会通过纲领，发布宣言。

中共第二次全国大会宣言，全文约一万一千字，分为三大部分。

第一部分：国际帝国主义宰割下之中国。1）国际资本主义发展的过程，形成中国目前在国际上的特殊地位。2）帝国主义侵略中国的发展。3）欧战中及战后日本与美国帝国主义对中国侵略发生冲突。4）华盛顿会议使帝国主义对中国由互竞侵略变为协同侵略。5）反资本帝国主义的革命势力，无产阶级与民族革命足以推翻资本主义制度。

第二部分：中国政治经济现状与受压迫的劳苦群众。1）各派军阀投靠帝国主义实行割据，应打倒军阀与帝国主义，统一中国本部，对蒙、藏、回族实行民族自治。2）三亿农民乃革命运动中最大因素，其中以占百分之九十五的贫农为主，手工业工人无产者化，工人阶级将成为革命领袖军。3）工农应和民主主义势力合作，使民主革命迅速成功。

第三部分：中共任务及其目前奋斗。1）民主革命胜利后，无产阶级便须对付资产阶级，实行与贫苦农民联合的无产阶级专政的第二步奋斗，第二步奋斗在无产阶级具有强固的组织力与战斗力的条件下，即能随民主革命胜利以后立刻完成。2）中共主张用阶级斗争建立工农专政，废除私有制，达到共产主义社会。中共主张工人与贫农及小资产阶级建立民主联合战线，为共同目标奋斗（凡七条）。中共主张工人是一个独立的阶级，应训练自己的组织力和战斗力，准备与贫农联合组织苏维埃。中共是国际共产党的一个支部，要同全世界革命伙伴并肩前进。并提出国际共产党万岁口号。

中共中央北京扩大会议。中共北方区委领导下的陇海铁路同盟罢工获得全胜以后，对于中共全国工人革命运动引起极重大的推动作用，北方城市、铁路、矿山的工会运动如春云乍展，气势蓬勃。各地革命斗争浪潮或显或潜，均给予全国革命事业唤起普遍进军的希望。中共中央在当时情况下，乃决定在北京召开全党工作会议，以策动今后革命运动。参加此次扩大会议出席人员有来自国外的国际代表，来自全国各地区的中央书记及半数以上的中委，各省劳动组合书记部主任与各省书记等共四十余人。会议内容主要是沟通南北革命经验，互相观摩与鼓舞，彼此促进。在会议期间，出席人员分别由我和亢斋的伯英、君宇等引导，至京内外以及长辛店、南口、唐山等处参观访问，在当地出席工会基层会议，参加党团支部生活及座谈会，通过上述活动，会议成员相观而善，在日后工作方面取得重大进展！

中国劳动组合书记部北方分部

中国劳动组合书记部北方分部，亦称北方劳动组合书记部（以下简称书记部），正式建立于中共"一大"之后，其迅速发展则在一九二二年间。书记部在一九二一年初只是一个人数不多的工人革命宣传组织，后来逐渐发展成为领导数十万工人斗争的司令部。书记部成员以学生和工人为主，这个庞大的男女青年队伍包括有各项专才。他们之中有学政治、法律和经济的，也有学理工农医的，还有学文学、艺术以及军事的。他们在工作上各尽所能，发挥自己的力量，接触面极广。当他们和广大工农群众结合起来以后，战斗力就更加强大了。他们团结一致、勇敢坚毅、不屈不挠地在城市与乡村进行严酷的对敌斗争。在早期工人运动中做出了可歌可泣的牺牲与贡献。现就其源起组织、活动业绩等简述如下。

在书记部成立以前，北京大学学生数人，即后来北京共产主义小组成员，组织了马克思学说研究会，但是该会原是一个研究革命理论的团体，固然会员在进行研究的时候，同时也进行了某些革命活动，但究竟不是革命行动的集团。因此在中共北方地区小组建立后，才开始认真从事实际革命工作。经过多次研讨，认为应该建立一个接触工人运动的机构，并派人到长辛店、南口、唐山等地进行探索，借与当地工人建立工作关系。在这个时期中，我和张国焘、何孟雄等分途到上述各地旅行访问，结识了当地工人某些组织的领袖多人，又通过这些人认识了更多的工人群众，初步建立了工作据点，这就是北方劳动组合书记部的前身。

中国劳动组合书记部

"劳动组合书记部"的名称源于外文 Trade Union Secretariate，其中 Trade Union 系"工会"之意，早先日本人译作"劳动组合"；Secretariate 则系"书记处"之意。合起来即"劳动组合书记部"。这一名称可能是由马林引荐到上海的，他早年曾在日本作过工运工作。

一九二一年七月，中共党组织决议在上海成立中国劳动组合书记部。是年八月，中国劳动组合书记部在上海正式成立，主任为张国焘，办公处设在法租界渔洋里六号。张国焘领衔发表宣言，签名者二十六人，其中少数为中共党员与社会主义青年团员，如张国焘、李启汉、李中、李震瀛、袁笃实、张秋人等。以及青年学生李新旦、刘荩人、顾耕野、汪洋、杨意贞、董锄平等。中国劳动组合书记部的宣言在一九二一年七月七日出版的《共产党》月刊第六号上刊出。其大意是阐述工人阶级的产生及其痛苦生活，客观上要求团结，团结应采取产业组合形式。书记部是联络各劳动团体的总机构，并着重与国际的联系。书记部作为产业工人群众的战斗组织，它与当时上海一般有名无实的工会有根本上的区别。一九二一年八月书记部出版《劳动周刊》，通讯地址：上海公共租界北成都路十九号。该刊每星期六出刊，自一九二一年八月至一九二二年六月，前后十个月共出版四十期。书记部又在小沙渡设立劳动补习学校，由李启汉主持。中国劳动组合书记部成立后，在北京成立了北方劳动组合书记部，由我负责。在济南、广州、长沙、武汉分别成立各地区劳动组合书记部，济南由王尽美，武汉由林育南，湖南由毛泽东，广州由陈公博负责。总部仅在上海地区工作。

中国劳动组合书记部成立经时约一年，工作进展极为困难。一九二二年六月一日李启汉忽被捕，六月九日解往上海会审公堂，判刑三月，同时《劳动周刊》及书记部被上海公共租界工部局查封，停止活动。李启汉在上海西牢居三月，接着于一九二二年九月被引渡到上海护军使署继续关押，直到一九二四年十月始获释，前后在狱中历两年四个月。中国劳动组合书记部被封、李启汉被捕下狱后，当地工作无法继续，总部名义虽存但无具体工作。其他各地书记部仍照常工作，均由党中央直接领导。

中央九月扩大会议

北方劳动组合书记部成立以后，北方工人运动有春云渐展之势，但面临许多新问题，人力与经验俱感不足。此时中央自上海来信，通知北方区派代表前往出席中央扩大会议，主要是讨论推动工人运动与产业工人区域建立党与团的组织等问题。

中央扩大会是在一九二一年九月间召开的，这是陈独秀从广东回到上海担任中央书记后第一次召集的扩大会议。

上海中央负责人仅陈独秀、张国焘及国际代表等人，当时对于如何开展中国工人运动尚无经验，所以召开扩大会的目的主要是讨论如何发展工人运动。出席这次会议的有上海、北京、武汉、长沙、广州等处代表。北京方面为邓培与我，武汉为许白昊，上海为李震瀛、袁笃实，山东为王尽美，湖南为毛泽东，广东为冯菊坡等，合计有代表十多人。

代表住在上海新闸路三元里，会期五天。会上由国际代表作关于工人运动的报告，各地代表作当地工人生活问题报告。讨论后决定了一个工作计划，并调整北方书记部组织及确定北方分部范围、人选等问题。北方书记部仍由我负责。

我曾向独秀陈情，北方工人运动范围甚广，工作繁难，最好另由中央选派经验较丰富的同志前往负责，本人目前无此能力。独秀笑道："你说谁有经验？大家不都是一样！你不做谁做？"几句话把我说得无词可对。最后独秀又说："你回去做，有什么为难的地方随时来信，大家商量，必要时，以后可补充人员。"我尚犹豫，独秀断然向我说道："你不要舍近求远，应把读书计划全部放弃，再来向我讲话。"我无法再辩，承诺暂行负责。独秀转嗔为喜，立促我北返。在会议上，我与尽美向中央建议调尽美到北方区工作，中央赞成，但山东党组织不同意。后来各方继续商量，最后结果是山东书记部与北京合并，尽美调到北京，山东党组织由邓恩铭负责，北京区党委另派专人驻济南协助山东党委工作。一九二一年十月山东书记部正式合并于北方书记部。尽美到京后任书记部秘书兼京奉路工会特派员。北方书记部工作范围管辖北方十二个省和十六个大城市的工人运动，即：顺直（河北）、山东、山西、河南、陕西、热河、察哈尔、绥远、甘肃、奉天、吉林、黑龙江和北京、天津、开封、太原、济南、青岛、西安、兰州、沈阳、长春、哈尔滨、郑州、洛阳、徐州、蚌埠、张家口。后来为全国铁路总工会所管辖的全国各铁路工会，亦包括在内，所以事实上北方书记部涉及范围很广。沿铁路南至上海、武汉、广州、安源、昆明、腾越、蒙自等城市都有工作联系。

北方工运工作开展

中央扩大会议结束后，我从上海回到北京，将扩大会议决议向中共北方区委报告后，即讨论具体措施。在讨论中大家说到，咱们当初曾从事工人群众中的组织宣传与教育活动，创办《工人周刊》，开办长辛店补习学校、劳动通讯社，并在南口、丰台、唐山等地开展工作，今后就从这些据点向前推进，努力工作，坚持勿懈，自然会有成就。最后，决定了北方工运工作的初步方案。

（一）选定长辛店、唐山、南口和丰台四处作为工作试点。因为上述四地是北方铁路工人集中的地区，且长辛店、南口靠近北京，丰台为交通枢纽站，唐山是靠近北京的最大煤矿。（二）在上述各地设立两个或三个工人补习学校，向工人灌输革命意识，讲述罢工斗争知识。（三）试行开辟工人斗争战线，设法争取参与领导北方区内重大的工人自发斗争。（四）加强党报《工人周刊》编辑阵容与发行工作。（五）在铁路、矿山城市建立党与团的组织。（六）北方劳动组合书记部制定合法斗争与直接行动的罢工斗争方案。（七）调查了解情况，决定对抗交通系斗争方案。（八）筹办工人运动讲习班，训练工会工作人员。（九）在工人集中地区筹办工人消费合作社，减少商人居间剥削。特别重要的是密切注意激发工人的斗争意志，有计划地推动与组织工人群众的经济斗争与政治斗争。并且对于任何自发斗争都要积极参加、引导和组织，使其获得成功，以扩大书记部的政治影响。

当然，要实现上述方案，就当时北方书记部人力条件来说，是相差很远的，只凭书记部极少数青年学生奔走呼号是无济于事的。因此会议决定北方区党员以全力参加书记部工作。后来，又从公开后的马克思学说研究会中征集一批志愿工作人员，参加北方书记部工作。

从马克思学说研究会中征求志愿工作人员一事，开始采取自由报名的办法，但是结果报名的人寥寥无几，大多数会员思想上存在着顾虑，除恐耽误学业外，主要认为学生去做工人运动既无"出息"，又无"前途"，于己有损，于事无益。有鉴于此，乃重新研究，改进征集方式与办法。在北京区委会议上经过多次讨论，大家认为要求一个学生献身工人革命运动作一个职业革命家，既是革命实践问题，也是建立有关革命人生观问题，因此会议决定发起一个关于革命人生观的辩论。通过这次活动，多数会员在革命事业面前有了明晰的态度，但是学生在参加工人运动方面仍有思想隔阂。为此，党决定由马克思学说研究会组织辩论当前中国革命方向问题，使大家明了工人运动对革命的意义，消除思想分歧，统一斗争意志。当时在青年学生中有两种意见，第一种意见对工运持怀疑态度。他们认为中国历史一贯是以专制为特色构成帝王、军阀、官僚的武力统治，各朝代鼎革不论其名义若何，实质上均以砍杀终局，此起彼落，演成数千年无休止的残酷斗争局面，这正是中国历史演进的特征。数千年积习是难以一朝改变的，过去"吊民伐罪，顺天应民"固是一片谎言，当今共和民主，同属有名无实。所谓民国统治实是徒有共和虚名，对人民却无实惠，中国革命是难以超脱封建专制轮回的。因此某些人公然宣称"所谓共和政体，也不过为野心家驱使罢了，结果仍是武力统治的变形，过去鼎革后人民在新暴政下依然是遭受涂炭的命运"。总之，他们认为不管什么形式的革命，"牺牲的是劳苦大众，交替执政集团都是不劳动的、说谎话的政治骗子。历史上几千年来都是人民骷髅铺的道路，都是打冤家的道路，'民治'、'民享'都是做梦。"因此，他们不愿意参加这个行列。第二种意见是根据马克思的理论，认为在世界历史进入资本主义时代，东西各国资本主义的发展进程虽然不同，但工人阶级在未来革命中必然占主要地位。在这些国家以共产党为领导，通过工人运动，运用统一战线，团结革命势力，等候时机成熟，经过国内革命战争可以推翻反动统治，建立全国性革命政权。而且通过此种途径可以根本消灭武力统治，消灭割据，实现民主政治，这是减少人民牺牲与物资损失，一劳永逸，保全国家元气的办法。同时也可以导入真正民主政治，实现社会主义的政治经济改造，进入共产主义。俄国一九一七年的革命一举成功也是这样。赞成这种意见的人很多，并认为中国历史大都是农民揭竿而起，由群雄割据，建立专制王朝，暴政相循，如环无端。今后改弦易辙，可以工人为主力领导革命，可谓别开生面，造福人民，好处实多。针对上述两种意见在马克思学说研究会中经过反复辩论，结果渐趋一致。会上大家认为持前说者虽言之成理，但对人类未来历史全盘否定，亦属不当。人类历史虽长蒙专制暴政的侵袭，但人民民主终不可抗，历史发展进程最后将仍导致民主政治。自此以后，马克思学说研究会大多数会员对社会主义革命实践渐渐接近。但要做到人人自觉躬行，则并不容易，何孟雄等加入书记部工作经过，就是一个典型事例。

何孟雄原系马克思学说研究会发起人，后加入社青团但久未参加实际工作。他向人表白，革命应先把理论弄明白才能实践，否则便是盲从附和，实际是怕供人利用；也出于对个别同志狂妄自大心怀不满。党组织数次派高君宇等去同他们谈话，何仍观望不前不愿参加实际工作。我考虑到：何孟雄不只是一个人问题，他具有代表性，我们应好好地说服他们。我先将此意告缪伯英（伯英先入党），伯英说："我说过，他只是不同意。"我乃往见何，何固执成见，说："我们的工读互助团可能失败，书记部良莠不齐，我与他们共事，岂不是帮倒忙！"我说："你夫妇名'英'称'雄'（孟雄与伯英），可是不参加实际革命，不唯道理上说不过去，也会遭旁人议论，'何'其太谬！"（双关语）何默然不语，有顷，答道："我也自知不对，老实告诉你，我们大家还担心的是'去一木偶，招来毒蛇'[1]，所以可虑。"我道："这是你过虑处，近于宿命论，只能坐享其成，不能革命，革命要自己掌握命运。"我们两人辩论竟日不决。次日伯英告我说："孟雄平日好高骛远，目中无人，你昨日谈话，他似意有所动，你如不直言针砭，他就难以自拔。"翌日我再往，继续向何进言"劝驾"，何不再坚持，但又忽转话题道："中国革命的命运，固然应由群众自己掌握，但须以党内实行充分民主为条件。"我答："革命千头万绪方在起步走，只要大家意志坚强统一，内部谁敢专制？万一将来党内发生妄人，群众自然把他打倒，也不会是难事。"

---

[1] "去一木偶，招来毒蛇"语出伊索寓言。

何说:"内部如此,可是外来干涉违反民主也是完全可能的,所谓'赵孟能贵,赵孟能贱'。你能保证吗?"我道:"有话在先,万一不幸有此事发生,不难一例对付。况且外力干涉源于内奸,只要没有内奸,外祸就不易侵入……"这样我与孟雄连续谈了三次,他才表示接受书记部工作。后来,伯英告我说:"这次确是孟雄思想上的一大转折点,只要引擎开动,车子就自然向前飞奔!"立即决定派孟雄到京绥铁路为特派员,负该路全责。自此许多同志如李树彝、贾纤青等也先后加入书记部。这是书记部的重大收获。自此书记部组织渐渐充实起来,先后派遣特派员驻路工作。张昆弟、陈为人、王仲一、萧明、佘立亚、李震瀛等相继派往各铁路开展工作。

北方劳动组合书记部成员如下:罗章龙(主任)、王尽美(副主任兼秘书)、邓培(唐山大厂负责人)、史文彬(长辛店工会委员长)、孙云鹏(正太路工会会长)、王荷波(津浦工会委员长)、只奎元(开滦矿工会会长)、张汉清(京绥路工会会长)、傅书棠(胶济铁路负责人)、伦克忠(青岛四方纱厂负责人)、王符圣(陇海工会负责人)。特派员:京绥路:何孟雄、张汉清、王旭文、马净尘;京汉路:吴汝铭、凌楚藩、项英;陇海路:游天洋、王忠秀、魏荣珊;京奉路:王瑞俊、王麟书、韩玉山;津浦路:王仲一、张振成、孙鸿儒、李保成;胶济路:郭恒祥、李青山;道清路:童昌荣;淞沪路:佘立亚;正太路:袁子贞、刘明俨、贾纤青;粤汉北段:郭亮;株萍路:朱绍莲、李涤生;开滦五矿:李昌兴;天津市:安幸生、李培良;北京市:陈楚梗、萧明;唐山市:李树彝、彭礼和、吴先瑞;郑州市:汪平万;济南:李味农、刘俊才;南满铁路:唐宏经(大连工学会),时间稍后。(余从略)

长辛店劳动补习学校

开办劳动补习学校,也是颇费周折历尽艰辛的。早在北京共产主义小组成立之初，我们就酝酿筹办劳动补习学校。筹备时间颇长，所遇困难亦多，兹举长辛店劳动补习学校为例，以概其余。

一九二〇年暑假，我与梅龑、国焘等第一次来到长辛店。长辛店距卢沟桥不远，在桑干河南，昔人诗称："山形依督亢，天影接桑干。"昔荆轲入秦，持督亢地图，即指此地。那天是星期日，三人先到卢沟桥芦苇荡行猎，就地野餐，餐毕到车站访问一个电报房工人吴敏珂。他原是北京法文学校学生，山东人，"五四"时曾到过北京大学西斋，与我相识。吴热情招待，引导大家去参观慈禧太后回銮时的花车，大家就在花车旁合摄一影。随后吴引导去访工人住宅，会到了他的同乡史文彬等人，史又引大家到大厂内外参观，后在史家闲谈，情意颇洽，直到下午才搭车返校。从史师傅谈话中知道长辛店机车厂于一八九七年开办，成立已二十四年，厂址原在卢沟桥畔，由英国工程师创建。一九〇一年因扩充厂址，改由法、比两国工程师任厂长，有外籍工程人员与职员约四十余人。现任厂长孙瑞章，副厂长谭继先与王荫春，比、法总管为若曼与札曼，他们是直接压迫工人的。长辛店技术工人多来自德州及天津，职员多属于交通系，体力工人多就附近定州一带招募而来，工资最低，勉强维持本身生活，一般人无力抚养妻室儿女及父母。他说："工人们总是憧憬穿暖吃饱，劳动适度，精神舒畅，言论自由，这都与北大先生们所见相同。但终不过是'镜花水月'，一时空想……"

在多次访问工人区生活以后，大家渐渐向工人进一步谈论有关政治性的问题。工人们，特别是老年工人，对学生隐约怀有若即若离的态度，这就是当时所称为"工学界限"问题。很能说明当时"工学界限"的，有这样一个例子：社会主义青年团派贺其颖找孙云鹏谈话（其颖是山西人，所以最先被派到正太铁路工作），见面时，其颖向他宣传社会主义革命的道理，云鹏聆毕问道："小伙计，你们卖的是哪一号膏药？"其颖不由地着起急来，连忙解释道："我们决不是哄人的江湖医生，我们是诚心诚意来同你谈造福工人的革命问题……"云鹏不待对方答毕，把话岔开说道："这些话我也听得不少了，卖瓜的都是夸自己的瓜甜，究竟怎样，我们工人脑筋简单，实在闹不清楚。"随后他就提出一连串的疑问，其颖虽加以讲解，但云鹏总是半信半疑，追问得紧了，他就不说话了。其颖颓然而返。工学界限使学生与工人不易接近，因而影响革命宣传与组织的深入，这是一个迫切需要解决的问题。开始有人主张采用旧社会拜把子结兄弟的办法与工人建立友谊，李启汉、杨殷等曾采用过这种办法，与工人在神像前烧香歃血为盟，发誓云："一人有事，众人帮忙，一人丧命，大家报仇！"但是旋即发觉此种落后方式，缓不济急，且易滋流弊，遂决定禁止采用。

为了解决工学界限，曾举行多次会议专门讨论，最后结论是要求生活方面忍苦耐劳，与工人打成一片，就是说，学生生活工人化，使工人感到学生不是外人，而尤其重要的是对于工人心中的疑难问题耐心解释，使双方观点渐趋一致。关于前者马克思学说研究会曾动员发起普遍访问工区与工人交朋友的运动，以后每逢大礼拜（工人休息日）就有不少同学几人一队分途到长辛店、丰台、南口、石家庄，甚至更远的地方进行访问调查。他们往往裹粮步行到郊区很远的工人区铁路道棚及门头沟煤矿等地去进行访问，写成笔记，返校后向会员作报告。他们报告丰台见闻时说道："此地所见妇女儿童面色凄凉，如同囚犯，劳动者长期在自然灾害与人造灾难交替中过生活，都在饮泣吞声地吃着杂粮饼子。"同样的访问与报告不乏其例。

仅仅通过访问调查，是不能彻底解决工学界限的。当时党组织曾认真加以分析过，认为工学界限来自两方面：一是从工人本身疑虑所产生的，这是认识问题；其次是来自工人以外的政客官僚对工人与学生挑拨离间造成的。前者源于贫苦工人的自卑感，他们素来认为工人是命运安排才受苦受难,大学生是金枝玉叶,将来做官为官的人,是统治工人的候补者,学生与工人并不是一伙儿,怎能一道结交共事呢?这其中一定有蹊跷吧,工人还是安分守己不要同学生瞎混,工人的事,还是工人自己来干,莫让学生插手为好。至于政客官僚们唯恐学生叛逆造反,扰乱秩序,所以不断向工人聒噪:"学生是危险人物,是过激派,穷党。他们是专门来煽动工潮,借此捣乱的,你们千万不要上学生的当!"这样更加深了工人和学生的隔阂。

工学界限问题是工作最大难关,必须采取各种方式缓和工人情绪。马克思学说研究会除采用实际行动以团结工人外,又特别注重召集各型工人会议,进行宣传、解释。在双方多次互相访问后,召开工学座谈会,讨论工学联合、工人团结等问题。座谈会多在例假日邀请工人来京游园时举行,或到长辛店、南口等工厂所在地方举行。有时联合几个地区的工人和学生共同开会讨论互感兴趣的问题,经过长时间互相讨论,一些误解得以澄清,感情日见接近。后来,书记部把当年保留下来的双方辩论中的"问题与解答"整理成文,为后继者参考,兹介绍如下:

(一)学生多属社会上层人物子弟,来到工人区,动机何在?究竟何所为而来?恐其中难免有诈。

解:学生为革命而来,为帮助工人反抗剥削者与压迫者而来,并无不利于工人处,于工人本身无损失可言,工人可放心,学生决不会从工人手里拿走什么东西。当前,中国革命的敌人很多,靠工人单枪匹马是推倒不了很多强大的敌人的,所以革命是工农商学兵各界共同的事业。革命不怕人多,为什么独对学生防避,今后我们应多讲工学联合,化除工学界限,推心置腹,不分彼此。工学界限化除后,参加革命的人就更多了,主意也多了,力量也增大了。

(二)工人数量少,生活苦,知识浅,力量薄,只求安分守己工作，实在用不着提出革命大题目。工人们承担不了这个大担子。工人想进行政治革命，未免太不自量了！

解：工人数量不算少，所占地位也很重要，能生产万物，不要小看了自己。工人的生活贫困和不自由，这与军阀独裁和官僚剥削有密切关系，统治者是病源，对症下药就是革命、推翻统治者。古人云："国家兴亡，匹夫有责。"工人难道没有责任吗？至于说工人人数少，可是统治我们的敌人，他们人数更少，两方的区别是统治者有党派有集团组织，所以显得有力量，工人无组织，所以斗不过他们。工人应该组织起来，才能保护自己的利益，最后把统治者推翻。

（三）学生天天叫嚷打倒军阀，推翻帝国主义，可是我们既没有军队，又没有军舰，行吗？

解：工人在没有武器以前第一步是团结，工会就是不可侮的力量，往后就能取得武器，打倒敌人，达到革命的目的。各国工人革命足为我们的示范。

（四）学生年轻阅历浅，一股冲劲，热心革命，难免不受人利用。工人跟学生走，易受牵累，恐招致将来后悔！

解：学生心地光明纯洁，才讲革命，在革命中遇困难一肩承担，决无利用工人谋取富贵的意思，更不推卸责任，也不会拖累他人。工学一条心，就会真正把国家的事办好。如果有坏心眼的人，有心打算利用工人火中取栗，争取个人权力地位，我们工学界联合，可以把他们打倒。

（五）学生与过激派通声气。过激派杀人整人，不让人自由，私通外国，人说是卖国贼。

解：今天的卖国贼是官僚政客，只有他们与外国签订条约出卖国土，出卖主权。学生没有条件卖国，却是尽忠报国，是坚决反对卖国政府的人，不主张杀人、整人，也不主张剥夺人们自由。

（六）书记部大都是南方人，南方人为何要来北方革命？

解：革命不分南北，正如读书、做工不分南北一样。南方人来到北方做工、读书，南方人也自然可以在北方革命。革命不嫌人多，革命成功后南北人一体沾到好处，所以应该化除工学与南北界限，大家同心协力一体干革命。

……

除此以外，为了使工人和学生在日常生活各方面互相接近，当时北方书记部还要求工作人员在工作中严守下列公约：

（一）献身革命工人运动，百折不回，誓为实现真诚无欺的民主自由而奋斗。

（二）不争夺地位荣誉，万众一心为革命，时时站在最前线。

（三）胜则相让，败则相救，牺牲个人利益。

（四）廉洁奉公，生活朴素，重视劳动，尊敬妇女，不嫖不赌，不捧角，限制谈恋爱，禁绝一切败坏道德的行为。

因此后来有人称书记部为新的清教徒、政治童贞。事实上书记部人生活均极清苦，通常生活水平规定不得超过普通工人，收入逾定额时，余者一律交作党费或捐助工会。去各路工作，来往多乘煤车或货车，以节费用。

除了思想上的隔阂，学生在工作中仍然遇到其它的困难。如生活习惯与语言隔阂，均使工作进展增加阻力。由于书记部的南方同学乡音很重，生活习惯与本地劳动人民多所异趣，时有格格不入之感。如马克思学说研究会会员中有位广东同学来京不久，自告奋勇到丰台工作，初凭热情在车站住了数日，毫无所获，失望而回。他半开玩笑似地埋怨自己说："我实在不行，这工作真难办，恰似白狗吃青天，不知从何处下口。"但是在大家的坚持下，所有遭遇的困难都逐渐被克服了。

长辛店劳动补习学校教员几乎全是南方人，南人操北语非常别扭，不止是笑话百出，有时更构成误会。因此《工人周刊》的编辑宋天放编成《应用京话词汇》，油印多份，供大家学习。兹举数例：见年长者称"二哥""大哥"便不礼貌；店主人称"掌柜的""当家的"；乱说话为"胡诌"；乱行动为"瞎闹"；散步为"溜跶"；话多为"唠叨""罗唆"；不要为"别"（如"别嚷""别闹"）；烟酒不用称"在理"；洋车为"胶皮车"等等。当时大家把这本应用词汇揣在怀里随时翻阅，过了些时，居然可以说出对方能听懂的蓝青官话了。

长辛店劳动补习学校于一九二一年正月正式开学。学校位于车站迤南工人住宅区一个名叫铁匠营的小胡同内，门宇低垂，伸手可触檐瓦，计有屋三间，一大二小，东大间作教室，中小间作办公及阅报文娱室，西小间为教员卧室。史文彬即住在学校附近。娘娘庙在车站迤东，庙前有广场可容数千人，工人群众较大集会则在娘娘庙举行。一九二一年五月长辛店工人第一次在此举行纪念五一劳动节集会，散发了《五月一日》及《工人的胜利》的小册子，争取八小时工作，这在中国是空前盛举。大会结束后，长辛店教员全体参加游行到车站，教员吴容沧把手中大旗插在火车头上，一直开到南方去，沿路换车头时，工人把旗传下去，一直带到江岸。

在补习学校任教的有：长辛店劳动补习学校主任吴汝铭，教务主任李实，教员贾祝年、张纯、吴容沧、罗运麟、王铮、杨人杞、张至刚和我等。洛阳劳动补习学校主任白眉珊、张宝泉。唐山劳动补习学校主任梁鹏万。天津劳动补习学校主任安存斋。丰台、张家口、吴淞、徐家棚、沟邦子、大槐树、长沙、九江、昆明、包头等处均先后设立过补习学校。

长辛店劳动补习学校开办初期，北京党组织决定由我和国焘、梅龚、中夏等几个党员轮流前往任教员，朝去暮返，或每周驻校一、二天，随时换班。授课教本由教员自行编印，学生所需纸张笔砚由教员捐助不收费用。后来因为国焘出国，中夏离京教书，我事繁，乃改为专任教员制度并推定一人负责，长期驻校。该校负责人为李实，继为吴汝铭，后为吴容沧，前后易人数次。各劳动学校教材由书记部教育委员会编辑，内容取材于《共产党》月刊、《工人周刊》、《向导》、《苦力》、《劳动界》及《国际通讯》英、德、法文版本的资料等。

劳动补习学校教员大都是经过审慎选择的，所以对待工作十分认真。他们平日经常向工友们讲解革命大义（工友二字即最先为长辛店教师所采用），同时对工友生活非常关怀，事无巨细，有求必应，故工人称学校为"工友之家"。

某次修车厂工人吴国有屡受工头欺压，无处申诉，乃到北京大学西斋找书记部负责人商量对付办法，并说如能直函外国总管讲明事实或能得直。时王复生适在侧，因就其所讲情节书一法文信嘱吴带回递交札曼。札曼立召工头与吴对质，工头意料不及，以报告不实受责，吴遂从宽发落。吴事后逢人便讲，王先生摆连环计把他从困难中搭救出来了。人问何故，吴说："王先生给外国人写的信，大环套小环，中间杂些芝麻雨点。"（指信中的法文及标点符号）说得伙伴们大乐起来。从此工人中到处传开了，说书记部真不错，真正能替工人们办事。

和工人相结合

起初书记部人到工人区时，双方称呼均表示客气，北大学生见工人称某师傅，工人见学生则称某先生，后厮混渐热，双方互称老史、老罗，更久则互以绰号相称。如呼老史为麻哥、老王（俊）称二毛子（王原为天主教布道师）、陶善琮为张良。后来工人对学生几乎每人都给以绰号，如见书记部人生活简约，不御烟酒，不近妇女，则称为清教徒，张国焘足智多谋称为张孔明（kodomol 共青团员，转为张空明，与 Коммунизм 谐音），见王铮年幼天真称为小炕馈，高君宇举止斯文称为老夫子，李震瀛体貌魁梧称为关西大汉，邓中夏好夸海口称为邓大炮，何孟雄对人说话腼腆称为小闺女，王尽美机智勇敢称盖韩信，吴容沧性如烈火称南方蛮子，吴汝铭极度近视称吴瞎子，王仲一粗犷耿直称为王提辖，宋天放温文尔雅兼善书法，称为宋学士，其他绰号不一而足，依各人体态性格，颇多贴切。当时以绰号称人者表示亲昵，受之者不以为忤，此时一切嫌猜悉化为乌有，彼此推心置腹，一心向前！特别是当工人们亲眼看到书记部人在历次罢工斗争中总是冲锋陷阵，勇往直前，前仆后继，虽牺牲累累仍百折不回而深受感动。这时他们心坎中的任何疑虑不仅完全冰消瓦解，而且信心倍增。所以孙云鹏对人说："书记部是真心追求民主政治的人，绝对不是在政治上玩猴把戏的，是工人们难逢难遇的。今天如果再有人攻击书记部的话，那他们一定是不识好歹，不辨邪正的人了，我们一定不答应！"老史（文彬）说："今日中国整个工人阶级都应该与书记部结义，联合干咱们的事业。"因此他首先请求入党，曾三次到北大西斋找我谈话。

在游天洋烈士追悼大会上，高碑店工会代表康景星说："书记部为咱们，咱们一定跟书记部一道，任何刀斧也斩不断咱们工人与书记部的关系。"此时工人们不只是对书记部有了正确认识，就是对一般政治问题也渐渐养成认识和分析能力。如某次北京几个议员到长辛店工会参观，其中一位向工人讲话，题目为"劳工神圣"，说了些时髦的恭维工人的话。讲毕，工会负责人致答词说："劳工神圣当分别去看，自由平等的劳动才是神圣，才是光荣，如果是受剥削受压迫的劳动，不自由的劳动，那便是耻辱，刑罚与苦役，资本主义统治下的工人哪有什么神圣可言？我们工会的目的是追求自由劳动，反对不自由的劳动！"某议员聆言，立感不安，甚赞工人见解透辟，自悔失言。

北方书记部成立之初，成员只是为数不多的赤手空拳的男女学生，却面对着强大的北洋军阀、买办洋奴交通系。他们动员御用报刊谩骂诅咒书记部是一群乱党、叛徒与匪帮，人人得而诛之的国贼罪人。北京政府所属军警机关经常搜捕书记部工作人员，置诸重典，投之监狱，并封闭其机关，制止其活动。当时特别敌视书记部的还有交通系的附和者工贼集团。

交通系原为梁士诒、叶恭绰、郑洪年等买办政客兼财阀所组织的小集团。他们在光绪末年进入邮传部为小京官，窟宅其间，结成帮派，入民国后助袁世凯称帝为恶，后又勾结安福系卖国借款，从中渔利。由于国营交通企业拥有独立生产工厂、铁路警察武装、职工教育系统、交通银行等庞大的机构，又兼经营陆海运输和电讯等，对外借债，获有大量回扣收入，故在政治经济上形成特殊势力。铁路工人运动发展，直接威胁交通系本身利益，故当长辛店工会开始组织时，他们便全力抵抗，以企苟全禄位。交通系的组织是采取各部门分立办法，职工教育有扶轮学校、技术训练所等。职员有同人会，不与工人混合。在工人中间，开车、车务与工厂工头各有独立组织。如交通传习所、精业研究所、车务见习所、留法预备班，分隶于交通系直接领导。凡工人就业、升降级、生活福利、工资、教育等事均由该系掌握。他们根据派系路线垄断一切，顺之者生，逆之者亡！京汉铁路在组织工人俱乐部时期，即与交通系开始正面冲突。叶恭绰、郑洪年、赵继贤等策划反"过激党"、反工会，种种活动，层出不穷，荼毒工人无所不用其极，但其中不少阴谋行动被书记部击退。京汉路罢工前，交通系认为有机可乘，立即动员该系爪牙猛攻书记部，因此沿路多处机关被破获，北京、保定监狱中政治犯猛增，铁路工人失业数量亦有加无已。他们对工人所欠血债累累，陇海铁路秘书游泳（天洋），洛阳工会秘书王忠秀，津浦工会会长张振成，西直门工会秘书王净尘等被害，均为交通系所指使。李味农、伦克忠、胡信之等被杀害，亦与交通系有关。一九二七年夏北伐军到郑州，全国铁路总工会特派员在郑州组织工人罢工响应，事为交通系所闻，指使军警逮捕郑州铁路总办事处工作人员汪胜友、司文德，处以破坏交通罪，九月将汪、司二人枪杀于郑州长春桥畔。以上所举不过荦荦大者，交通系的罪行实属罄竹难书。

北方劳动组合书记部所规定的革命计划，在一九二一至一九二三年间的工作实践中，经过罢工斗争，改善了工人的经济生活，取得了工人的自由权利，提高了工人的政治地位。与此同时，北方书记部创建了全国铁路总工会、北方矿工会、各大城市产业与地区总工会，并进一步成立了全国总工会。由于上述工会组织与罢工斗争的发展，在全国范围内，特别是北方广大地区内，建立了中国共产党的支部与社会主义青年团。这里特别值得指出的，是中共北方区党的组织乃通过若干次重大的罢工得以迅速发展。马克思学说研究会的成立与发展对团结青年学生工人固然起过很大作用，但在北方产业工人区域，特别是铁路矿山城市地区建立党与团的组织，则完全以几次重大罢工为契机。所以自从一九二二年间，北方路矿工会接连十余次的大罢工有如万弩齐发，表现出北方劳动组合书记部的巨大威力，同时也使中国工人政党名实相符地成长壮大起来。

中共六届中委史文彬（全国铁路总工会委员长，中华全国总工会副主席）在一九二九年回忆北方劳动组合书记部时，写道："京汉铁路工人与北京的革命学生（劳动组合书记部）在这样极困难的环境之下艰苦地，忍耐地开始团结工人的力量，他们与交通系奋斗，与军阀官僚奋斗，与厂长、站长奋斗，与当地的土豪劣绅、工贼等奋斗，在二年多长期奋斗中，大的罢工、小的罢工，以及一切合法的、非法的争斗，不知经过了几十次，才将北方全部铁路的重要站口工会先后成立起来，京汉铁路工会便是当时用力最多，工会力量

较为雄厚的地方。"（史文彬：《"二七"的精神是什么？》载《中国工人》第六期，一九二九年二月七日出版）

当时北方劳动组合书记部成为国内外革命工会联络地点。中国工会代表参观访问往来如织，南北工会通过北方书记部互相联络。各地工会发生罢工斗争时，北方书记部遂成实际斗争中宣传、组织、募集罢工基金的中心机关。同时各国工会与赤色职工国际派人来远东活动时，必来北京访问，与北方书记部交换政治情报、革命书刊，并由劳动通讯社发布有关新闻稿。国际工会代表如沙发洛夫（Safalow）、里卜西·士莫尔吉士（Smolgies）、西马文（Simaon）、尼可尔逊（Nikolson）、希尔曼（Hielman）、罗伯尔特（Robert）等均先后来北京访问，与北方书记部互相交换意见，讨论国际工运策略、罢工基金、工会统一战线等问题，并将讨论记录陆续在国际通讯外文版刊布。

北方劳动组合书记部工作重心固然是放在工人运动方面，但是在工人运动打开了局面之后，又把力量投入到铁路沿线的广大北方农村，发动农民斗争，争取和保卫农民，特别是贫农和雇农的政治和经济的权利。

工人斗争大本营

中共北方组织自始即植基于产业工人运动方面，首先集中全力注意开辟这方面工作，特别强调大学生参加工人革命的实践活动。守常在一九一九年一月间刊布一文，公开针砭为统治阶级服务的读书人。他说："中国一部历史是乡愿与大盗结合的记录，大盗不结合乡愿，作不成皇帝，乡愿不结合大盗，作不成圣人！"（见一九一九年一月二十六日《每周评论》第六号）一九一九年三月十四日守常刊布《现代青年活动的方向》一文指出："现代青年应在寂寞的方面活动，不要在热闹的方面活动；应在痛苦的方面活动，不要在欢乐的方面活动；应在黑暗的方面活动，不要在光明的方面活动。"针砭时弊，一针见血。一九一九年八月十七日，他又在《每日评论》（三十五期）提出："一个社会问题的解决，必须靠着社会上多数人共同的运动。"他强调"工人联合的实际运动"。随后大学生到工厂与矿山去的口号便成为亢慕义斋谈论的主题。通过大家辩论结果，上述口号渐渐由言论见诸实践！但在实行中仍然遇到重重困难：首先是北方党团基层原先大部分是属于北大学生（广义说为国立八校等校学生），他们一般都是功课繁重，无充分时间兼顾革命活动，而且当时工运方告发轫，阻力重大，艰巨非凡，因此北大一部分党员认为，革命重于读书，只有抱定决心牺牲学业，才能以全副精力参加工人革命运动。当时在北方区党组织会议上首先表示放弃学籍者是我和特立与汝铭等，我们一致认为：进大学在取得学位，区区学位，对工人革命事业来说，实在渺小无足道。我们决心停止课堂学业，以全部的时间参加工作。因此其他同学有继起停学者，但仍有不少同学发生实际困难，如依靠地方政府公费及家庭经济来源者，则不能自由退学。直到经过一段时间以后，此问题才逐渐解决。如中夏于一九二一年毕业即赴保定任教，随后赴上大（上海大学）教书，直到省港罢工才脱离教学工作专做工人运动。孟雄等放弃学校全力参加工会工作，亦在一九二二年以后。

自书记部成立后便陆续有多数大学生参加工会活动，守常在区委虽然因地位关系，不常外出参加实际活动。可是一九二一年间亦曾偕我与存斋到南口工会。当时住南口饭店会见当地工人领袖谈话。工人张汉清原为书生，任职车务领班，见守常大布衣衫，不识其为何人。会毕询存斋，存斋乃以实告，张大感动说："我们到处访贤，今日始遇真人！"我当向张解释，张道："老兄不要见怪，我这是实话！"

一九二二年夏，我因赴京汉南段、粤汉北段株萍铁路考察工人生活与组织工会，兼到武汉、长沙与当地中共小组商谈地区工作联系问题。时长沙群众工作在学生方面已开始发动，准备成立自修大学（后改湘江学校）。次年八月由何叔衡出面接收船山学社正式开办，由于经费拮据，乃由何出面发帖请长沙教育界仕绅赞助，设宴二席招待，但届时被请者相约不到，结果无一人赴宴，何不以为意，决意独立支持，直到一九二三年八月该校被封闭。我当时曾建议湖南应以全力发展工人运动，俾全国工运平衡发展。中共湖南小组自一代会后，遂以全力从事组织工会。我事毕离长沙乘火车北返，由工人陪同共往岳州、蒲圻联络。时夏末秋初，余热犹厉，已过岳州，车行经荣家湾站，正值深夜，车忽在两山夹道中出轨停下，忽见大队士兵操北音，一面鸣枪示威，蜂拥进入各车厢。时我坐在车门口，只见士兵咆哮而前，一兵端枪在手向路警射击，另一兵连续发枪数响，向车后门首警士射击，警士亦当还击。当时旅客仓皇乱窜，夺门越窗逃奔，妇孺惊啼，秩序大乱。霎时，大队变兵踵至，向旅客搜查箱匣，搜毕，随后复有几队士兵轮番搜劫，如此约经三小时，始闻集合号音。变兵在站上清点劫掠物品，堆成小丘。据说有某银行解款银元十余箱，旅客金饰现款及贵重衣物全被劫去。事后确知该变兵一团因欠饷数月，迫而出此。在战斗中击毙路警二名，旅客二名，伤五名。旅客中一妇人被斩去一指，劫其金饰而去。变兵去后，车厢死伤枕籍。此次经历为我从事工人运动初次遇到虚惊，随身衣物旅费全被劫去。车抵鲇鱼套时，工人闻讯群集问讯，并醵资护送我渡江向京汉路渡黄河北去。

初期中共北方区党员大多数为大学生，其次为工人，还有少数教授秀才。北方区委第一个工人党员为唐山车辆厂（南厂）广东旋工邓培。邓培，字少山，广东三水石湖村人，一八八四年生，一九〇六年为唐山铁路车辆厂南厂技术旋工。一九一九年春，我初至唐山经甘达（邓培表兄）介绍与邓见面，邓向我谈辛亥革命后（一九一一年间），粤籍工人曾在唐山成立工党，有工人七百名加入。是年九月又有人另组华民工党，两党互相攻击，工人不直其所为，纷纷退出，两党均告解体。于是粤籍工人自组广东会馆以资联络。开滦五矿技术工人则自组矿局同人联合会，邓被选为广东会馆值年。

当我第一次提出介绍邓培入党时，北京党小组即加以郑重讨论，但未做出决定，主要原因是为对于邓的家庭问题（或系叶秀珠事）不完全明了。会毕守常语我，可到唐山找邓多谈谈。过了些时，我再度把邓培问题提出，并将邓致党的信交会上传阅。守常说："中国产业工人历史很短，邓培两辈做机器工人，这是难能可贵的条件。"由是众无异议。邓在会上讲话，自述生平及愿望，自称："四十年来光阴空过，自今以后，一切当从头做起。"

继邓培之后，书记部先后介绍史文彬、王荷波、孙云鹏、张汉清、郭恒祥、李青山、沈干城、姚佐唐、伦克忠、孙津川、葛树贵、郝英、曾玉良、康景星、袁乃祥等入党。中国产业工会以铁总规模最大（有会员十万人），而创建最早，它是中共在工人阵地最强大的力量，因此铁总党团也是拥有产业工人人数最多的支部。铁总工人支部的斗争史绩是集中以千计的党团员力量体现出来的，而邓、史、王实为其中出类拔萃的人物。邓入党后于一九二二年一月出席莫斯科远东大会，在莫斯科郊外别墅会见列宁，会后参加北方书记部工作，为唐山特派员。京奉机务正处长英人詹姆生对少山极畏服，在京奉路罢工及五矿同盟罢工时，邓均为罢工委员会负责人兼党团成员之一。全国铁路总工会成立后，并推邓为常委。（邓工资九十元，入党后缴党费三十元）。一九二五年邓辞职离唐山，专做铁总工作。一九二六年回广州任广州办事处主任。一九二七年广东清党时，李济琛于四月十五日派兵捕邓，拘于戏院，夜间李下令将邓培、李森等杀死，沉尸海中，时年四十三岁。邓身后遗妻叶秀珠、长女国英、次女国芬。

长辛店为北方工会产业工会重镇，虽地处芦沟丰台偏隅之地，但实际上是当时北方工人斗争大本营。目营八表，故其行动影响并及于国内外。当时京汉铁路总工会党团书记为史文彬，长辛店党支部书记吴汝铭，均书记部重要成员。

史文彬，山东历城人，一八九〇年生，原德州兵工厂锻冶工人，好阅读书报，通达事理，为人刚强疾恶，急公好义，最先加入劳动组合书记部，为京汉路第一个加入中共党员。平日注全力于革命，见难不避，见利不争，掌工会会计，经手巨万，一介不苟，被选为京汉铁路全路工会会长。吴春熙、陈励茂、陶善琮等均醉心革命，并具长才，与史和衷共济，相得益彰。

吴汝铭，原本北大法律系学生，长沙金井人，平日在校专心治学，不问外事，后为马克思学说研究会发起人之一。当辛店教师张纯、李实因事返湘，贾祝年返赣后，教员杨人杞乘机闹薪，弃职而去。汝铭闻讯说："不要紧，留下的课都由我包下来教。"全校几班课程，日夜分班上课，下课后自行炊爨，艰难撑持下去，度过学校危机，长辛店工人称吴见义勇为，赞扬不置。

京南诸镇循长辛店南行乃至大名、保定、石家庄、彰德、郑州、信阳以达江岸，石家庄党组织成员主要为张昆弟、袁子贞、高克谦、张兆丰、马尚德等。

袁子贞，直隶霸县人，一九一七年应募赴法国战地做勤务工作，在法组织华工成立华工会，被选为工会负责人。一九二四年经苏联回国，与守常同车到北京。子贞年富力强，诚笃有才干，为守常所器重，归国后向书记部申请做工会工作。时正太路为借法国资本有债务关系，通用法文，因派子贞到石家庄工作，成绩颇著。袁一九三一年在党内斗争中失踪。

张兆丰，直隶磁县人，育德中学毕业后考入陕西陆军讲武堂，旋在陕西国民军任下级军官。一九二四年入党，任国民三军混成旅参谋长，驻正定，兼任军事工作，一九二九年牺牲。

马尚德，河南确山人，开封工业专门学校学生，一九二四年在京汉南段工作。一九二七年初在开封加入中州大学 C.Y.支部后，派往京汉路信阳工作。一九二七年四月在确山领导农运，一九二九年全总派马赴东北工作，易名杨靖宇，领导抗日联军，一九四〇年二月，在蒙江被日寇杀害。

在洛阳方面，继游天洋而起者有河北王忠秀。忠秀为北大哲学系同学，因醉心工人革命，投身陇海铁路工作，长期与军阀周旋，一九二五年终为吴佩孚所害，其事迹见我所写王忠秀烈士传一文，在《向导》和《革命战士集》刊布。

北方东南地区包括山东、淮海、长江北部，为津浦、陇海（东段）、胶济三路交错地带。中共党团与工会组织重镇分布在天津、济南、青岛、徐州、江浦等处。天津为京奉、京浦二铁路枢纽兼城市轻工业集中地区。中共书记部海河北地纬路设立工人子弟学校及夜校，在天津工作者主要有韩麟符、于方舟、辛璞田、安幸生、安体诚与陈振国、孙过廷（二人均铁路工人）等，其中以韩麟符、于方舟、安体诚与辛璞田宣勤最多，号称四杰。

韩麟符，直隶人，原南开大学学生，后转学北大，入党后担任组织北方及内蒙方面农民武装工作。于方舟，字兰渚，直隶宁河县人，南开大学学生。辛璞田字绍卿，直隶安新县人，直隶省立一师学生。于方舟、安幸生、辛璞田三人均在指挥工农斗争中牺牲。安在一九一九年六月天桥案发生后，时南陈北李微服出京，安幸生乔装赶大车车夫，挥鞭策马，出彰仪门，护送二人脱险，安抵津门。

安体诚（一八九六～一九二七），字存斋，亦名存真，直隶省丰润县人。一九一七年在直隶省立法政专门学校（原称北洋法政学校）法律本科毕业，一九一八年入日本京都帝国大学，一九二一年回国任法政教员，后加入北京马学会及北方劳动组合书记部。一九二二年被派至天津宇纬路创立天津工余补习学校，参加铁路工人运动，兼任交通部督员。一九二三年体诚赴杭州法政专门学校任教，同时担任浙江省中共省委及沪杭铁路工作。一九二七年四月十五日，李济琛下令大肆屠杀共产党员，体诚变服从广州赴上海，在法租界和平旅馆，被上海国民党邮政工会朱学范等派人捕拿送市党部，因于龙华监狱，是年五月被杨虎所杀。

中共北方区委

党的第一次全国会后,在原来各地共产主义小组的基础上,中央决定成立北京区委(包括山东)、广东区委、江浙区委、湖北区委、湖南区委等,以便更好地领导各区工作,开展各地人民革命斗争。

北京区委的组织及其成员的演变,是由简而繁,前后互有更迭。区委书记一直由李守常担任,我主持过区委组织工作,高君宇曾负责宣传工作,邓中夏负责青年工作,缪伯英负责妇女工作,李梅羹任区委秘书。一九二五年北京区委改称北方区委(这一名称与其管辖地区更相符合些,为叙述简便计,本章一律用北方区委名称)。以后区委成员增加,工作繁重,天津、唐山、北京、东北等地,亦先后成立了地委。

中共北方区委当年领导地区很广,除北京、天津、唐山、石家庄等顺直省地区外,还包括河南、山东、山西、陕西、东北和内蒙古地区,甚至和云南、贵州也有联系,除此之外还包括全国各条铁路等。

北方区委在组织上受上海中央领导,但还有它独特的地位。当时国际代表和苏联公使常驻北京或路过北京,因此在政治上还接受他们的指导,如维金斯基(一九二一年)、马林(一九二三年)、加拉罕(一九二四年)均驻过北京,一九二二年陈独秀也一度驻在北京。

当时北方区实行集体领导制,在党中央指示领导下进行工作。凡重要决策和方案,均通过会议慎重研究,详细讨论,多数表决,然后付诸实施,通过先后成立的工委、农委、青运、妇运、民运转交劳动组合书记部北方分部、共青团等机关贯彻执行,并责成各部门互相协作。

一九二一年十一月,独秀以中央书记名义向全党各区发出通知,强调建党工作和开展工人运动,事前又在上海召开了工作会议,确定全党以主要力量用于开展工人运动,并建立了中国劳动组合书记部和各地区分部。

在北方区委领导下,从一九二一年下半年起,劳动组合书记部北方分部几经讨论,对北方地区和主要铁路、矿山筹建产业工会和开展罢工斗争的工作进行了规划,前后计陇海铁路大罢工、长辛店大罢工、开滦五矿罢工以及二七大罢工等大小斗争百余次。在这些斗争中,建立了各级工会,吸收了大量工人成分的党、团员,建立了许多基层党、团支部。

北方区委始终注重集体领导,充分发挥"临事而惧,好谋而成"的精神。如一九二一年组织陇海铁路罢工,是第一次重大斗争的演习。又如一九二二年发动长辛店八月罢工后连续组织了京绥、正太、京奉、津浦各铁路的罢工斗争。当时敌我形势错综复杂,北方区委会议讨论上述联合斗争时,气氛热烈,也有人认为"风险不小,后果难料"。书记守常指出:"论理就是这样,我们应该'临事而惧,好谋而成'。我相信一定会成功的。"上述各次斗争的方案大都是通过充分讨论坚决施行的。

李守常与北方区委

守常生前一直负责主持北方区委工作。他在工作中,以身作则,贯彻党内民主,实行集体领导。他坚持原则,服从中央,根绝派性,排除宗派思想。在他带领下,北方区组织长期稳定,团结一致,发扬正气,严斥奸佞,形成了一整套有关合理使用干部的人事制度,使北方区委成为一个艰苦朴素、忠心革命，既是指导北方地区各项活动的运筹帷幄的决策机关，又是一个执行决议的坚强战斗集体，守常同志在北方建党中的功绩是不可磨灭的。

守常同志谦虚谨慎，作风民主，很尊重群众的意见。区委成员最初人数较少，且北大同学居多。随着工人运动的开展，北方区委成员中逐渐增加了产业工人的成分，先后相继参加区委领导的有京汉铁路的史文彬，津浦铁路的王荷波，京奉铁路的邓培，胶济铁路的郭恒祥，正太铁路的孙云鹏及张清泰等。这些工人领袖参加区委领导后，工作局面大为改观，区委发挥集体力量，成功地领导和发动了多次大规模的罢工斗争。再者，区委下属的许多支部是由工人党员所组成，他们和群众有紧密的联系，也是重要因素之一。因此，当时国际代表评说："北方区委很有些像工人党的样子。"守常听后，语重心长地说："我们凡事要虚心，'盛德容貌若愚'，不要自满，还应努力做好实际工作，使各方面都能名实相符，成为工人阶级的政党。"

守常使用干部，大胆放手，对同志十分信任，常说："疑人不用，用人不疑，何况革命同志更非他人可比，是同生死共患难的，应比家人还亲。"在叮咛工作时，他常爱说的口头语是"大而化之，你瞧着去办吧！"我们听了总是喜惧交并，奉命唯谨地去执行。

在人事制度方面，北方区委任用干部，本着大公无私，不分亲疏，不讲派系，一视同仁。是非升黜，全凭革命品德才能，及在革命实践中的贡献；赏罚付诸群众，曲直自有公评。

随着斗争的发展，北方区局面日益扩大，工作人员众多。在教育党员方面，守常总是主张革命原则，一秉大公至正，主张团结，既不损害同志，也不放松批评。事实上，在守常同志主持北方区委时期，他不止一次地论述革命者要怀有智信，不搞宗派，反对盲从，根绝偶像思想，认为这些思想作风都是旧时代流传下来的，极不正当的恶习。因此，北方区党内生活纪律严明，战斗行列组织严整，士气旺盛，同志间和谐合作，心情愉快，各级领导工作同志都实行以德服人，反对压服，摒除那些纵横捭阖、尔虞我诈的坏作风。在实际斗争中，形成见利不争、见害不避的品德。北方区数以百计的干部，在对敌斗争中与全体党员一道，均能临危不惧，英勇奋斗，不怕牺牲，很少有降敌或为虎作伥的事情。在一九二七年前后，北方区的干部，自守常同志起，英勇牺牲的，前后不下百数十人，著名的有游天洋、戴培元、王忠秀、李味农、李季达、江震寰、胡信之、伦克忠、邓培、范鸿劼、王荷波等。

在经济管理制度方面，守常同志带领大家以艰苦卓绝，忠心为革命、为党、为人民大众服务的作风，上下一心，不争权夺利，埋头苦干。并规定会计、出纳独立，实行群众监督，公开决算帐目，党的干部一律不得直接经手现金出纳以及物资发放等。对贪污舞弊事项，先事预防。因此，北方区前后经历近百数次大小罢工斗争，募款、赈济，来往大量现金和物资，很少发生贪污现象。最大的如开滦五矿罢工，数万工人历时四十多天，经手累万的现款和物资一清二楚，维持斗争局面直至胜利，的确是一件难能可贵的事。

北方区委对党员教育非常重视，要求建立革命生活，学习时事理论，从事工人教育事业和参加群众斗争。当时北京社会风气很坏，市民中以听戏捧角，哼唱京调为习尚。在北京大学内风行《消闲录》小报，以狎妓捧角为风雅。北方区委要求党团员和劳动组合书记部成员一律不许沾染此风，保持高尚的革命情操。守常提倡革命生活，每当罢工斗争胜利时，他就邀请大家到西城后闸他家中聚会，为大家包饺子。一面汇报斗争经过，一面聚餐，并弹琴、唱歌、讲故事、说笑话等，共庆胜利。

北方区委在守常同志领导下，集体领导形成制度，不论他外出度假或出国开会等，都能照样运行自如。一九二三年春，寒假期间，守常应邀去武汉大学讲学,借以扩大宣传阵地,我们也极力赞助他去。当时劳动组合书记部北方分部正筹备建立京汉路总工会,临行时守常让我兼为主持区委工作。岂知守常走后,吴佩孚突然大肆镇压京汉铁路工人。面对这一白色恐怖,北方区委留京同志贯彻集体领导,应付局势,坚持工作,临危不乱,并积极开展斗争。这个期间,没有一个人擅离职守。这是守常平日对区委同志严格要求与训练的结果。

区委干部之间是团结互助的。在区委工作的许多人,都是守常的学生,大家对他非常尊重。他当时有教学工作,除北大外还在北高师兼课,课程排得满满的,社团活动以及社交活动也很频繁。因此,一些具体工作我们也都尽力承担,不去多麻烦他,事后向他汇报。

北方区委的各项工作

北方区委除了积极开展工人运动外,还积极开展了包括上层联合战线、民族运动、军事工作和农民运动等各项工作,除工人运动将专文介绍外,这里仅对其他工作做一简单回顾。

中共北方区委成立以后,守常同志就很注重抓好上层联络工作,后来慢慢发展成为一个很重要的方面,即我党有关国共合作、联合战线的工作。这项工作对我们开展其他工作,争取朋友,孤立分化敌人,赢得有利的稳定局面是很重要的一环。守常在这方面独担重任,贡献最多。他在国共合作、主持国民党北京执行部等一系列统战工作中,为党做出了重大贡献。

先是守常同孙洪伊、王乐平、汤化龙等宪法研究委员会的人(这些人原属研究系)有接触,他通过和这些人的往来,慢慢发展,认识了不少国会议员。

当时国会议员中,靠近共产党并和北方区委有往来的有张继(参议院议长),比较接近的有吴景濂(众议院议长),若即若离的有山东王乐平、范鸿均、丁惟汾，河北江浩、王衡、李鼎声，山西周宾、焦易堂等二三十人。北方区委对他们作了些团结争取的工作。他们在必要时就站出来帮我们说话，当时这些议员虽无实权，但在制造社会舆论，揭露敌人方面却有一定作用。一些公开活动，由于有他们的参加，扩大了社会影响。如北京第一次十月革命节纪念会，是在北京大学第三院召开的。守常同志在大会上作了重要讲演。当时到会的人很多，其中教育界、议会两院、各部会的人来了不少，他们有的还在会上发表演说，使会议开得很热烈。

再是一九二二年越飞大使到中国，在苏联大使馆举行了一次几百人的盛大招待会，到会的都是北京的名流，其中议员不少，我们也去参加了。蔡元培先生在会上讲话说："我们大家济济一堂。"我们纪念"五一"的活动，不少社会名流也参加了。这些活动都增加了我们在社会上的影响。

我们搞开滦五矿罢工时，议员中也有帮助我们的，一方面他们在议会中发言质问当局，另一方面帮助我们募款。"二七"罢工时，我见到两三个议员骑着毛驴去长辛店，其中有一个叫王素民。当时环境很危险，这可是不容易的。"二七"罢工后，长辛店举行追悼会，议员们也有去参加的。

还有一个银行界的议员对守常谈，你们太穷，工作开展不容易，搞群众运动，需要经费，我可以支援。类似这样的事情还很多，当时很有一些议员团结在北方区委的周围，为我们说话，提供一些情报，有时还作一些掩护工作。

做好上层工作，我们就能方便地了解北洋军阀政府中的一些内幕和动向，这对我们决定斗争策略是有帮助的。有些事我们知道后，就及时写文章在《向导》上加以揭露，唤起群众觉悟。当时帝国主义的情况，我们比较容易知道，因为帝国主义之间矛盾重重，他们常常要在报刊上互相揭露；而军阀内部的情况，我们就不容易知道。

通过这些关系，往往就能知道军阀的内幕。如曹锟贿选一事，我们最先是从议员嘴里听到的，于是我们就写文章揭露曹锟。我们有组织地把一些内幕资料写成文章，送报刊发表，这对直系军阀是一个打击。当时议员中的江浩、李鼎声、王法勤都是比较进步的，是守常的好友，其中一些人后来也加入了党，在国共合作中发挥了作用。

北方区委也很注意农民运动，守常曾对北方地区农民武装斗争作过一番深入的研究。根据北方区委对北方各省农村所作的详细调查，区委会议提出了加强北方农民武装斗争的报告，并做成方案付诸实施。守常根据该项材料写成题为《鲁豫陕等省红枪会》的文章，刊登在《政治生活》周刊上，作为当时指导农民运动的重要文献。

一九二五年守常刊布的《土地与农民》一文，长达一万余字。文中阐明了北方区委关于北方土地政策的决定与策略问题，提出以贫雇农为主导的农民协会，进行土地改革，与广东农民运动遥相呼应。北方区委还输送干部去广州农民运动讲习所学习，为北方地区培植农运骨干。

北方地区是汉、满、蒙古、回、藏各族聚居地带，同时也是历代民族矛盾集中的地区。当时（一九二三年）守常同志就注意到民族问题的重要性，指出应当在北京蒙藏学校发展党与团组织；培养民族干部，并建议设置在北方区委领导下的民族工作委员会，由马克思学说研究会中籍隶热河、绥远、察哈尔等地区的同学组成，其中有王仲一（张家口人）、韩致祥（热河人）、何资琛、李渤海等同志参加，并开展民族运动工作。当时在蒙藏学校中建立党、团组织，又在内蒙古旗盟中发展党组织，由是奎璧、荣耀先、吉雅太、乌兰夫等同志先后被吸收入党，自是内蒙古地区革命工作日有起色。一九二五年建立内蒙古人民革命党，同时在喇嘛中进行了统战工作，使他们中有些人走上了革命道路。

北方区委对军事工作也是十分重视的。区委成立后，当时在组织部下设立一个军事运动工作小组,由我兼管。这时区委重视军运工作的主要原因:一是北方区是北洋军阀政府军事力量集中的地区,北方区的革命斗争运动存在着随时遭受敌人武力镇压的危险;二是北洋军阀的部队内部不稳定,且士兵大都来自农村,有条件进行这方面的工作。

北方区委进行军事工作,先是从各军事院校入手的。当时北方有保定军官学校、清河陆军大学、烟台海军学校以及各省区的讲武堂等。这些军事院校招收的学员大多数是青年学生,我们利用这个特点,向他们宣传革命思想,渐渐地在学校发展起党、团组织,党的影响和力量也慢慢渗透到北洋军阀的部队中去了。如在曹锟的部队中,在冯玉祥的部队中和其他军阀的部队中,都有我们的同志在开展工作。另外,我们对北洋军阀部队的情况、兵工厂的情况,也进行了详细的调查研究,并派人打了进去。一九二五年,我们成功地在内蒙组织了党的武装队伍。到一九二六年,我们在这方面的工作已取得了一定的成绩。区委的军运小组随之发展为军事工作委员会,其成员有我、张兆丰、张隐韬、郭增昌、李之龙、郭寿生、茅延桢、廖星庭等。

军事工作的初步开展,对我们组织罢工斗争,起到了一定的作用。如在开滦五矿罢工中,由于我们做了董政国旅的工作,争取这个部队的部分军官和士兵同情工人罢工斗争,因此减少了许多阻力。同时,我们还派军事人员训练工人纠察队。

从一九二六年起,北方区委先后派遣部分军事工作干部和学员,到广州、武汉、内蒙等地参加北伐战争及革命斗争活动,发挥了很大的作用。

从一九二一年至一九二七年,北方区委工作取得了较大的成绩。一九二七年上半年,大使馆案发生,守常被捕牺牲,北方区委工作受到了很大的挫折。

创办北方区党报

中共北方区党报——《工人周刊》的创办，要溯源到北京共产主义小组早期的刊物《劳动音》。

一九二〇年上半年，北大马克思学说研究会酝酿组成后，会员一面研究和译述马克思主义著作，一面特别注重马克思主义与中国工人运动的结合与实践。部分会员分赴铁路、矿山和工厂进行调查、访问，获得了有关工人劳动、生活的第一手资料，同时也体察到一些问题，包括如何在工人中传播阶级革命的思想，启发工人阶级觉悟等。其中一些调查报告曾发表于当时的报刊上，但为数有限，影响也不够深远，大家感到有必要自办一个刊物，专门研讨和报导有关工人方面的问题和消息，以唤起社会的广泛注视。随后不久，北京共产主义小组诞生，这种想法就更趋迫切，为创办一个旨在工人中进行革命思想教育的刊物，已是势在必行了。于是，与上海小组的《劳动界》、广东小组的《劳动者》创刊的同时，北京共产主义小组的《劳动音》也应运而生了。它于一九二〇年的十月革命节出版了创刊号。我参加了编辑工作，但主要编辑者是北大学生陈德荣。陈是湖南浏阳人，北大旁听生，具有无政府主义倾向。

《劳动音》的宗旨，在它的创刊号上《我们为什么出版这个"劳动音"呢？》一文中，曾表示为"使国内各工人容易联络，及使留心社会问题的人，做研究的资料，使热心社会改革的人，去求解决的方法，更使世界的劳动者和社会改造家，明白我们国内的劳动真相，来设法帮助我们解决，共促文化的进步，世界的和平，人类的幸福。"

这时的《劳动音》，还不能完全站在马克思主义立场上，内部思想也不统一，多少带有学院式的气息和无政府主义色彩。

不久，发生了北京共产主义小组中无政府主义者退出的事件，这对于加强党在马克思主义思想基础上的统一，无疑是好事。此后，《劳动音》的出刊工作就由我承担了。

《劳动音》在长辛店、南口等工人聚集区发行后，颇受工人欢迎，每期可销售二千份左右，办到五、六期时，因言论忤及当政者，而遭到北京军阀政府的查禁。有人说，后又改名为《仁声》[1]继续出版，我已记不清了。那时我正忙于在长辛店筹办工人补习学校和组织俱乐部工作事宜。刊物没有能维持多久，就停刊了。

次年的四、五月份，北京共产主义小组的一次会上，讨论到如何加强党的宣传教育问题。这一时期，我们在长辛店、南口等地的局面已经打开，长辛店的工人补习学校，已是遐迩皆闻，外地工人纷纷来信询问，工人俱乐部也在组织酝酿中，工人运动的经验急需交流推广。于是，有人建议恢复《劳动音》的出版。我建议新办一个刊物，作为宣传品，介绍各地工人运动的状况和经验，启迪工人的阶级觉悟，鼓动工人运动。既是党的喉舌又是工人自己的言论机关。对此，大家不谋而同，一致主张立即办起来。有人还提议办成一个《工人日报》，大家随即考虑到人力物力不济，一时不易成功，最后决定先办一个《工人周刊》，并推定我来主持筹办工作。开创的经费由同志们筹措，各人当场认捐，集资八十多元，已够办创刊号的费用。守常说："最近可再拿出五十元，一定要办好这件事。"就这样，大家齐心协力开始了筹办工作。当时新闻纸是从日本或瑞典进口，价格昂贵。幸得北大印刷厂工人大力赞助，设法弄来一些廉价纸张，并承担印刷任务。经费方面还得到长辛店工人俱乐部和各地工会、俱乐部及工人的多方支援。

《工人周刊》从刊头到版面设计都是自己动手，甚至捡字、排

---

[1]《北京共产主义组织的报告》一文中提到此事，见中央档案馆编《中国共产党第一次代表大会档案文件》。

印，我们也和工人一起利用业余时间去做，这样可以节省开支、缩短时间。创刊号的版面是由子青设计的，宋天放亲题刊头，由于刊头一时不易制备，他又亲自用木头雕刻出《工人周刊》四字，制成印版。这样，《工人周刊》终于按原定计划出版了。

创刊号大约在一九二一年六七月中间出版。[1]

《工人周刊》的印刷与发行

《工人周刊》是党在北方的主要党报，它始终旗帜鲜明地宣传共产主义思想，鼓吹工人运动，因而为历届北洋军阀政府所深恶嫉视，欲置之死地而后快，尽管秘密印刷出版，但仍屡遭查禁，报刊工作人员横遭缉捕、关监。加之，刊物经费主要仰仗党员自筹，经费十分拮据，以致经常脱期，停而复出不知几多次。其艰难困苦程度可以想见。但报社同志屡败屡战使刊物得以继续出版，坚持下来。从一九二一年开始到一九二六年止，前后有五年之久，累计期数约在一百五十期以上，成为大革命时期持续最久的党刊之一。可惜这份刊物留传下来的期数很少，不到十分之一。最早的一期为一九二一年十月九日出版的第十二号，最晚的为一九二六年一月二十五日出版的第一三七号，现已经中国革命博物馆汇集整理，准备重印。

《工人周刊》在长期出版过程中，印刷地点几经更易，最早是在北大讲义课所属印刷厂印行的，曾得到当时任讲义课主任李辛白先生的协助。李系安徽人，一九一九年八月自办《新生活》周刊，常因拉稿关系与我认识，我曾为《新生活》写文和荐稿，往还较熟。因请他协助承印《工人周刊》和劳动组合书记部的一些文件书刊，

---

[1] 据现保存的最早一期第十二号，按日推算，若不脱期，约在七月下旬，但当时由于种种原因，脱期是经常的。据《共产党》月刊第六号（一九二一年七月七日）报导：《工人周刊》已出六期，按此推算，当在五月中旬，但该刊本身已是延期出版了。

李欣然同意。双方并言定印刷费用只算成本。印刷《工人周刊》事对外严守秘密。时北大印刷厂领班工人郝克勤系马克思学说研究会会员，借助于他，我们得到许多便利，每遇经费困难，一时难于筹措时，即可通融记帐。《工人周刊》的印刷多挤工余时间进行，工人亦多方赞助，有些人后来加入了工会或党组织。

郝克勤于一九二三年三月《工人周刊》被京师军警督察机关查封时，被牵连入狱，禁锢二年。中共北方区委设法营救，得释后，介绍郝到河南工作。在工作中郝取得中共党籍。后于赴洛阳途中为当地驻军所捕，解往开封。某军阀见郝佯示优容，郝向他侃侃而谈革命道理，冀以感动他，该军阀断定必为中共重要分子立判死刑，杀郝于开封南关外。

"二七"后北大印刷厂不能再承印《工人周刊》了，便改在虎坊桥商务印刷厂秘密印行。当时，那里已有一个工人党支部，后来又改在大栅栏里一个小印刷厂印行，直至一九二六年被军阀政府查封止。

《工人周刊》第一期试印一千五百份，逐期增加至二千份，后来发行激增，由三千份最高升到六千份，以后长期稳定在五千份左右。该刊发行范围不仅限于北方，遍及全国，远至东南亚、远东赤塔、海参崴和法国等地华工中间，影响很大。

每逢《工人周刊》出版时，大家都齐集参加义务劳动。其中有的是北方劳动组合书记部成员，或马克思学说研究会成员和党小组同志等。大家齐心协力，包扎付邮，如遇所需邮票不足，即由参加人员自动捐赠，务期当天将全部《工人周刊》发出，才算完毕。

如遇星期天或假日，往往是我和宋天放、李梅羹、缪伯英、席咏怀、王复生等，分途乘车亲自将《工人周刊》带到长辛店、丰台、门头沟、南口各工厂送发，并就地征求工人对报刊的意见，和邀约通讯稿件。

当时，我们在各地都聘有《工人周刊》通讯员和经理发行人员。开始《工人周刊》是作为非卖品，由当地经理人员负责发送到工厂工人俱乐部或工人读者手中。凡索要者都可向当地经理人员联系。后来，随着读户的稳定，为减少同志们的负担，约在一九二二年后，改为销售，每份一枚铜元，基本作到独立维持。此后，仍由当地经理人员销售，他们既是经理者又是通讯联络员，成为《工人周刊》社的派出代表，他们还肩负调查工作，经常将当地工厂中工人劳动状况、工人的要求和困难反映到劳动组合书记部来。

随着发行量的增大，读者分布亦愈广阔，运送刊物的工作交由史文彬、孙云鹏、张清泰等负责。他们通过各条铁路机车与各路车务工会负责人进行运送，采用此种方法，迅速可靠，避免反动政府的检查，尚可节约邮资，简化手续。

声援罢工斗争

在《工人周刊》创刊号上，宋天放就手书有"为工人阶级的喉舌，为工人阶级呼吁"及"工人阶级第一份自己的新刊物"等语。此刊在其漫长的发行过程中，始终不渝地坚持了这一方针。

我为创刊号写了发刊词，其中大意是：中国工人阶级是我国历史上新兴的阶级，他赋有改造旧政治、旧经济、旧文化的重任，是革命的力量，但在历史舞台上，他长期受统治阶级的压迫与剥削，没有政治、经济的自由，本报是广大工人阶级的喉舌，将为保卫自身的权利而说话。

《工人周刊》从创刊起，就积极报导各地工人受剥削、受压迫的困状，刊载工人劳动、生活状况的调查，如对南口工人的调查报告。如介绍长辛店工人斗工贼、建立工人俱乐部的情况，特别着重报导工人反抗压迫、要求改善经济现状的罢工斗争。每有大罢工发生时，除积极宣传介绍外，并号召各地工人团结起来，声援罢工斗争的工友。如对一九二一年十一月陇海路第一次大罢工,一九二二年的香港海员大罢工,京汉路八月罢工,京绥、正太、津浦、道清、粤汉、京奉等各条铁路的罢工斗争,开滦煤矿大罢工,京汉"二七"大罢工、焦作大罢工等,无不作了详尽的报导和声援,并由北方劳动组合书记部派往领导罢工的人员亲自撰文报导。

一九二一年陇海路罢工期间,《工人周刊》从第十八号直到第三十号,连续报导罢工情况,并发表评论号召各路工友急起援助,直到取得胜利。我代表北方区委和以劳动组合书记部北方分部负责人的身份,前往参加领导陇海路大罢工,曾以记者名义发表了《陇海路劳动考察记》,详记这次罢工情景与工人组织情况,后又由通讯员慕敢写了《各铁路工友应急起援助陇海路罢工》的评论文章,着重号召各路工友以实际行动从经济上予以声援,现分别援引如下,以窥一斑。

  调查:陇海路劳动考察记(记者)

我此次因陇海路罢工,特专程前往考察,此行有几层重要意思:(一)调查风潮真相及援助。(二)调查劳动组合实况。(三)说明工人对于社会改造的重大责任。(四)宣传劳动组合的意旨。(五)介绍世界劳动运动潮流。现在漫游归京,特将重要各点简单记出,以供热心劳动人士参考。

查陇海路此次罢工前后经过十日,参加罢工工人计两千余人,路局损失约七十余万。真可谓在中国劳动运动史上一桩极可惊异的事了。但是问他们为什么能做这般巨大的事业,必须先明白他们觉悟的程度,要明白他们觉悟的程度必须看他们组织的情形。该路工人半年前,可谓毫无动静,数月以来,内受洋人的虐待,外感宣传的影响,沿路四大站(开封、徐州、郑州、洛阳)均已先后于一月内成立工人团体。现将他们组织的内容略述于下:

（一）开封

开封工人组合机关现名"老君会"，是一九二一年十月廿一日成立的。地址原在车站南庙拈梅寺，十一月十七日移至鼎济亨第一号。计房屋十三间，每月房金十五元，内分账房，招待室，老君堂，演讲堂，教室等。……会员一百八十人，会长林芝荣，副会长张良彦，熊福海，会计方立荣，凌必应，正干事魏荣山，文牍任子湘。行车升火的工人有五十人，小工六十人，大工三十人，木工二十人，铁工二十人。行车工人的工资，自二十六元至四十六元，小工的工资自七元五角至九元，升火工人的工资，自十三元至二十一元，大工的工资自十九元半至三十元，木工的工资自十二元至二十元，铁工自十八元至二十七元，各种工人都有家眷，家眷概居工厂附近。工人子弟，多半在私塾念书。会员每月捐一天工资，会中每月共收一百八十元。每星期集会一次，每晚八人值日。会中设备了许多报纸乐器，每星期集大会一次，每年阴历二月十五全体宴会一次。

（二）徐州

"徐州陇海工业补习所"是该处工人一九二一年十月十日成立的。地址在北关外北站观音庙，计房十一间，每月房金十元，内分讲室，会客室，寝室等。……会员三百人，行车升火工人五十人，大工一百五十人，小工百人。他们的工资：升火工的工资自十二元至廿一元，行车工的工资自十八元至四十元，大工工资自十八元至五十元，小工自六元至十元半。会中的正会长是宋桂森、副会长宋启勋，朱明勋。总干事代表陈仲山，副干事代表陈凤，王汉卿，杜玉田，王思义，鄞明喜，傅阳春，朱占魁，王琏魁，张云峰，谭金玉，黄金才。评议员六人。调查刘吉祥。招待三人。干事员二十六人。文书王哲堂。庶务员二人。会员每月捐一天工资，会中每月共收百三十六元。开支相同，内中设有阅报室。藏书很多。集会的期间不定，遇着相当的时候随时召集。

(《工人周刊》第二十二号 一九二一年十二月十八日)

评论：各铁路工友应急起援助陇海路罢工（慕敢）

这次陇海全路工友罢工的举动，是为铁路工人争人格，争生存的最大关头。本来无论何处工友都应该向他们表十二分的同情，然最当急起援助的便是铁路工友。因为他们这次的起因是受总管虐待，生活不安，等等。这些事既可在陇海路发生，也可在京津、京奉、京汉等处发生。外路工人如果今天袖手旁观，往后这些虐待轮到自己的时候，也会无人帮助你们了。所以现在表面上虽是援救他人，实际却是为将来援救自己。也许因这次各路互助的声势，可以增加铁路工界的威权，使资本家畏惧，可以无形中消灭将来的虐待。那么，援助陇海罢工，更是各路工人应该做的事了。

至于援助的办法，各地工人也有已行的（参看本号劳动新潮栏陇海路罢工续志），大家自然可以仿效，但是最要紧的便是援助经费，因为罢工中工友们的生活费和其余的活动费，在在需钱，如果经费不够马上便难支持，支持不住便要失败了。如果失败那就不独陇海工人的不幸了，恐怕凡是铁路工人都永会变成了奴隶牛马。工友们！这是大家的生死关头，大家努力捐输罢！攻破这个关头，以后的好处正多着呢！

(《工人周刊》第十九号 一九二一年十一月二十七日)

一九二二年一月爆发了著名的香港海员大罢工，我们闻讯后，即在《工人周刊》上广为介绍，发表综合文章《香港海员罢工的现状及各地援助的踊跃》、《香港海员罢工快要得胜利了》、《海员罢工之最后五分钟》，一面鼓舞罢工斗争的海员工友，一面教导各地工人从声援中吸取罢工斗争的经验教训，如平日要多集"准备金"、要注意加强与各工人团体间的联合，只有组织强大才能与资本家斗争而取得胜利,从罢工中学会罢工。

一九二二年十月爆发的开滦五矿同盟大罢工,《工人周刊》对此不遗余力,派遣记者及其所属"劳动通讯社"人员,分赴天津、唐山进行采访报导,并向全国各大报刊发稿。可惜这一期间的《工人周刊》荡然无存,不能引述以飨读者。

一九二三年举世闻名的"二七"斗争,《工人周刊》更是站在前列。从一九二二年底就不断报导京汉路总工会各地分会筹建和活动情况,著文《为什么要组织总工会》号召进行"行业"的大联合,还积极筹备"全国铁路总工会"并对此进行讨论,借以提高广大工人对总工会的认识和觉悟。由于《工人周刊》对帝国主义及其走狗军阀政府的坚决斗争态度,号召工人逐步由经济斗争转向政治斗争,深为反动军阀政府所嫉视,京汉路大罢工伊始,《工人周刊》就迅即遭到军阀政府的残酷镇压,无端加以"实含过激主义、关系地方治安颇大"的罪名予以查禁,工友遭逮捕,编辑人员遭追缉,致使本该一月底出版的第六十三期无法付印,刊物濒临绝境。

《工人周刊》全体同志,经历"二七"惨杀后,部分同志遭监禁,余下同志不顾军警缉捕,仍然坚守岗位,再接再厉,一面进行大量善后救济工作,一面冒着危险迅速编辑了《京汉工人流血记》一书,揭露敌人的狡猾凶残。经过重整旗鼓,继续斗争,此书只用了一个多月的时间即由北大印刷厂工人奋力赶排出版。该书成为我党全面报导"二七"斗争最早和最翔实的一本历史文献。

接着,于是年五月一日,又使延误已久的第六十三期作为"五一特刊号"和读者见面了。该刊转载了我写的《京汉工人流血记》的自序,君宇、树彝、先瑞和我都在刊内写文抨击吴佩孚军阀政府的罪恶行径,并总结了"二七"大罢工的教训,指出进一步开展斗争的目标。我以文虎的名字写了《年年五月一日》一文,痛斥了大小军阀和帝国主义者的罪恶。从该文可以看到当时的宣传情况。该文的内容如下：

自一八九〇年五月一日起，这个五一劳动节来了又去，真不知有几番岁月了。我们对于平常的节日，总不免带有许多伤感过去的情绪，只有对于五月一日这一天，却是一年一年的翻新，很含有未来的意义。因为自一八九〇年到现在，世界的无产阶级是一天盛似一天勃兴起来的，无产阶级专政的国家已经占据世界最广大的疆土了，全世界的资产阶级已经在苏维埃俄罗斯之前后发抖了。所以我们以过去的"五一"推测未来的"五一"，是可以预卜资本主义的灭亡的。

我看看桌上的赤色工人日历，知道几年来的今日，真有许多壮伟的举动，是很可感念的。单就德国说，当一九一六年德国的军国主义疯狂的时候，全欧洲被战云遮蔽了资本主义的各国政府拿爱国主义的招牌鞭策成千成万的青年工人和农民到战壕中去死。这些被骗的人如饮狂药一般，视死如归去替资本家军阀拼命，谁也不敢说一个不字。独有柏林的共产党和工人等，看明白了这个骗局，乘着"五一"这一天，结队千万人，举行要求和平的大示威运动，要给资本家军阀政府一个很大的打击。这次运动死伤很多，我们劳动界领袖最可钦佩的加尔·李卜克内西特就在这天被捕了，后来更被杀害了。从此德国百年来的霍亨坐伦皇朝也随着倒了，德国的共和国出现了。

一九二〇年今日，正当苏维埃俄罗斯内忧外患交乘的时候，欧洲各国正竭力图谋扑灭劳农俄国的基础，不断的明抢暗劫向苏维埃俄国进攻，那天就有德国共产党和独立社会党在柏林举行赞助苏俄的大示威运动。这次示威运动的结果，唤醒许多欧洲的工人和资本家隔绝，使劳农俄国明白变成世界工人的祖国，使许多不成材的国际主义者受了一场很大的教训。

到了去年今日，德国全部，无论是乡村也好，小市镇也好，到处均有三个社会党人的大队伍游行示威，罢工巷战，弥漫全国，也是给了全世界资本家军阀一个很大的威胁。

劳动界的兄弟们啊！五月一日四字真是启示我们向仇人进攻的符咒啊！你们有未了的心事么？有不两立的仇家么？封闭我们五十多个工会的是谁呢？杀我们开滦煤矿的十数个劳动弟兄的是谁呢？枪毙我们的指导者施洋的是谁呢？杀我们江岸、辛店工友四十余人的是谁呢？驱火车头轧毙粤汉工友的是谁呢？囚辱我们的兄弟在保定军法处和其他监狱的是谁呢？开除我们无数的工友，使我们全家冻饿的是谁呢？伙同仇人们压迫我们的又是谁呢？兄弟们！我们的仇家谁也知道是现在到处的大小军阀和军阀的走狗，洋资本主义者更是我们仇敌中的最厉害最可恨的呵！

五月一日告诉我们向仇敌进攻了，我们快挽着手前进罢！

"五一特刊号"在《五月一日》的简介中，说明"五一"节的来由，并号召市民起来争取六件事：

1. 农工集会结社自由！
2. 打倒军阀——吴佩孚、萧耀南、曹锟！
3. 释放京汉罢工被捕者！
4. 恢复各铁路及各业工会！
5. 废止治安警察条例及罢工刑律！
6. 实行八小时工作制！

在该月出版的《工人周刊》第六十四期上，我以文虎的名字写了《本号发刊的话》，讲述了刊物发行的困难，准备改为出版有关劳动的书籍，当时已出版的有《京汉工人流血记》和《五月一日》两种。现将该文录后：

亲爱的阅者诸君！大家想必都知道，"二月七日"惨杀以来，我们劳动界的形势是怎样的情形了。一方面，我们劳动界的兄弟们看清了敌人的真面目，无情的向军阀，官僚，资产阶级和洋资本主义进攻，一方面仇敌方面的反动也是很厉害的：囚辱我们的同志，断绝我们的交通，禁止我们的言论，甚至要将我们的工会全数摧残。在这样情景之下，我们发表言论的刊物自然更困难了。本刊是北方劳动界的言论机关，我们相信曾经对于我们劳动界有不少的贡献，我们的阅者至少在五千人以上。但是这几期来，因为印制的监视，邮局的检查，及本社所受万恶政府军阀种种摧残和压迫，竟使我们不能如期出版，想读者诸君早已明白这些原因了。所以本刊在此期内，便改变计划，刊行有关劳动的书籍，现已出版的有了两种。我们的意思便是要有系统的宣传我们的主义，想尽点较大的义务。

但是就最近时候看来，外界要求的十分迫切，使我们这个周刊再不能不按期出版了。不过因为我们的精力大部分既用在编书上面，所以本刊的篇幅更不能不改订一下。故自本期改成现在的新篇样。我们一方面竭力图谋对劳动界尽本社原来应尽的义务，一方面还请读者原谅和指教。

我们还看到，在第六十四期的杂感《忘不了》中说："我们相信无论处在何种轻视和压迫底下的工人，对待自己的权利一定忘不了。……现在潜伏不动的工人，对于这些不共戴天的仇敌，一定忘不了。为反抗和支配而结合的营垒——工会，被摧残了，封闭了，这是工人的第二生命，我们相信除一时都死掉，绝了种，不然，图谋恢复和发展的思想，一定忘不了。"又在《慰勉京汉工人几句话》中说："各路团体都坚如铁石，且都能表示他的精神所在。我们京汉路工人遭了这次惨杀后，受了种种困苦，团体进行，势不得不暂取守势，然亦事在人为，他们各路都能干，难道京汉路就永远除外？

干！干！干！恢宏前业，慰死的灵，吐活的气。起！起！起！大家联合起来，干事要干到底。"《去年"五一"的回顾谈到今年"五一"》中说："想要自己解放自己，就要自己得着支配权力。人类自从有史以来皆是阶级斗争的历史，是一阶级征服一阶级，现在无产阶级要消灭经济政治上的压迫，惟一的方法，就是靠自己勇敢的精神，自己跑到权利路上去，掌握政权，毫不容讲客气就算举起铁腕权力，屈服一班被支配阶级，到那时无产阶级方可仰首扬眉吐气了。"

在这两期的《工人周刊》，集中反映了中国工人阶级经过"二七"惨案后的风貌，他们并没有被压服，而是对反动军阀怀着满腔的义愤和切齿的仇恨，并且正以大无畏的英勇气概，准备重整旗鼓继续斗争。同时也认识到"要消灭经济政治上的压迫"，唯一的方法就是夺取政权。表明我国工人阶级，经过"二七"之役更加觉悟、更加勇敢和更为自觉了，工人阶级已成为我国政治舞台上一股不容忽视的伟大力量了，我们党也经受了锻炼而且成熟了。回顾所走的历程，也不过三年时间，这一进步是何等巨大！

坚持阶级教育

《工人周刊》始终把阶级教育放在优先地位，报导和声援各地工人罢工斗争自然属于其中内容之一。另外，在报导世界各地的工人运动的同时，揭露帝国主义和形形色色的资本集团和军阀们的伪善面目，也是启发工人阶级觉悟的重要方面。在每期的《劳动新潮》和《调查》、《特载》等栏内，都载有各地工人的组织情况和活动。在《评论》栏中，编辑以评论方式对该期某些内容加以引申，如之君的《敬告陇海路工人》（第二十号），《读了〈本社旅行记者的来信〉以后》（第二十一号）等，我在第十二号中以景云的笔名写了《我们工人所感觉的"双十节"》一篇评论，揭露军阀官僚的虚伪性，工人不应盲从附和，振奋起来求自身的解放，涤荡"双十节"的污痕，重新估定其价值，其全文如下：

我写下这个题目，心中说不出有无限的感叹，我们如果在这个庆祝声中，昧着良心，追陪大家闹嚷一回，倒也没有甚么可说；这"双十节"到底有什么，无意识的举动，我们是不甘附和的。简单一句话：这"双十节"到底有什么意义，我们工友至少应该认识他一下才对。

说到这里必定有人以为奇怪，定会问到："国庆节岂不是已过了十次，难道现在才去认识他？"这却不然，听我细说。

大凡一个纪念，必有他自身的真正价值，换句话说：我们所纪念的日子，必定他实在值得纪念。如果他本身的价值于我们无甚重要，甚至于有害，我们反去纪念他，这不是很愚的举动吗？我们是工人，试想当年十月十日所谓"革命"于我们有什么关系？一流士绅阶级个个存着功名利禄的心事，摇着革命的旗子，干他们自己的把戏，除却少数死事的外，一旦高官厚禄便什么都抛却了。他们的事业不过写了一块共和招牌，连清室皇帝的名号都没有动弹着；他们的伙伴大部分厚拥资财在租界内堕落，八九年刀兵水旱尽交给无辜的柔懦的同胞去承受。——然而这还不过就普通的情形说说，论到我们工界的事那更不消说得了：我们的罢工权，他们的法律承认了么？我们生活卑下，他们行政上看到了么？大多数国家工人的参政权他们容纳了么？我们颠连困苦的境遇，是不是做了他们的牺牲？……不必细表，大家一想，便知道这流士绅阶级对我们的冷酷了。那么，他们的举动在我们看来，根本上已无甚价值，还值得去纪念吗？

回想今日以前，年年今日，我们每次都要加百十倍的痛苦，但是每次总有些虚伪盲从的庆祝，甚至全国烽火，军阀官僚私斗最厉害，人民被戮辱最残酷的时候，偏偏北京的长街马路还是满目"普天同庆"，"共享升平"的许多彩楼，这样无耻的行为，难道不是无聊的吗？是工人应该盲从的吗？

工友们呵！这不值得庆祝的纪念日，我们再也不要无意识的附和他了。我们倒要借着这个机会，唤醒同阶级朋友的觉悟，示威！反对！求我们的自身幸福，扑灭士绅阶级，解放全人类，才是我们正当的态度！所以我们希望全国工界同胞自此以后振奋，团结，发一个大誓愿，到明年今日至少要做到我们的事业一部分，要扫荡廓清十月十日的几条污痕，要重新估定十月十日的价值，这才是我们的伟大的责任。

进一步说：我们要将这类的纪念节的精神，完全改造（如法、美共和成立纪念日，南京政府成立纪念日）……务使部落的化为国际的，阶级的化为平民的，暗淡的化为光明的，简单一句话：我们有一天要联合世界的工人，一脚踢翻现代恶社会的种种坏制度，建设劳动者理想社会，这便是我们理想中的大可纪念的日子了。

《工人周刊》以通俗易解的形式，向工人宣传马克思主义的基本原理、十月革命的道路和无产阶级专政的学说。如江囚（何孟雄）的《无产阶级战术》（第三十号），在分析了资本主义"营寨"赖以统治的基础，是"组织得很精密的"以后，接着肯定了工人阶级是人类多数，必胜无疑，但要战胜资本家只有联合起来组织无产阶级自己的军队，进行阶级斗争，第一步，把国家变成无产阶级的国家，定出无产阶级的法律，剥夺有产阶级的所有权，工厂中一切的管理归工人自己去管理……这种以马克思主义鲜明的阶级立场，对工人进行完整的无产阶级专政学说的思想教育，成为《工人周刊》的经常内容之一。又如江囚在第二十九号的《谁是工人之友？》一文中，教育工人在为自身解放斗争中，如何识别真假朋友，不致上那种打着工人之友的旗号，实际上却是资本家的走狗和暗探的当，只有像马克思、列宁这样的共产党人才是工人求解放的真正朋友。

《工人周刊》在积极宣传全国铁路总工会筹建的必要性时，还翔实地教导工人如何按照民主集中制的方式，组成全国铁路总工会。

此外，《工人周刊》还辟有专栏《工人常识》，向工人教授文化、技术知识。《工人谈话》、《工人之声》专栏则直接刊载来自工人的要求和呼声。《工人周刊》当时已成为工人不可缺少的读物。

工人心目中的《工人周刊》

《工人周刊》自发行以来，备受工人的爱戴和欢迎。各地工人把它作为自己的指导机关，成为中共北方区委和北方劳动组合书记部在工人中的代称。如在一九二一年陇海路罢工胜利后，陇海路工会致《工人周刊》社的函中称：

"……同人饮水思源，知道此次罢工的所以致胜，是由于各地的联络；但是联络的指导，则赖贵社的功劳，同人深感大惠，没世不忘！但是同人知识浅乏，以后究竟应怎样进行？千祈贵社不弃，时常指导！则同人更感激无量，此致大安——洛阳陇海路同人俱乐部启。"类似的函件，不遑悉举。

工人和《工人周刊》关系十分亲密，工人对《工人周刊》爱护备至，各地工人生活尽管十分困苦，为了使刊物得以维持，不时捐赠款项，集腋成裘，三元、五元不等，补助刊物邮费纸费，一般我们都在《工人周刊》上予以刊载、鸣谢。《工人周刊》也不负工人愿望，如给郑州京汉工人俱乐部的覆信（十九号）中重申"敝社当不畏强御，申张公理，拥护工人，特此奉闻"。它以实践履行了自己的诺言。

《工人周刊》篇幅适度，文风最讲实际，体裁自成一格，长短不拘，其长文如江河，波涛滚滚，短文似剑光火花，笔触犀利，词旨明白畅晓，言简意赅，最能指导工人运动的斗争方向。

《工人周刊》每遇重要文章均经编委会成员集体讨论，然后才发稿。因此该刊文章在工人中极有威望，并受到各方赞誉，认为她"办得很有精神"、"不愧乎北方劳动界的一颗明星"，"是全国劳动运动的急先锋"，是"为全国铁路工人谋利益的"。这些誉称，对于《工人周刊》是当之无愧的。

《工人周刊》社与劳动通讯社

一如前述，《工人周刊》是北京共产主义小组的刊物，但是以《工人周刊》社的名义对外发行。一九二一年十月，中共中央成立中国劳动组合书记部和各地分部，大力开展工人运动，中共北方区委也在这前后建立。一次区委会议上，决定扩大《工人周刊》的发行，扩大《工人周刊》社，凡是各地工会或工人愿意加入的，都可以成为社员，作为社的通讯联络员和经理发行人员。同时在《工人周刊》上发表启事如下：

> 本社现改为全国工人言论机关，内容愈加扩充，并于介绍各地劳动界消息尤其注意，国内外同志如有以各该地劳动界新闻投稿的，毋任欢迎。（第十二号）

这时的《工人周刊》已成为中共北方区委的党报和中国劳动组合书记部北方分部的机关报了。不过对外则仍以"工人周刊社"名义出版。而"工人周刊社"也就成了北方劳动组合书部的别称。

《工人周刊》设有编委会，一九二三年前曾任过编委常委的有李守常、宋天放、高君宇、何孟雄和我，我担任主编。除上述诸人外，还有编委杨明斋、缪伯英、陈为人、吴汝铭、王忠秀、李梅羹等。发行部负责人刘伯青，成员有郝克勤、陈楚梗、舒大桢，李启元等。

在《工人周刊》编委会下附设有北京劳动通讯社。劳动通讯社在各地招聘有通讯员和特约记者，他们采集了大量的新闻报导，除部分供《工人周刊》选用外，还向国内各大报刊如北京的《晨报》、上海的《申报》等发稿。劳动通讯社的编辑委员会成员有王有德、高君宇、韩麟符、吴容沧、王儒廷、于方舟、黄璧成、缪伯英、李梅羹、黄绍谷、邓仲懈、梁鹏万、阮章、黄日葵、杨明斋、马素英、王立刚、王懋廷等。发稿负责人为刘铭勋。各地特约通讯员和记者有王英谐（台湾人）、李凤池、高步安、金太瑺、许兴凯、阮啸仙、赵醒侬、孟冰、李书渠、李树夷、席咏怀、唐橄等。

一九二三年九月"三大"会后，我调往中央局常委工作，《工人周刊》交由吴汝铭负责。一九二四年全国铁路总工会成立，《工人周刊》改为中华全国铁路总工会的机关刊物，归属中共中央铁路职工委员会宣传部。时我兼任铁委宣传部长，曾兼管过一段时间，编辑发行地点，亦由北京迁往当时铁总所在地郑州。后来，《工人周刊》于一九二六年改由李菩元任主编，编辑发行地点迁往天津。一九二六年北方局势益严重，大部分北方干部南下，《工人周刊》在一九二六年底停刊。

"劳动通讯社"后与《京报》合作采访，邵飘萍亲加指导，业务蒸蒸日上，邵于一九二六年四月二十六日被北京政府所杀，其"罪状"云："邵振青勾结赤贼，宣传赤化，罪大恶极，实无可恕，着即执行枪决，以昭炯戒。"故邵实为"劳动通讯社"而致死。邵既被杀，劳动通讯社被迫停止发稿。

《劳动界》与《劳动周刊》

《劳动界》周报创刊于一九二○年秋，由上海共产主义小组出版，主编为陈独秀，编辑有：戴季陶、李汉俊、沈玄庐、吴芳、李少穆、李震瀛、陈为人、袁笃实等。该报于一九二○年八月十五日创刊，一九二一年一月十六日停刊，共出二十三期。因独秀于一九二〇年底已离沪去粤，所以未能继续出版。

《劳动周刊》创刊于一九二一年八月廿日，由上海中国劳动组合书记部出版，编辑主任张国焘，编辑李震瀛、李启汉、李新旦、刘芸人、董锄平、汪洋、韦素兰、杨慧贞等。先是李震瀛为主编，一九二二年春李震瀛调来北方，改由李启汉主编。一九二二年六月李启汉被上海公共租界巡捕房以莫须有的罪名逮捕，该刊亦于六月被勒令停刊。

有人说，《劳动周刊》被封后，中国劳动组合书记部迁至北京，《工人周刊》改为中国劳动组合书记部刊物。实际上，《工人周刊》早在一九二一年十月以前，即发表启事改为全国工人言论机关，远在《劳动周刊》查封以前，二者并无关联。另外中国劳动组合书记部与各地分部并无垂直领导关系，从未发号施令。中国劳动组合书记部主要管上海及其附近地区的工人运动，各地分部则受当地中共区委和中央领导。一九二二年六月中国劳动组合书记部被查封后，已属名存实亡，以后只作为一种名义，用来对全国性工人活动发布文告而已。

《工人周刊》建刊时的主要编辑人员

高君宇——高君宇原名尚德，一八九六年生，山西静乐县人，山西第一中学学生，一九一八年进入北京大学为马克思学说研究会发起人之一，担任学会英文翻译组长，任《工人周刊》编辑。一九二二年一月二十日出席莫斯科远东大会，返回后担任北京《政治生活》周报主编，并加入书记部工作，自强不息，闻过必改，对工人革命有卓识，一九二四年尝云：革命基本问题是怎样善于运用政权使为人民创造真正的幸福，物质平等与生活自由。生前他又说："夺取政权是第一步，正确发挥政权作用更为重要，善于运用政权主要是珍惜人民权利。我们革命不只是继往而着重开来，不择手段维持政权与运用权谋术数是革命的敌人。只有诚恳与永恒地为劳动群众，全面消除剥削与压迫，其他的任何形式独裁道路都走不得，如此才能免于堕落。否则彼此以诈伪相尚，革命便失去诚心，人民痛苦亦将原封不动。这样，以革命始必以反革命终，如此陈陈相因，实属出尔反尔，此与过去朝代更迭何异？何必多此一举。"因此，君宇痛恶一切偶像与专制。君宇在工作中废寝忘餐，为工人运动打头阵，积极参加工人运动与"二七"斗争，曾为我著的《京汉工人流血记》写后序一篇，强调革命性的党的作用。后因积劳体弱，于一九二五年三月五日以肠炎病在北京协和医院逝世。君宇自题像云："我是宝剑，我是火花，我愿生为闪电之耀亮，我愿死如彗星之迅忽！"即此可以想见其为人。君宇去世后，其未婚妻石评梅（山西人，女师大学生）经理其丧事，葬于北京南郊陶然亭锦秋墅畔。一九二八年石亦病殁于京师，骈葬君宇墓傍。我于一九三一年过北京时往谒其墓，憩慈悲院，悼以诗云：

浩浩愁怀棘满园，城南零落旧山川，
一腔孤愤双人冢，寂寞寒烟又几年。

杨明斋——山东平度人，清代秀才，家贫，少时出国至海参崴作华工，俄国十月革命后，参加革命，徒步西行经黑河、赤塔至莫斯科参加工作，为苏俄党员。他曾向守常道及经历，守常大加赞赏，称他"万里投荒，一身是胆"。一九二〇年返国，初任国际代表翻译，继留北方，在济南发起成立共产主义小组，旋到北方区委工作，亦在《工人周刊》工作。杨时年已四十许，独身无家室，朴实好学，具工人本色，住北京地安门大街鼓楼福佑寺偏院，翻译著述所有收入除少数自维生活外，余数均作为党费交出，暇时为书记部同志讲解俄文语法课程，炕头中西书籍散乱。他无嗜好，所著《评中西文化》一书，蜚声国内，其书内容分四卷十六章，一评"中西文化及其哲学"，二评"先秦政治思想史"，三评"农国辨"，四总解释。全书主要在解析中西文化之由来及其社会进化史之结果，并说明中西政治、经济民族性格不同之所由然。

明斋平日自甘韬晦，埋首革命，后来不知所终。

云南三王：王复生——字儒廷，原留学越南中学，后来返国为北京大学法文系学生，深邃于法国文学，主持法文翻译事。其弟懋廷亦在北大法文系。一九二六年任黄埔政治教官，后改名王德三，任云南省委书记。又一九二一年王有德亦为《工人周刊》工作，自称"拙有余而巧不足"，主持德文翻译组，对一切新要求有从头来的勇气，初进北大时欲习德国文学，但德文无根底，他遂从头学习德文。以上三王均云南人，即所谓夜郎三王，擅长文字，醉心民主，均长期在北方党报工作。

"劳动文艺"专栏

中共北方区委机关报《工人周刊》《劳动新闻》等刊物曾辟"劳动文艺"专栏刊布革命诗歌，现选辑数首示例。（真君辑）

1. 北方书记部进行曲序（江囚）

劳动组合天高地阔！废除剥削，废除压迫！加入产业工会，大家齐同欢乐！

2. 铁匠营战歌（天放）

加入工会人都有份，咱扛大旗你掌印。妇女大队走向前，纠察健儿打头阵！

3. 长辛店机车厂工会（金争）

罢工！罢工！工会显威风！资本家，吓破胆，工人个个向前冲。看！好样的！打先锋！

4. 八月斗争曲（树夷）

天不怕！地不怕！只怕资本家说软话！大家牢记十六条，不达目的誓不休！

5. 赞书记部（天洋）

书记部，人人夸！南北工人是一家。立工会，提条件，万事有他站前线！同心合力为工人，一心为公火样红！

6. 铁总歌（雨铭）

长辛店、山海关，十八条铁路都一般。条条工会向铁总，一人有事众人抗，一路罢工各路上。"二七"京汉大斗争，千秋万载好榜样！

7. 十赞词（震异）

一唱书记部，英雄数不清！人人闹革命，个个先行兵。二唱史文彬，辛店立大营。保定斗军阀，四海显义声！三唱邓少山，老家在香山。开滦大罢工，立功在唐山。四唱王瑞俊，豪杰出济南。献身书记部，威震山海关。五唱葛树贵，京汉领雄兵。手撑大会旗，扫荡娘娘宫。六唱高碑店，大哥康景星。平生不怕死，为工会牺牲。七唱王荷波，浦镇扬洪波，军阀资本家，莫可奈他何！八唱伦克忠，胶澳起雄风！北海工会起，红焰满山东。九唱王忠秀，河北锺灵秀。"五四"驱国贼，洛阳铲工蠹。十唱施、林、曾（施洋、林祥谦、曾玉良），纷纷掷头颅！为了干革命，拼将身命酹。（十唱书记部）

8. 北方书记部

书记部，真不赖！领导我们立工会，八月罢工涨工钱，年节包饺子，闺女有花戴，你看赖不赖！（北方红星）

冰窖胡同政闻

中共北方区委因工作扩展，曾租赁南池子冰窖胡同某号作为宣传部机关。在筹备《远东日报》（英文版）时即以该处作为《远东日报》编辑部。在冰窖胡同期间，北方区委曾成立中外政治经济资料室，收集有关方面文字图片等，分门别类加以整理，做成卡片及索引。从这些资料中，对于近代中国政治、军事、工业、交通、财政、金融、科学技术以及文化教育、宗教组织、政党分合各方面发展与动态均有所了解。这些资料对于当前从事革命实践、敌我情况分析具有重大启示。这对于后来北方区委与书记部工作发生过良好的参考作用。

冰窖胡同《远东日报》馆是一所结构曲折的旧式平房，大小廿余间，每月房租五十元。房东裴某时在总统府仪仗队任职，军服佩剑，颇具威仪，但极胆小畏事，因系范鸿劼出面，彼此藉同乡介绍，双方遂订立租约。鸿劼、孟雄、伯英、王铮及其他报馆执事约十余人，均住在报馆内。裴某自言本人乃将门子弟，湖北蕲春人，服务军界，历时甚长，对北洋海陆建制如数家珍。

中国自辛亥革命后，中央政权即落于北洋军阀之手。北洋军阀之形成以袁世凯为创建人。袁死后，北洋军阀继续执政前后历十年之久。先是李鸿章所练陆军直隶淮军练勇计：盛军十八营，九千人；铭军十二营，四千人；毅军十营，四千人；芦防淮勇四营，二千人；仁字虎勇五营，二千五百人。合计四十九营，二万一千五百人。（袁世凯小站练兵更在其后。）裴又谈一八九四年袁世凯在小站练兵时招募定武军十营，共三千七百五十名，其中步兵一千名，炮兵一千名，骑兵二百五十名，工程营五百名。一八九五年扩充到七千人。北洋军阀基础由斯建立。后来扩大到第六镇，清末北洋军共有三军，即袁世凯新军、聂士成武毅军与董福祥甘军。三军均受直隶总督节制，总督荣禄乃慈禧亲信。义和团八国联军之役聂士成作战死，董福祥去职，唯袁独存，领导北洋军阀。袁死以段祺瑞为代表，继起执北洋军阀牛耳。后分裂为奉直两系，内部继续分化至一九二七年趋于灭亡。清末建设新式军备，号称北洋海陆军者不足十万人。当一八八八年间，北洋海军舰队建成，主力舰有定远、镇远、经远、来远四艘。铁甲巡洋舰有致远、靖远、济远、平远、超勇、扬威六艘，吨数自一三五〇至七三三五吨，马力自一五〇〇至六〇〇〇匹。炮船镇东、镇西、镇南三艘，吨位各四四〇吨，马力三五〇匹。又防守舰队有镇北、镇中、镇边炮船三艘，各四四〇吨。练习舰有康济、威远炮船二艘，各一三〇〇吨。补助舰有安方、镇海、操江、湄云炮船四艘，各九五〇吨。以上共计二二艘，四一二四六吨，船员二九五〇人，大小炮七五九门。（当时全国海军分为三区：中区自烟台至三都澳，司令处设于崇明岛；南区自三都澳至澳门，司令处设于琼州；北区自鸭绿江至烟台，司令处设于秦皇岛；内部派系斗争颇烈。）

清末的北洋陆海军曾经在中日战役全部消灭，情形是：北洋陆军自一八九〇年七月开始在牙山溃败，九月平壤失守，十月自九连城溃退，大连、旅顺、牛庄、营口相继失守，全师大败。北洋海军自七月在牙山海面济远、广乙二舰受损，随后大东沟海战结果，致远、经远被敌鱼雷击沉，超勇被大炮击沉，扬威舰被撞沉，余舰逃威海刘公岛海面。次年二月，日舰来攻，定远被大炮击沉，来远、威远被鱼雷击沉，残余军舰十一艘向敌舰投降，至是北洋海舰全军覆没。继袁世凯以后，段祺瑞建立参战军，张作霖建立奉军，此外南北各省军阀均自建省军此兴彼落，战争不息。

北洋军阀的财政经济植基于外债上面。辛亥年上半年，满清政府向英、德、法四国财团订主币制，借款一千万镑（三月十七日），又向四国银行团订借川汉粤铁道借款六百万镑，又向日订铁道公债一千万元，以上合计二亿元。以后袁世凯举行善后大借款，段祺瑞的西原借款，均其巨擘。当代主持经济财政政策者为交通系。交通系主要人物为梁士诒、叶恭绰、郑洪年等。彼等初附袁世凯，后附段祺瑞。后曹汝霖成立新交通系，均属北洋军阀走狗。该系人物先后为北洋军阀及其后孙中山等政府所重用。此乃由于交通系以国际资本金融集团为后援的缘故。当时国际帝国主义活动的大本营即近在咫尺的东交民巷使馆区，号称中国政府的太上皇。时东交民巷城垣上有强大的国际无线电台，国际海底电线亦在天津登陆，各国国际通讯社、报馆与新闻记者亦麇集京津地区，帝国主义国家即据此发号施令，称霸远东。

北方区委与国会议员接触二三事

高君宇与晋籍国会议员焦易堂、王用宾等时相往还，曾向北方区委进言，其中有些旧隶同盟会议员愿与中共合作。经北方区提出讨论，当时多数同志认为与议员官僚往来，影响党誉，所以延未做出决定，后来区委讨论决定准许与议员采取联合行动，但仅限于劳动立法事项及院内行动，当推定君宇出面接洽。自此以后，君宇与议员继续接触。

时有鄂籍议员胡鄂公（范鸿劼同乡），经人介绍向书记部献策组织军事，以为社会革命运动之助。胡自称出身木匠，辛亥前曾在湖北组织共和会，后加入共进会。现同情社会革命，愿在军事方面尽力相助。此事遂由我提出北方区委讨论，区委转向中央会议提出讨论。当时中央书记仲甫，殊不以此为然。他说军事路线是行不得的，何况舍本逐末，恐将画虎不成反类犬。守常亦说，胡等平日为人太乱，决不可与为友。君宇意殊怏怏，当众说："人家既愿意参加革命，我们为何拒而不纳？"文彬道："官僚议员们不好相交，他们棋布闲子，注押冷门，未必真心参加革命！何必与他们周旋。如果要搞军事，我们可以独立行动武装工人，不理他们为是。"议遂定。后来北方书记部正式向北方会议建议组织秘密工会武装纠察队，并由北方区军事工作人员张隐韬起草方案送往中央。该方案主要内容分三部分：1）建立社会主义革命武装的理由。2）建立矿山、铁路及大城市工会秘密工人武装纠察队计划。3）分期实施计划方案。但是当时中央格于军事投机的顾虑，并未慎重讨论，因此亦未做出积极决议，遂成悬案。

一九二二年夏，共产国际代表马林到北京出席北方区委会议，在会议谈到孙中山表示愿意与吴佩孚联合反奉事。时守常有同学二人在吴方任职，一为白坚武，任关巡阅使署参谋长，一为孙丹林，任北京政府内务部长。

马林通过白、孙二人向吴先容，遂于九月间赴洛阳会见吴佩孚，向吴谈苏联对远东及中国政策。时京汉铁路大罢工胜利[1]，吴认识到北方中共的力量，因此对马林极重视。马林又向吴提出孙中山与吴佩孚合作问题，吴亦满口赞成。一九二二年九月下旬，孙丹林公开宣称：吴佩孚赞成孙中山的兵工政策与反对联省自治的割据，但本人不愿抛弃实力，听人摆布。

大金刀真了不起。马林返北京后报告与吴佩孚谈话经过，北方区委以转达上海中央，中央覆电同意。后吴来电请守常到洛阳面谈，守常赴洛阳时仍申前议，劝吴与孙中山合作。吴请守常草一电致孙中山，欢迎孙北上，守常即席代吴草电，内有三熏三沐以表欢迎语。吴略一寓目后即令秘书发出。事后吴对白坚武说："李大钊代表劳工势力，我看他确像一把大金刀，真了不起。"盖吴本秀才，失意时曾在北京宣外摆设测字摊，后投小站从戎，官至巡阅使，仍好拆字以决疑难。他析钊字为金刀二字，故云。因此有人判断吴对守常兼怀敬畏之心，且含有很深的猜忌！

当时孙丹林奉吴佩孚命向守常表示：交通部部长高恩洪（吴佩孚系）颇思整顿交通行政，彻查交通系叶恭绰、郑洪年等积年弊窦

---

[1] 原文"京汉铁路大罢工"所指不明确，可能是指京汉路一九二二年八月的工潮，也可能有笔误，本想指"陇海铁路"或"京奉铁路"此前发生的罢工。

及其结党营私情况，苦于无从下手。因闻书记部对铁路内幕颇为熟习，可否帮忙派人相助一臂之力。守常随即将此项意见提交北方区委讨论，经过会议研究，认为此事对军阀吴佩孚态度有关，可以试办。（北方区委有人极端反对此举，谓同军阀联合，与孙中山"乱抓乱拉"作风无异。）决定后遂将此意报告中央做最后决定，旋中央来电表示同意，北方区遂决定由书记部派出四人，内北方铁路区域三人，南方铁路区一人。（指京汉南段及粤汉路）。北方三人指定安体诚、陈为人、张昆弟，南方一人请中央转向湖北省委提名，后来湖北省委指定包惠僧，由中央来电知照。北方区湖北同志提出包为人不太可靠，建议另行指定他人。守常说："既是中央来电，我们照办就是，质量较差也希望可以改善。"是年七月交通部正式委任四人为督察员。督察员主要是出差到各路调查，所得材料分别送给交通部及书记部各一份。由于交通系封锁严密，四人对铁路本身业务不熟悉，所起作用不如预期之大，但对交通系在工人中各项组织如职工联谊会，精益研究所、天津同乡会等活动也增加了解，足为决策参考。惟包惠僧表现极坏，勾结高恩洪营谋个人职位，后来遂受到纪律制裁。

东方民族大会

东方民族大会，即远东各国共产党及民族革命团体第一次代表大会，是列宁在世时于莫斯科召开的。先是一九二一年十月，第三国际派出两名代表来到北京。他们到北京大学后直接找到了北京区委。第三国际的代表均较年轻，象是大学生，他们没有翻译，能操英德语言。他们谈话的主要内容是，说明召集东方民族大会的意义。由于东方各民族共产党刚刚成立，还比较幼稚。组织还不够强大，所以需要召开一次国际会议，组成广泛的联合阵线，以利于各国的斗争。他们还具体谈到会议代表名额的分配问题。东方各国共去二百五十名左右的代表，中国代表为五十名，这些名额由中国南北各区按比例分配。这只是原则规定，具体的安排，可由当地的党组织决定。代表在北京住了几天，商洽此事。关于北方代表的产生，由北方区委确定。至于南方代表可由上海商量决定。国际代表一再强调，各党派各民众团体都要有代表，特别注意要容纳有代表性的人物参加。

这是北京区委首次接受共产国际交给的任务，自然十分重视。经区委研究决定，北京区派出的党和工人代表有张国焘、邓培、张太雷、梁鹏万、高尚德、贺昌、李守常和我。后因我与守常有其他工作，没有启程。山东派出的党和工人代表有王尽美、邓恩铭、王志坚、王象舞、王复元等；山东省民众团体代表为山东省议会议员王乐平。武汉学生代表有林育南等。广东机器工会代表有黄凌霜（无政府主义者）等；广州妇女代表黄璧魂（女，无政府主义者）。直隶学生代表有于树德等。安徽全省学生联合会总会代表有宋伟年、夏揆予、马章禄、唐道海等。此外，瞿秋白以《晨报》记者身份参加大会。还有胡公冕和柯庆施也参加了大会。柯是从北京走的，但不知道他是北方代表还是南方代表。南方还有俞秀松也参加了。党外人士江亢虎也是代表之一。

各地代表确定后，分两路出发。北方的代表在北京集中，经满洲里进入苏俄。南方代表在上海集中，经海路在海参崴登陆后，坐火车到莫斯科。这是一条地下路线。

当时，苏联内部还不很稳定，特别是远东部分。代表团分组出发，并约定旅途中须随时来信报告小组活动情况，注意集体安全。我们收到他们来信，得知均平安越境，到达目的地。柯怪君（庆施）在旅途中曾寄给我几封长信，报导旅途情况。怪君平日爱好文艺，笔触清新，所写通讯采用章回小说体裁，前后约十回，途中所见所闻均跃然纸上。对于西伯利亚、贝加尔湖冰天雪地风貌、莫斯科革命文物，列格勒冬宫等见闻所及，均作了深刻细致的描写，极富感染力。其文稿内部流播，不胫而走，传诵一时。

《工人周刊》在一九二二年二月十二日第二十九号上刊登了一篇特载，题目是《莫斯科的"东方民族大会"开幕了》。是我根据莫斯科的电讯稿撰写的。文章向广大工人读者介绍了这次大会的意义，报道了这次大会开幕的情况，摘引如下，可以了解当年大会的概况：

> 莫斯科的"东方民族大会"开幕了
>
> 全世界劳动阶级团结的表征；研究太平洋会议所讨论诸问题，远东各国代表百余人参加；演说中还有中国女代表。
>
> 诸君："太平洋会议"是干吗的？就是那些如狼似虎的日本、美国、英国、法国……几个大资本国商量怎样宰割东方民族——中国尤其是他们的目的物——的会议。我们东方民族到底是听其宰割呢，还是不服气呢？人心不死，谁愿意做他们的奴隶，做他们的牛马，做他们的桌上菜，俎上肉？既然这样，我们东方民族就该联合起来，反对他们啦。这个"东方民族大会"就是这样发生的。
>
> 这个"东方民族大会"，非同小可，完全是我们全世界劳动阶级组织起来的。世界之上，劳动阶级的人最多，我们大家联合起来戮力同心扫除可恶的资本家，推翻这资本家的政府，真是不费吹灰之力。
>
> 据莫斯科来电，远东各国民族及社会团体代表百余人，本定在伊尔库次克开会，后因他故，改移至莫斯科开。至这个会所决议的事情，大约和"太平洋会议"所处置之各项议案相符。该会已于一月二十日正式开幕了。
>
> 首由第三国际会长俄人金诺维夫主席致开会词。大意说："凡事只怕没有团体，有了团体，就能战胜资产阶级，这是个个相信无疑的。故唯一希望，要全世界劳动阶级一致团结起来作战，自然得

到最后的胜利。第三国际和以前各种团体不同的地方，就在不仅要变成欧洲劳动阶级的团体，而且要联络全世界的工人；又不仅要文字上通声气，而且要更为事实上的携手呢。今日以前，我们和东方各国一向不联络，关系很少。这次会议，我们东西劳动阶级大家来商量几个方法，大家来反对'太平洋分赃会议'，大家来革资本家的命，大家来建设劳动者的世界。"云云。

中国代表张国焘演说。他说："很好！我们这个会议，有绝大的希望。自此以后，我们劳动阶级，必团结一致；我们各民族间，必联络一气；我们革资本家的命，必一举而成功。"云云。

中国女代表王女士演说。她说："女子要求平等自由，和男子是一样的。俄国是现今世界上第一个解放女子的国家，载在法律。我们中国女子愿追随俄国，而与世界资本家宣战。"云云。

此外，还摘要报导了日本的片山潜以及朝鲜、蒙古和美国代表发言的大意。最后主席鼓励大家，"做第三国际的忠实分子"。

这次会议自始至终是由第三国际主持的。当时列宁身体抱恙，没有经常出席会议。但在会议期间，列宁接见了中国代表，其中包括两名工人代表，一位就是唐山的邓培。中国工人代表见到了列宁是很荣幸的。列宁在谈话中表达了他对中国革命的关怀，鼓励中国工人阶级不断前进。邓培回国后向我详述了列宁接见时这一难忘的情景。

代表们除会议本身的收获外，还亲眼见到了十月革命后的苏联，对社会主义的苏联有了感性认识，瞿秋白还写了《赤都心史》和《新俄游记》。代表们回国后都很高兴，工作也有了很多启示。例如，黄凌霜回国后写信给北方党，说他放弃无政府主义，走十月革命的道路。江亢虎组织社会党，是社会党领袖（后成了反共人物），他写了本回想录，讲了苏联的情况。总之这次会议是成功的。

怀冰庐

怀冰庐为西什库同学集居所在，与亢斋同人常相往还，声气互通，但却自成风气。其中如韩守一、刘伯琴、汪桐、廖含英、吴萤窗诸人，孤怀独往，均有抱负，高自期许。

韩守一，太谷人。北方区委与书记部本身经常穷困，但有时经手代募罢工经费却有相当数目，事过即罄。长期经管财务者为史文彬、邓培、王瑞俊、谭寿林、陶永立、张昆弟等。史等对开支分文不准乱用，王、张对帐目检查极严，号称铁面无私，人皆畏惮，不敢侵占分毫。当时工人称书记部高山泉水，清澈见底。北方党与书记部经常处困境，因此有人建议采用特别方法筹款，以期打开经济方面（劫取银行库款即其方案之一），但均为区委与书记部所否决。后乃有韩守一建议，韩向北方区委建言，革命事业需要财力支持，党应在此方面多方筹划，以利革命发展。韩自言其外祖父李某为李刚主后裔，与山西太谷金融界颇有交往。太谷自清代初叶得李自成所遗金银甚多，所以票号遍南北，党应设法派人前往暗中联络其通识大义者，并自愿担任使者，请党会同派人前往该县，当可收臂助之效。（传言李自成自北京退出，路过太谷，委弃金银珠宝辎重车数百辆，太谷人暴富，遂经营票号遍布中国南北云。）守常聆悉，颇题其言，决定试行，但旋因韩离京出国，事遂搁置。后事为仲甫所闻，仲甫笑道："断不可行，莫作此想。"遂作罢论。

刘伯琴，四川人，曾在四川顺庆任教，对川中政治颇熟悉，谓四川中层阶级反共积极，但军阀官僚中想向苏俄拉线者却大有人在。袁世凯心腹四川嘉陵道尹张澜，宦囊充裕，各方拉拢即曾向中共暗送秋波。又袁氏帝制筹安会会长杨晰子，失败后央人介绍向北方区委表示请求加入 C.P.，守常拒而不纳，并语同志云："对旧式军阀官僚政客联甲倒乙策略，本与社会革命型范毫无关涉。"盖当时中共北方政策是愿意联合动机纯正的社会主义革命各派别青年学生，但拒绝与假民主的官僚名流政客合作，因为后者混进革命阵营，便如同投鼠矢于粥锅，结果会因小失大，以假乱真，使革命走样、变质，且助长军事独裁，政客寄生。当时大家认为革命纵遇困难，但决不宜用饮鸩止渴的办法。因此对他们投机革命一律饷以闭门羹。

汪桐，爱人以德。中共诸人在北大期间以身率教，同学间翕然景从，他们生活清操自励，献身革命，人所共喻。守常生活率真，守身如玉，不慕声色货利，少与同县赵纫兰女士童婚情好至笃。北京为歌舞纷陈地，无聊文人多求宦达，以风雅相尚，狎妓捧角，酒筵征逐无虚日。守常生平未尝涉足韩家潭、广和楼一步，并诫同志切勿沾染旧习，不得阅看"清闲录"。故北方区同人均能以革命为先，谨其操守，不慕荣利，自成风气，视庸俗爱好如污，避之若俯。书记部曾立公约，限制个人谈恋爱，俾集其全力于革命事业。

一九二二年五月，某路工会秘书汪桐自外埠来，寓北方区宿舍，同时有小史（女）亦从汉口来京，邻室相处，男女慕悦，相见恨晚。事为鸿劫所闻，立告瑞俊使二人隔离，瑞俊直造汪室，向汪婉言劝阻。汪初似漠然，瑞俊正色道："应遵守书记部公约，爱人以德，有过必改，今日还不算迟。"汪悚然动容，问书记部负责人知此事否？瑞俊答："难免不知！"汪立刻感悟，请求迁出，并誓从即日起与女方避不见面，以示决绝。鸿劫闻此告我道："汪年事轻而改过迁善极勇，可嘉！"瑞俊笑云："汪桐算是过了一关，小史尘缘未净，却还有问题。"史婚后仍不改旧习，遂离党而去。

廖含英思想激进，尝谓中国女学生多怀有洁癖，防意如城，守口如瓶，言行不敢放胆，遂不免坐井观天，听人摆布愚弄。她曾经写过一个妇女与青年纲领，包含下列主要几点：即妇女教育、工作机会均等，就业自由，罢工言论自由，男女同工同酬，妇女禁止参加重体力劳动、婚姻从旧制度解放，同时反对性的放纵制度等等。

对未成年青年反对政治宗教各种迷信邪恶教义，确定自由基础，因此被某些新旧卫道者称为叛徒。含英旋被任为《远东日报》筹委会工作。后因某事涉嫌，为忌者所乘，虚耕情节，刊布新闻。含英乃请假休学回籍。好事文人尽情渲染，写成传奇小说，附会其事，竟流传沙滩红楼一带，尽人皆知"春莺惊梦"一幕，所谓"魂消雪窖，泪洒冰天"词，其实均子虚乌有，不足置信。

吴萤窗（容沧），浙江温州人，杭州中学毕业赴京投考北京大学，未被录取，流寓不归，参加工读互助团组织，信仰安那其（无政府）主义。萤窗性如烈火，与人说话喜抬杠。经孟雄介绍加入书记部。他在工作中强调个人先锋作用，遂被派往长辛店，吃苦向前，遇困难不后退，于工贼做斗争时奋不顾身，勇往前扑，与工会群众一道，率将工贼邓长荣打倒，工会中人无不赞其勇敢。在山西铁总筹备会上，萤窗发表几点意见：1）组织工会秘密武装与敌周旋。2）用非常方法筹集大宗款项，加强工会实力。3）用恐怖手段对待敌人，造成革命广大声势，轰轰烈烈大干一番。会上大多数人不同意他的意见，因此萤窗心怀抑郁，认为己意莫伸，工作难望迅奏功。隐怀去志，并以其心事向我吐露。我劝其坚守书记部政策，一俟条件成熟时，革命是必然会以武装斗争取得最后胜利的。萤窗口虽允诺，心仍不以为然，愿试行己意，以求在工作上开展一个新的局面。会议结束后，各路代表均回本路，萤窗独留。是夕，萤窗约我同出外行猎，归途迷径，天黑云昏，投宿皇姑寺（明代吕姓女尼修行于此）。萤窗向我道："我的心事已向大会表白，大会却不采纳，使我无法在这里呆下去了。"我解释说："这是革命老问题，以前大家已讨论过，认为不可，为什么今日又忽然提出，如何行得通？"萤窗说："我并无别意，老兄既不赞成，我只有孤行己意了。"我一夕未睡，继续向萤窗进言，劝解勿走极端。彼阳允诺，乘我等不备，离京赴鲁。去时携去勃朗宁手枪一支，子弹廿五发（该枪系法国同学从巴黎带来）。萤窗到济南后，设计去抢劫商埠二马路某储蓄银行，亲持手枪跃入柜台，强迫银行营业人员打开保险柜，取得大宗现金钞票外逸。出门时即与闻警驰至的军警队相遇，遂被逮捕，送济南地方法院拘审，被判处有期徒刑五年。书记部派人往鲁，经营救出狱后，只身远遁，不知所终。

陇海铁路大罢工

一九二一年十一月爆发的陇海路大罢工，似惊雷震响在西起观音堂（河南境内）东至连云港的千里铁道线上，自此以后，我国工人运动走上了蓬勃发展的道路。

这次罢工的最初发动者是洛阳大厂的工程师游天洋（游泳），罢工开始后，中共北方区委立即派我前往协助和领导这次罢工斗争，罢工坚持了近十天，最后以实现工会提出的经济要求和撤换法人总管若里等条件而胜利结束。

这次罢工可说是我党初出茅庐，直接领导的一场前所未有的大规模罢工斗争。当时距我党正式成立还不足四个月，党员人数很少，没有实践经验。但是同志们却抱着对马克思主义的笃实信念，以不计成败，勇往直前的精神去干，最后终于开拓了道路，团结统一了陇海全路的工会组织，涌现和锻炼了一批受群众拥戴的党的优秀战士，为北方地区以后进行的大小数十次斗争奠定了基础。取得这些成果是我们开始所未料及的，也使我深深感到马克思主义只要和工人运动相结合，就会出现奇迹般的力量，改变工人阶级和它的政党的面貌。这和当时的一些空谈的改革家们和所谓的社会党人以及国民党都是不可同日而语的。

陇海路工人的境况

陇海铁路是横贯河南、江苏二省的国民经济大动脉，它在郑州和徐州与京汉铁路和津浦铁路相交,在政治、经济、交通运输和军事方面都占有重要地位。

  当时,陇海铁路被三大反动势力统治着。陇海铁路是靠比利时借款修建的,根据合同规定,比利时的资本家及其代理人掌管着路政大权。他们掌握着铁路上的计划、人事、财务、材料、行车调度的权力,事实上又有确定铁路客货运价的实权。这是陇海铁路上的第一种势力,也是最主要的反动势力,代表着帝国主义的利益。第二种势力是北洋军阀政府以梁士诒、叶恭绰为首的交通系的政治官僚集团。当时,北洋军阀政府内阁虽然经常更换,但交通总长多由交通系充任,他们的爪牙布满了各条铁路,在全国铁路上的势力已根深蒂固,对陇海铁路进行着严密的控制。一九二〇年七月直皖战争后,交通系在奉系军阀张作霖的支持下组织了内阁,由梁士诒任总理,叶恭绰任交通部总长。交通部设立职工教育委员会,在各路开办学校,如郑州就组织了"交通传习所",在陇海铁路上,指使其爪牙利用同事同乡的关系拉拢一部分工人组织团体,破坏工人阶级队伍的团结,争夺铁路工人群众。第三种势力是直系军阀吴佩孚的军事政治集团。当时,直系军阀首领吴佩孚的军队进驻河南,坐镇洛阳,在陇海铁路沿线的洛阳、郑州、开封、商丘等地驻有重兵,对河南和陇海铁路实行反动的统治。这三种反动势力之间虽有明争暗斗,但对陇海铁路工人的政治压迫和经济剥削却是完全一致的。

  陇海铁路工人在帝国主义和封建军阀的统治下,政治上受压迫,经济上受剥削,生活上受虐待,过着暗无天日的人间地狱生活。陇海铁路工人的劳动时间很长,全年的工作日数为三百四十天,星期日亦不停工,多是每月在分班时休息一日或两日。工人又被分为长牌工(即长期工人)和短牌工(即临时工人),每天的劳动时间一般都在十至十二个小时,最长的达十六七个小时。但工人的工资却极其微薄,被帝国主义分子称为"廉价劳工最好的猎取市场"。铁路上雇佣外籍人员很多，而比我国人员的薪金要高数十倍或上百倍。例如：当时外籍会计处长月薪为二千六百法郎，车务副处长月薪为二千四百法郎，如以六法郎折合一银元计算，均在四百银元以上，并且还享受有回国休假、旅游报销等待遇。而中国的一般职员月薪为三十二元至四十元，工人的薪资却仅有四元至十二元，悬殊如此之大！而当时的米价每石要十六元。我国工人生活之苦可以想见。工人为了生活，不得不仰鼻息于工头。工人为了进厂工作，必须先向工头缴纳一笔贿赂金；进厂后，为了保持工作，还须给工头一笔酬劳金，逢年过节要送礼物。河南地处中原，是军阀混战的战场，直系军阀吴佩孚不仅截取车辆，强迫工人运兵运粮，还经常霸占路款，克扣工人工资，有时只发给工资的八九成，拖欠薪资更是常事。他们奴役和惩罚工人的手段，更是花样翻新，无奇不有，对工人任意虐待、污辱、打骂和惩罚。工人在政治上也毫无自由可言，组织工会和罢工，是非法的。陇海路局以北洋军阀政府制订的"暂行新刑律""治安警察条例""治安警察法"为依据，明文规定：同盟罢工者，要判处有期徒刑或处以罚金。"最高当局为维持社会秩序的安宁……决定采取一切力量，来制止一切工人的结会及行动。"甚至明文具体载明禁止工人在以下情形中举行集会："有领导怠工情形者，有领导罢工情形者，有领导要求增加工资情形者，有破坏社会秩序及公共安宁者，有违反一切良好道德习惯者。"这种残酷的政治压迫、经济剥削和生活折磨，使陇海铁路工人心中蕴藏着民族恨，凝聚着阶级仇，反抗的情绪十分激昂，一触即发。

中共北京区委和北方劳动组合书记部，十分重视陇海铁路工人运动的情况。当时的陇海铁路是民族矛盾和阶级矛盾非常尖锐、非常突出的地方。由于陇海铁路工人长期受帝国主义、资本家的剥削压迫，具有强烈的反帝反侵略的民族意识和阶级觉悟，最容易接受革命思想。加之，陇海铁路有五千左右工人，又多集中在洛阳、郑州、开封、徐州等地，有利于阶级的团结和战斗，易于形成强大的政治力量。当时几年间，全路有些地方时而发生过一些自发性的小型怠工斗争，带有浓厚的帮会色彩，迫切需要有工人阶级政党的领导。基于上述特点，我们把陇海铁路作为开展工人运动的重点地区之一。

早在一九二〇年秋，与我党有过联系的唐山交通大学毕业生游天洋同志到洛阳陇海路局工作。他平日利用自己工作的方便，深入调查工人的劳动、生活情况，了解工人的要求，宣传无产阶级的革命思想，启发工人的阶级觉悟。与此同时，我们通过《工人周刊》征聘了一些通讯员，并在洛阳、郑州、开封、徐州等大站设点，设有经理人员，散发《工人周刊》，经常不断地介绍国内国外劳工解放运动的消息，开拓工人的眼界，促使广大铁路工人从沉沦于数千百年的旧传统中觉悟过来。还邀约洛阳、开封、郑州等地工人来长辛店参观、学习办工会的经验，为此，北方劳动组合书记部进行了一系列工作。

罢工的缘起与爆发

一九二一年三月，陇海路局把洋员若里派到洛阳充任机务厂总管。他为人奸险，一味强横虐待工人超过历届前任。他还使用了法属安南殖民统治的一套方法，这就更加剧了这一地区的民族和阶级矛盾，促成工人迫切要求组织起来，为自身的利益进行斗争。于是游天洋在克服了重重的困难，仿效长辛店的办法，最先在洛阳建立了工会组织。

导致陇海路罢工的近因，则是徐州站"八号门事件"，那是一九二一年十一月八日下午下工时间，厂方虐待工人，有意延长工时，将八号栅门锁闭，工人气愤不过将门挤破。事后，厂方想借此破坏该厂工会团体，无端开革工人领袖二人，工人起而抵制。一波未平，一波又起，同月十七日，洛阳机务厂又发生比国洋员狄孟（Dimon）殴打前去上工工人，工人不服，群起评理。狄孟强词夺理，反而开除为首的二十名工人。而这时的工人已不是一年前的工人了，他们已经在"老君会"的名义下组织起来了。在事件发生的当天（十七日），陇海路洛阳老君会在游天洋的主持下召开了紧急会议，详细地分析了机务厂和全路的形势，认为要使比国资本家屈服，非采取罢工手段不可，而且要把机务厂的斗争扩展到全路去，联络全路工人实现总同盟罢工。根据会议决定，成立了游天洋、白眉珊、黄文渊、王符圣等人组成的罢工委员会。并实时派人来京与北方劳动组合书记部联系，请求派人指导；同时派人到郑州、开封、商丘、徐州等东线各地联络。洛阳机务厂从十七日起首先举行罢工，如得不到答覆，则于二十日全路响应，实现总同盟罢工。于是，一场革命风暴在洛阳上空迅即爆发了。

罢工开始后，工人向路局要求撤换狄孟、不再有虐待工人的事件发生，限三日内答覆，讵料路局无视工人要求，反加训斥。工人闻讯，莫不义愤填膺，全路其他站老君会组织亦纷纷致电响应洛阳老君会的罢工号召，成立罢工委员会，准备全路总同盟罢工。

一九二一年十一月二十日午后，陇海铁路线上的洛阳、郑州、开封、徐州等地火车头汽笛齐鸣，冲天怒啸，此起彼应，宣布了陇海全线罢工开始了，当时的《申报》《晨报》曾作如下报导："陇海路洋员管理路政，平日本属严厉，工人皆啧有烦言，自新总管若里接办后，对于工人，犹为峻厉，因此工人'反动'愈甚，竟于今日（二十日）实行罢工。今日开封西赴郑、洛，东赴归、徐之车，均未开驶，而由徐西驶、由观音堂东驶之车，均未到开封，陇海全路工人完全罢工，已可证明。"千里陇海铁路，像断了脊骨的长蛇，僵死在中州大地。

罢工实现后，陇海全路机务工人以汴省陇海老君会的名义，发表了《敬告全国各路同胞同业弟兄们恳乞救援》宣言书。宣言书在深刻地揭露了陇海铁路大总管若里的十大罪状和这次罢工的起因之后，庄严宣告：陇海铁路"同人等不能受亡国奴之耻，作无人格之工人"。提出："务恳我各路工人协力，与本路工人作同一之举动，以救同人，为中国争人格，不受外人无理之欺凌。"为争国格，正义凛然！

罢工开始后，游天洋曾派急使来北京，向北方书记部报告详情，并请求支援。但该使在途中被阻，未能及时赶到。因此北京方面对此急剧发生的情况，知之不详。十一月十八日清晨，我同王敬臣、马净尘夫妇（王敬臣原开封圣安德烈中学生，后进保定育德中学）因事乘车去长辛店，在车站上偶遇电报房工友，他悄悄地告我："郑州东西两路客货车都已不通了。"我忙问发生何事，他说："还不太清楚。"我立即赶到前门站火车房，问一个刚从郑州段来的司机，从他口中知道陇海路工人确于十一月十七日举行罢工，至于详细情况他也不十分明白。并说，连日此路交通系分子很活跃，谣言蜂起，郑州已戒严，检查过往客人极苛！我想此事关系重大，应与同志们立商对策，沉闷的陇海路局势或可借此打开，乃匆匆搭乘十二点五分的班车回校。

是日下午二时，我到图书馆办公室，会晤守常，把在长辛店所得的陇海路消息详细告诉他，并请召集区委扩大会议商讨对陇海路罢工的支援办法。守常听后很兴奋，立即让刘伯青通知：今晚七时举行区委扩大会议。六时半起，大家陆续来到，会议准时召开。参加会议的有李守常、罗章龙、何孟雄、高君宇、李梅羹、王仲一、缪伯英、王铮等。守常首先说，今晚的会系临时召集的，但很重要，时间可能比平常要长一些，请大家认真讨论。我便将陇海路罢工消息做了说明，以及同守常交换意见后的建议也在会上提出。当时会场讨论十分热烈，大家对陇海路罢工寄予很大同情和希望，但也存在一些困难，主要是陇海路到目前为止，既无真正的工会组织，也缺乏较强的党、团力量。当时究竟从何处下手，可说茫无头绪。会议沉静片刻后，守常问陇海方面有无支部联络？我答："那方面尚未建立支部，但是《工人周刊》却有几处通讯关系。"当时书记部初期除在长辛店、南口、唐山等少数地点设有工作站外，大多数地区和工人并无组织联系，只是派人以书记部名义或《工人周刊》名义分别在各路聘有特约通讯员、发行员等。郑州、洛阳、徐州等处亦属这类情况。梅龚接着说："石家庄以南无正式工会组织，郑州、洛阳有《工人周刊》通讯员兼发行站，洛阳有'工刊'通讯员游泳，开封、徐州力量更弱。"素喜说话的孟雄此时发表意见，他说："陇海路向来是交通系势力根深蒂固的大本营，上层员司的组织极有力量，工人待遇很低，缺乏斗争训练，对书记部来说是最薄弱的一环，最好在罢工消息证实以后由书记部发表援助罢工公开宣言，看形势发展，再采取具体对策。"但君宇不同意这样做，他说："陇海路政治形势不宜于采取这种宣传方式，应设法深入罢工斗争中去，正确了解敌情，推动工人群众向革命工会走。"仲一适从太原来，列席会议时附议君宇的意见，朝着孟雄悻悻地叫道："人家已行动起来了，我们却在说空话，看你有啥用？照你的话，那么书记部的招牌不如索性摘掉吧！"仲一性格历来是长枪大戟，对人不讲情面的，一席话说得孟雄哑口无言，也把大家提醒了，于是众人都主张采取积极办法去领导陇海路罢工，会上讨论渐集中在如何行动起来的问题，经过半小时讨论，大家意见逐渐一致，认为陇海路既已罢工，书记部理应去领导，纵然有困难也应立刻派人前往。

经过区委扩大会议讨论，会上做出如下决定：（一）以书记部名义派人前往洛阳与陇海铁路罢工指挥机关联络，对罢工给予全力帮助，并发挥领导作用。（二）书记部准备力量在时机许可时派一个组前往协助工作。（三）通知各工会公开捐款援助陇海路罢工，并通电各公众团体支援，同时决定以中共北方区委及北方劳动组合书记部名义进行下列工作：1）设法筹建北方铁路沿线各车站、矿山、城市党与团的组织工作；2）建立上述各地革命工会组织；3）建立上述地区宣传联络及党报书刊通讯网；4）搜集敌方反宣传及反动组织活动情况。

当具体讨论派人去洛阳时，书记部同志人人都争相表示愿意前去，但讨论了很长时间没有做出决定。最后守常拈须颔首以目视我说道："还是你去走一遭吧！至于书记部的事，人手不够，我可以抽出时间帮同照料。"我正在踌躇未及作答，仲一忽催促道："不容迟疑，放大胆些！"此时大家都主张我去，遂决定下来。接着守常问我打算几时起程，我不加思索回答："今夜就走！"守常说："行！越快越好！但你这次赴洛阳距西宫不远，这事却千万不能让当地军阀知道，以免别生枝节。"我说："对！我一定注意！您放心吧！"守常立刻告诉大家协助我成行，并帮同办理各项工作交代等事，当场又决定在我离京期间书记部事务由伯英、孟雄代理，《工人周刊》主编由梅羹、王铎代理。散会后，守常和我又谈了些问题，向我说："交通部素来注视我们行动，你不要大意，应谨慎应付以防万一。"又嘱咐道，"陇海的事'大而化之'完全交你去办"（大而化之是守常平时说话时的口头语）。我答："我一定尽心力去执行区委决议，随时向您报告！"我与孟雄立即回到西斋交代工作，伯英代整行装时，并随手取书一册放在提包内，预备车上阅览。君宇、仲一忙于筹措旅费和到车站购票，一时间大家分头忙于办理诸事，孟雄陪我到车站附近小餐馆等候。顷之，君宇、梅羹、伯英均到，伯英转达守常的话，说钱不够用，来信再汇。她并送来半新旧长毛围巾一条，高檐吕宋帽一顶，既可御寒又可化装障面。君宇说："伯英对事、对同志真是细心，想得周到！"说罢快到开车时间，我请他们先回去歇息。当晚十二时，火车自北京出发，我静坐车厢，思潮激涌，回味北京会议上讨论情形，心怀惴惴，惟恐虚此一行，辜负众意，久久不能入寐。车过漳河，已进入河南地界，南下客车沿途旅客上下频繁，我独坐车厢，静聆旅客们谈话，其中偶然也听到关于陇海罢工消息，传说不一。有的说罢工风潮已经平息，有的说沿途桥梁被毁，工人被押数百人，更有的说陇海全路都陷入恐怖状态。我心中疑惑不定，暗自忖度，"百闻不如一见"，忽忆庚甫有言"潮汐满海，艄公自有主意乘风破浪"。想到这里，心也就安定下来了。

　　车到郑州，但见站上人山人海，拥挤不堪，郑州街市旅店客满，浴室、饭馆席地坐卧的人弥望皆是，闹成一片，大多是因陇海路罢工无法转车的旅客。我正在为难，找不到落脚地点，猛然想到扶轮学校（由交通部直接开办的中学和小学，又称扶轮中学、扶轮小学）有《工人周刊》投稿员赵天俊与钮传琪。就扛起被盖行李前往扶轮学校访赵、钮二人。赵适外出，只见到钮，我说明来意后，钮说："车既不通，外人自然无法前去，交通系对外封锁极严，沿途军警密布，预防局外人插手罢工，你只好在此等候几天再说。"

　　正在无法可想时，忽闻钟声响，钮即携书去教室上课，临行时嘱我在房内坐候。顷之，有一青年工人抱皮球从外进来找钮传琪，见房中有客，遂坐下攀谈，知我从北京来，青年亦有表兄阚育先在北大读书，常寄《工人周刊》与新文化书报与他。二人谈话渐及陇海罢工问题，因问我在郑住处，我以路过此地，西行无车事相告。青年工人自言姓黄名璧成，现为陇海路火车房擦车学徒，其父任陇海铁路郑州车房司机，人缘颇宽，可以设法找车西去。说后，黄即带我到钱塘里会见其父，并怂恿其父设法找车，其父允诺，外出时嘱其子陪客人在家坐候。黄父名文渊，清末时为秀才，应试不第，弃儒为工，自号工隐，言谈不俗。黄有二子，均扶轮高级班毕业，长子钰成，在徐州站电厂任职，幼子即璧成，新补学徒，好高骛远，自云喜读奇书，其父多纵容，不甚干涉其行动。璧成素好交游，奋志进取，受阚影响，并有弃工赴京读书计划。

黄父当时到车站去约一小时，即匆匆回家向我说："今晚陇海路有公事车开洛阳，系工会专车，已与司机说好，可以附乘前往。"我即回到扶轮学校取行李，璧成亦同行，二人在外进餐，谈话范围很广，同时璧成又细细询问到北京有关劳动组合书记部的情况。届暮时黄璧成代负行李，向车站走去，及我到月台时，黄父子二人已先在，即登守车（即公事车）。黄父又把司机找来郑重介绍，附耳叮咛数语，始与我握手而别。公事车深夜始开出车站，我在车中静坐一隅，筹思到洛阳后行动计划。车行极速，颠簸殊甚！思潮起伏，一种患得患失心情搅扰，竟夕不安。公事车于沿途加水停车时，司机王符圣时来找我谈话。王是砀山县牧马集人，与黄文渊为结拜兄弟，时任陇海路司机工会委员。王与我谈话情感颇为融洽。车快到洛阳，王问我到洛阳找谁？我答："看望一个朋友。"王又问："贵友为谁？"我率直告他："找游天洋。"王闻言大为动容，见左右无人，低声说："你是从北京大学来的先生吗？天洋是咱们的军师哩！"我就将来洛阳的使命，向王符圣实说了。王喜不自胜，满面笑容说："果不出我与老黄所料，下车后我陪你去找天洋，如果你一人去是见不到他的面的，你来洛阳的事千万不能让洛阳的狗子（指交通系人）或鬼子（指法国洋人）们知道，否则就要误了大事。"

下车后，符圣引我先到他家中歇息，向家人介绍佯认我为东路亲戚，晚饭后亲送我到天洋住处，符圣手持电筒，撑手杖在北风疾劲、崎岖多石的山坡小路上摸索前进，行约半小时，抵达一所小洋房，此即罢工工人地下指挥部。二人抵小洋房门外，符圣先去叩门。门启，有一老工友向王低声问话，再次通报往返，始邀二人进入室内。但见天洋睡衣拖鞋从内急忙迎出，一见面紧握我手摇了几下，说道："您一路辛苦！我前已派人到北京请你去了。"边说边把我们往屋里让，我进入天洋卧室，但见桌灯明亮，炉火通红，桌上堆著文件，架上满列着中西文书籍，壁端悬挂长剑一柄，油画数幅。三人坐定，谈了片刻，符圣即告辞回家歇息。

天洋开始谈了一些陇海铁路工人的生活状况和罢工的远因和近因，根据天洋的分析：陇海路一般工人的生活地位比较京汉路要差，洋人对工人的虐待很凶，交通系员司的势力相当强大。平时员司和工人间存在着不可逾越的鸿沟。这次罢工天洋以中间立场尽力调和两者间的冲突，但是，双方隔阂并未完全消除，目前员司不愿罢工扩大，怕因此增长了工人的志气，所以主张早日结束。反之，工人惧为员司所卖，总是不很相信他们。至于工人与工人之间，员司与员司间还各存在着帮派的界限。我们谈着谈着，话题随即转到罢工策略问题上，天洋郑重说道："我们起初一鼓作气，把全路罢下来了，工人群众热情固然很高，也很勇敢，但是，我们没有罢工经验，目前工人队伍是很散漫的，因此大家有些着慌，怕失业。敌人以逸代劳，老是照着我们的弱点发动反攻，加以交通系施出种种阴谋分裂工人队伍，破坏罢工，看形势很难乐观；又交通系很想借助于当地军阀武力镇压罢工，工人领袖中有人胆小怕事，惟恐闹出乱子，下不了台。因此罢工正面临着胜败关头，成功固有希望，如应付不好，也难免不遭到失败。"

我从天洋简短的谈话中了解到罢工的整个局势，一方面敬佩这个青年人聪明练达，同时也看到罢工确实潜伏着危机，于是将自己的见解向天洋坦率陈说。我说："只要工人内部团结一致，就没有什么可怕！军阀武力也不是轻易可以出动的。我们应全力把工人组织起来，维护罢工秩序，坚持下去一定会胜利达到要求。"天洋听了感奋非常，我们一直谈到深夜，拟成一个坚持罢工方案，才告休息。这个方案包括下列几点：1）选出七个具有代表性的罢工中坚分子组织中心行动委员会（工人与员司为五与二之比），统一领导罢工委员会。2）加强罢工中的团结一致，经济公开，一切日常工作经过民主讨论决定。3）坚持条件，非达目的不止。4）欢迎书记部派员指导全路工作。

　　第二天清晨，天洋立即通知罢工委员会召开紧急会议。在会议开始时，天洋即席介绍我在会上讲话。在介绍时，天洋说："我们罢工已经过五天了，我们保证胜利就在不远。今天北京劳动组合书记部主任来到洛阳。劳动组合书记部是全国工人斗争的参谋部与司令部，它代表千万工人的力量，有了书记部的帮助，我们的力量更增加几倍了，胆量更大了。"会上的人很感动，齐声说："请北京书记部主任先生讲话。"

　　我随在会议上作了简短发言，主要意思是代表书记部慰问陇海全路罢工工人及其家属，勉励大家奋勇向前，工人阶级做事要敢作敢为！事在必成！书记部决以全力为陇海路工人作后盾，并当场表示："陇海路罢工不胜利，我决不离洛阳他去。"大家精神大振，感奋非常。接着开始讨论坚持罢工争取胜利的议案，首由各委员分别报告。据说，罢工是在发薪后二日举行，罢工后工人及家庭生活尚能维持一个时期。据东路电话报告：开封、郑州形势非常紧急，当罢工进行到第四日还没有解决时，沿路积压客货车辆极多，特别是郑州车站旅客众多，一片混乱，秩序很难维持。当地军警特别感到焦急，纷纷到路局质问几时可以通车，路局无法应付。军警动火说："如果你们路局无法解决的话，让我们来办吧，只要镇压几个煽动工潮的分子，工人们就没有主张了，到那时他们能不上工吗？"至于东路工人组织本身，敌人也有隙可乘，这就是开封老君会问题。讨论中大家认为工人为了达到加薪要求，目前应该咬紧牙关渡过困难，不吃苦头，就不能达到目的，不付出代价，就没有收获。

　　会上认为一部分工人群众害怕饿饭失业，想早些结束罢工，应针对此种心理，在物质上作好准备，加强互济组织，保障工人及其家属的最低生活。委员们报告毕,天洋发言说:"我方有不少缺点,但都可以纠正过来,只要大家齐心守纪律,就是最大力量的源泉,敌方的弱点比我们更大、更多,路局损失更大,但他们勾心斗角,尔虞我诈,正是我们下手打蛇七寸处。我们要设法突破交通系组织,从他们中间拉出一些正直的分子到我们队伍这边来。"他列举了许多具体事例后,又接着说:"同时我们一定要扩大与充实工人组织,吸引全体工人(各阶层)组成工会,使全体工人均有参加罢工具体工作的机会,并立即组织纠察队、宣传队,公开活动,这样罢工队伍表现出严肃而有秩序,罢工战线就会更加坚强起来。我们同时应筹备设立互济机构,从事募集款项,预备储购粮、煤及日用必需品,必要时以便对贫苦工人家属办救济饭馆,预作长期罢工打算。"这一切随即作成决议,交罢工委员会分别办理。最后由罢工委员会发表告工商学各界人士通电及致路局信,晓以大义,并发布告军警机关及兵士书与敬告旅客书等。

计议已定,罢工委员会分途派人到东西两线活动,慰问罢工工人,加强各站组织,讲解罢工委员会主张。天洋留守洛阳罢工总部,我即偕王符圣同往开封协助解决东线问题。

所谓东线问题,乃指开封、徐州老君会问题,此处顺便加以说明。陇海路原有洛阳、开封、徐州三个工人组织,平日互相对峙,虽说这次陇海路全路工人已举行罢工,但尚未成立正式全路工会组织,所以彼此独立。开封、徐州铁路工人是在老君会名义下组织起来的。当地工人认老君(有说老子为孔子的师傅,系道教师祖)为铁工祖师——相传华山上有一段登山铁炼工程即老君所修,称为老君犁沟,各铁匠炉均奉老君为祖师,加之老君会又是历史相沿流传下来的秘密反叛团体,因而工人组织多取名为老君会。开封老君会成立很早,人数仅次于洛阳而占全路第二位,开封工人大部属于湖北帮,老君会总干事为湖北人魏荣珊。魏本人读书多年,笔下能文,且能操法语,看图纸操作,办事能干,具有江湖气派。他在陇海中段工人群众中很有地位。这次魏代表湖北帮工人出头领导罢工,颇为群众所信任,但魏与交通系及当地官绅均有往来,平日自恃能干,不欲居人之下,时想独霸一方。罢工后,对洛阳工会亦有时服从,有时阳奉阴违,交通系深知魏的脾气,所以常派人向魏游说,劝他服从路局命令,并许以种种好处。魏亦深知政客们手段朝三暮四难以尽信,因此他一方面挟老君会以自重,另方面对外多方联系,借以确保个人位置。他为人持重,不愿开罪官方,但对北方书记部也不很了解,常说:"交通部与书记部两家都可得。"想从事交通部与书记部两家搭桥的工作,主张河水与井水互不相犯。

据东路电话报告说:魏在开封自成风气,如果罢工迅速胜利,魏当无问题,如果旷日持久,魏可能首先动摇,致使开封可能中途先行复工,则影响全域皆败,因此罢工委员会紧急会议决定派一专人前往开封,加强该方面罢工组织,整理内部,只要开封不发生问题则全路罢工战线可保无事。这次会议上乃决定推王符圣到开封去负责整理开封罢工阵营事。符圣自觉为难地说:"老君会的老魏能说会道,口若悬河,我一人去可不行!"因提议:"请书记部罗主任同到开封去。"我立即表示同意前往,当晚我们乘坐罢委会派出的公事车,翌晨到达开封。下车后即往南关老君会访问魏荣珊,魏即出迎。魏年四十许,浓髯拂胸,仪表颇英伟,对客落落大方,初疑我为广东人,试操粤话接谈。我笑道:"我们是大同乡,可说家乡话!"魏爽然自失,随留客下榻老君会,并循俗例,请我与符圣到南大街浴堂洗澡,浴毕到相国寺餐馆设宴招待,魏待客客气,但神情飘忽,避谈罢工事,且频频外出,历久始返。魏最后乃引我回到老君会,坐定,魏忽屏人向我言道:"魏某初不知先生来历,故未敢倾心畅谈,请您千万勿介意。现在确知先生来自北京,关心我们工人利益,非他人可比,我们一定披肝沥胆,听书记部话,陇海东路一切由我承担下来。您有什么指示只管说吧，兄弟无不照办。"我趁势向魏进言道："我和王司机是代表全路工会来开封讨论坚持罢工问题的，这次罢工的成功与失败关系到全路几千人命运，事情办好了，就是为大家争得生存权利，挣得工人的面子，如果办坏了，误了大事，个人也不光彩。今天正是胜败关头，只有大家坚持下去，同心合力向路局和军阀政府、法国资本家争取工人大伙利益，千万不能中敌人的反间奸计，使工人造成内部失和。"并晓以革命大义："工人阶级创造万物，顶天立地，但一笔难写一个工字，工人阶级应无条件统一和团结起来。"劝他认识工人阶级的事业是正义的，工会群众力量比官府强大得多。

魏听后心情颇感激动，忙作分辩道："任何来自非工人方面的话，我一概不理。我魏某人是手艺工人，靠劳动才能生活一辈子，官场政界的荣华富贵，我都看作水上浮萍，今后书记部的主张就是开封工人的主张，先生你尽管吩咐。"此时符圣从外进来，高叫一声"魏会长"，一边笑道："梁山泊的弟兄不打不相识，现在咱们该办正事了。"说罢把洛阳罢委会紧急会议的文件送给老魏，老魏不禁哈哈大笑，连说："我心里已通了，应该把这些道理向大家讲透。"立即传话召开全体工人大会。一会儿大众到齐，魏会长说："工人阶级应居四民首位，书记部是工人阶级的参谋部，大公无私，一心为革命。现在洛阳罢委会已加入书记部作为工会会员，也就是说我们陇海工会也要加入全国工人队伍作为一个小兄弟。我们开封老君会从今天起也要同洛阳一道加入书记部，改组成为统一的陇海产业工会，这样才能争到我们罢工胜利！"到会会员几百人一致举手赞成。

大会是在老君会前广场举行，场北面摆了几张大方桌，搭成高台，魏荣珊随即请我登台讲话。我首先代表劳动组合书记部慰劳开封罢工兄弟，次说明统一组织建立全路产业工会的理由，说明充实罢工机构，加强工会基础组织，建立宣传、纠察、互济等方面组织，加强斗争力量，准备长期作战，一切服从陇海全路总工会，不得总工会命令决不复工！最后，把党的政策、北方书记部计划详加说明，强调工人阶级内部应不分彼此，团结一致对付帝国主义、军阀、财阀和官僚，工人内部的问题可由书记部统一公平合理地加以解决。我报告约两小时，听众反映良好，到会全体工人群众对总工会决议热烈欢呼："陇海工会要统一！""北方书记部好！"口号声此起彼落。附近中学校师生围观、听讲者亦数百人，魏荣珊拈髯含笑，高叫："好啊！好啊！"大会当即通过决议，拥护洛阳陇海路总工会加入劳动组合书记部，选举开封工会执行委员会，正式成立开封工会（老君会名称停用）。

大会后二日内魏接连召开执委会，成立各种新机构，罢工阵营大为加强，并请书记部加派专人驻汴会工作。这一切决议实施后，开封工会面貌焕然一新。开封老君会问题解决后，徐州方面也好办了。东线问题基本解决，我与王符圣于次日同车返洛阳。

在返洛途中，符圣给我解释"梁山弟兄不打不相识"这句话的意思。据符圣说，我到洛阳不久，路局即微有所闻，但无法侦知我的下落。事后，《晨报》亦曾报导此事，其中云："京汉工人俱乐部，由京致陇海工人一电，略言北京劳农会长[1]，日内即可到郑援助一切，望坚持到底。"工人舆论对劳动组合书记部不仅不反对，反认为是工会上司。交通系诸人见木已成舟，无法再反对书记部了，因此凭空捏造一个谣言说，来到陇海路的人并非书记部的人，而是南方政府的探子，派到北方阴谋捣乱的，并特意将这些话通知沿途工人组织，示意他们一体防范，如有发现立即报告路局军警拿获究办，对报告人可以提拔加薪，允许加入交通系。魏荣珊早已闻悉此

---

[1] 北京劳农会长即指北方劳动组合书记部主任文虎（罗章龙）。

事,"今见你到来,口操南音,大启疑窦,因请你赴浴机会,魏亲自搜查你衣袋文件,并将你手携提包详细检视,除盖有北大图书铃记书一册及借书证外,他无发现,遂断定交通系所言不实。由此,魏才对你由虚伪而真诚的欢迎。"

罢工胜利

东路问题解决后全路工人众志成城,声势益张,罢工阵容坚强如铁,无懈可击。于是交通系、路局、外国人等一切威胁利诱、挑拨离间种种阴谋均无所施其伎,敌方气焰一落千丈,武力解决既不可能,旷日持久,损失益重。路局与地方军阀现已失去再度进攻的勇气,舍俯首就范以求速决外更无他途,因向工会表示愿意承认工会所提出的条件,双方遂于十一月二十六日正式签订了复工条件。其内容有十条:

第一条,机务总管,全体工人不承认,兹从宽办,限两个月查明再议。

第二条,因八号门锁闭被诬革罚之二人,准其一同上工。

第三条,洋厂长狄孟,因虐待工人,准将取消。

第四条,因工作忙,夜间加点,以六小时算一工。

第五条,每年终加双工资,每月有两个星期日休息给工资,中国三大节歇工,照给工资,每年应有两星期官假,照常给工资。

第六条,司机、生火,在车应做十小时,以外另行加点,饭资司机每日五角,生火三角。

第七条,按年准给回家来往免票,司机及工头二等票,其余工人三等票。

第八条,各工人加薪,因公受伤者,照给工资,自己生病者,一年愈后准复原差。

第九条，如因工亡故者，恤赏六个月工资；若因病亡故者，恤赏三个月工资。

第十条，开工后小过不准裁人，大过任行。

于是延续近十天的陇海路大罢工遂于十一月二十七日在工会取得胜利后宣告结束。陇海铁路督办施肇曾和路局代表被迫签订十条复工条件的消息一经传出，全路工人欢欣鼓舞，洛阳、开封、徐州各工会同时奉总工会命令复工。

罢工胜利后工会开会决定（一）召集全体工人大会，庆祝胜利；（二）通过组织陇海全路总工会，一切按照书记部所规定工会规章办理；（三）陇海铁路总工会加入劳动组合书记部为会员；（四）请书记部正式派专人驻徐州、开封、洛阳工会工作。中共北方区委不久开始在沿路各站建立党组织。

罢工胜利后，洛阳工会组织工作已复行巩固，乃依白眉珊建议扩大工人子弟学校班次，并加设工人夜校。洛阳以西当时尚无工厂，道棚工人仍有几百人尚未过工会组织生活，并对工会诸事隔膜，当经工会商定由天洋陪同我去西路巡视，并将分散的道棚工人组成小组，能经常过工会生活。当时陇海铁路修到陕州观音堂，乃由工会派轧道车送我们至会兴镇并在道棚住宿一晚，道棚工友从此对工会有了更深切的认识。事毕天洋与我东返，车行抵洛阳迤西五公里处时，突有一个着军服大汉在道旁土山上瞪目窥伺，及车驶近时大汉忽叫嚷停车，工人见其形迹可疑，似为暴徒，大声呵斥。大汉向前接近轨道，意欲拦车，工人不理，加劲摇车，飞驶而过，遥闻大汉仍顿足大骂不止。当时实不知此怪汉为何许人，且意欲何为。事后道棚工会负责人查明，系当地交通系所派遣的刺客云。

从会兴镇返洛阳后，我拟动身经郑州返北京，天洋告我陇海全路只有徐州工会处在最东地区，平日几乎鞭长莫及，愿乘此机会陪我循陇海路东行，直到徐州，借此可巡行全路一次，为巩固基层做些工作。我当即赞成，遂决定东行。工会乃派天洋及二委员陪同前往。我遂于十二月初乘车向郑州进发。临行，白眉珊率学生一队到车站送行。学生唱自作陇海罢工胜利歌，握手道别时道："此地一别，不知何时复会？"

车到郑州时，郑州陇海路工会及京汉路工会黄文渊父子等五十余人均到月台会见，文渊对我说："东去沿线安徽帮工人居多，可令璧成同往，诸事方便。"我和天洋遂请璧成登车同行。

我们一行五人同车东驶，车过中牟，璧成言："前面商丘站为东路大站，有程胜贤为皖帮工人领袖，下车可见到东路工会规模。"（程在桥梁厂作领工，桐城人。）因事先已电话征求程的意见，程表示欢迎。车到商丘站时，程胜贤已率领下班工人数百人到站迎候，引导我们到工会住宿。当晚召集全体工人讲演大会，讲演后并依照洛阳工会规章，选举各部门组织，至是工会阵营更趋统一。

次日，程送我们登车，各馈香芹一束，情意至殷。并以电话告知徐州车站工会沿途招待。我们一行离商丘车站向徐州进发。车抵铜山北站，时已日暮，徐州工会会长及黄钰成等人在车站迎候，工人数百聚集月台，手执灯笼火炬，引至工会休息。但见工会内外电灯通明，门外旷场高悬煤气灯，中央扎彩搭台，室内炉火熊熊，所有木器家具床褥均系新置，工人家属妇孺熙来攘往，如过元宵灯节。饭后即举行欢迎兼同乐大会，庆祝罢工胜利，演出山东、河北琴书，池州小戏节目，会场群众称兄道弟，欢笑喜谑，热情洋溢，直闹到深夜始散。

工会会长当晚召集工会委员座谈，在座诸人来自全国各省，亲友遍布南北铁路、矿山、轮船及诸大城市工厂，彼此互相介绍，提出一张几十个同乡、熟人的介绍名单，作为推广书记部报刊通讯联络参考之用。这个礼品后来为书记部在全国范围内工作提供了极大便利。

在徐州停留几天,璧成与钰成夫妇导游云龙山、戏马台、子房山诸胜。我离铜山时,正值深夜,璧成、钰成、天洋、符圣以及当地工会委员、工友群众数百人齐集月台相送。天洋在车快开动时与我握手惜别,口称:"文虎兄,你此来可谓雪中送炭。"

陇海罢工胜利后,工人群众阶级觉悟普遍提高,沿路各大站开始建党建团活动,于是下列诸处在一段时期内先后建立有党组织:洛阳为王符圣、游天洋、白眉珊以及后来的王忠秀等;郑州:魏士珍、李泊之、郭启先等;开封:魏荣珊、马景山;徐州:程胜贤、黄钰成等;商丘:王连升、姚鼎三;连云港:萧学文、韩森青;观音堂:傅敬宗、水湛寅。同时并成立社青团的组织。

我从徐州北行至德州,瑞俊来会,报告山东近日情事。抵天津北站,安存斋来见,三人同车返北京,时已十二月上旬(十日),此行前后历三星期。三人先到区委见守常诸人,久别重逢,晤谈甚欢。守常说:"文虎长时行旅劳顿,且先回西斋,洗浴换衣休息,明日长谈。"

翌日为星期日,天气晴明,守常邀大家到西城后闸寓所召开北京区委全体会议。会前厨司老李做了一顿白菜饺子,大家饱餐后开会,先由我汇报了陇海路罢工情况,大家谈了意见。为了表示庆祝,会后,由到会诸人自由唱歌,弹琴讲故事,说笑话,并未讨论其他繁剧问题。

会后,梅龚说:"文虎离京数日渺无音信,道路纷传河南拿获煽动罢工南方乱党,北京区委乃派老曾[1]前往查明事实真相。但是他到郑州后,无法赴洛阳,又见风头不妙,乃在郑州住了几天,悄然回到北京,向区委谎报:陇海罢工业已平息,文虎下落不明。守

---

[1] 老曾即包惠僧。

常初信以为真，十分着急，数日后始得确实信息，非常生气，责备老曾荒唐，说他'平日无一事可靠'云。"又吴汝铭言："陇海路罢工胜负未明时，该路交通系员司组织原想把持洛阳工会，收为己系工具，后来各项阴谋均未奏效，眼睁睁看到陇海工会正式加入北方书记部，不胜气愤，逢人便攻击书记部做不花本钱的买卖，全凭口舌之力把陇海铁路工会几千人一古脑儿拉过去了！"

后来洛阳吴佩孚特派白坚武到北京大学向金刀（指守常）追询此事经过，守常略具以告，白回报大帅。吴说："这次北大书记部人在北方铁路与交通系斗法，居然神出鬼没，打败南方财阀，他们确实有些办法哩！"

王会长舌战西宫

不多日子，眉珊托人自洛阳捎一信来北京，他向我详告陇海西线新闻颇多，并说：陇海罢工胜利消息传到西宫后，吴子玉大为震怒，对左右说：此举扰乱治安，目无法纪，工人无知，谅不敢出此，必另有人煽动。吴左右对云："听说北大学生，什么书记部从中策划。"吴说："此断非小事，亟应查明实情，以凭究办。"因派副官田某到工会传会长到西宫问话。工会主席王同志闻讯坦然前往西宫会谈，座中军法处长出见，态度傲慢，出语不逊，发问道："大帅有令，你们工会目无法纪，行动自由，按法规难容，以后诸事要小心在意！"会长大声抗议道："快快收起你这套屁话，否则咱就拒绝和你们谈话了！"其时，吴的秘书在旁见军法官谈吐粗野，王的态度倔强，知其不可以力屈！乃起立转圜，向王婉言道："请您千万不要动气，不必计较。我们大帅对工会是很尊重的，有话请从容细谈，平心静气。"王会长答道："咱来是同你们讲理的，不是来同你们抬杠的。"秘书说："欢迎评理！谁敢逞强！"王接着说："你们是扛大枪的，咱们是开火车的，挥鎯头的。师长是属陆军部，咱家是属书记部！谁也管不了谁！咱工会权利条约是经北京政府交通部同意批准的，想大帅也知道，咱们井水不犯河水。如果礼尚往来，说公道话，那么你好，咱好，大家好，以和为贵。如果有人要逞强的话，那么就是破坏和平。文来文对，武来武打，咱们也不怕。书记部一声令下，全体铁路工友就行动起来，那时再见高低吧！"

这番话，理直气壮，把对方听楞了。秘书半晌不语，仔细一想，双方再僵下去，恐怕会闹出乱子来，那时就不好办了，不如顺风转舵，乃改口道："我们大帅也是一片好意，千万不要误会！我们既是一家，以后有什么事，大家尽管好好商量。"王会长顺口答："这样就好，大家省事，和气生财！"说毕，扬长而去！王离去后，吴同幕僚商量，大家觉得"劳工神圣"通国皆知，工会羽翼已成，人多势大，气焰正盛，不可轻侮。如一味硬碰，火上加油，再出现罢工情事，舆论指责，反棘手难办，不如因势利导，顺应舆情，实行釜底抽薪，方可以收拾人心，减少阻力，以图大事。吴闻此议论，亦以为然，于是决定发布谈话，通电全国，声称"保护劳工"。并派秘书到工会解释一切，宣布政府德意。工会见吴软化，经委员会开会研究，决定将计就计，乘机要吴禁止军人干涉工会，两相和好，如同一家，吴亦应允。于是工会借劳动节机会举行工兵联欢大会，西宫士兵纷纷来参加，双方群众意气融洽。事后吴闻悉，大为不安，说："工会此举显系拆我的台。"但既允于前，亦无可奈何。

由此以后，吴乃包藏祸心，待时而发。

陇海路大罢工胜利结束。过了些时，中央及国际代表先后派专人北来考察此次罢工详细经过，并带有总书记陈独秀写给我的亲笔信，信中有云："陇海罢工捷报先传，东起连云，西达陕西，横亘中州，震动畿辅，远及南方，这是我党初显身手的重大事件。已派大汉（即李震瀛）等北来，盼兄放手做去，勿稍停步，如有需要，当尽力之所及，作君后盾。"何孟雄笑道："这总算是好话头！我们大家鼓足气力向前干吧！"

游天洋与白眉珊

陇海铁路工人一九二一年举行的这次全路性大罢工，确实是我党在工人运动方面的一次创举，一次大规模的尝试。参加领导这次初试的许多同志，如游天洋、白眉珊等，大都在大革命前后牺牲了，他们所开创的事业，和他们所付出的艰辛努力，值得永远流传。游天洋曾来北京加入过当时尚未公开的北京大学马克思学说研究会为会员。天洋到洛阳后与当地工人交往甚密，并领导工人组织洛阳陇海工会，于一九二一年十一月十七日发动陇海全路罢工，随即天洋将全路工会交由北方劳动组合书记部领导。随后由守常与我介绍加入共产党。入党后天洋意气益昂扬，告人说："我亦革命一分子，能以参加毁坏旧世界的工作为荣。"天洋为书记部事亲赴唐山交通大学联络。后来唐山交通大学学生会在开滦五矿罢工中组织当地学生、市民实行同情罢课，与此有关。一九二三年陇海路局以重金贿赂洛阳驻军吴佩孚第三师军官用武力威迫工会秘书兼党团书记游天洋出境，天洋于中途被迫害而死，时年二十九岁。天洋独身不婚，为革命奋斗而牺牲。中共北方区委及劳动组合书记部联合举行盛大追悼会，到会者数千人。劳动组合书记部挽联云："是琦瑰磊落之生，生当媲诸禹墨；为劳动运动而死，死有重于泰山。"游天洋、白眉珊他们个人的事迹亦应得到褒扬。但由于年代久远，留在我记忆中的具体情况已经很模糊了。所幸的是，上海"一大"纪念馆收存的一本由我在一九二六年编写的小册子——《革命战士集》第一集中，尚保有纪念游天洋同志的一篇短传，现援引如下，以志怀念！

游天洋

天洋名泳，福建闽侯人。年十八毕业于唐山交通大学（即北洋路矿学堂）。一九一九年，被派往粤汉铁路武昌城外鲇鱼套车站实习。君幼性孤介，随兄游学南北，卓然自异。学成后见社会黑暗，民生惨淡，慨然兴改革社会之志，自到鄂任事，常觉职务与所志相距甚遥，居恒郁郁寡欢，纵情游览，不以职守为念。

武汉三镇为长江上游最雄胜之地，江山风物，壮观绝伦，又兼轮轨四通，产业茂盛；为多数人口集中之区。天洋初至时，徘徊其间，胸襟为之一振。旋见帝国主义的疮痍遍地，军阀政治之横暴腐败，劳动贫民生活之黑暗惨酷，怒焉心动，屡思辞去职务投身其间，终以人地不习，情格势禁，无入手办法。

时北京政府为北洋军阀段祺瑞当政时代，段氏鹰犬张敬尧盘踞湖南，仇视湘民，肆意劫掠屠杀，蹂躏三湘七泽几无一片净土。他犹以为不足，听了一位湘绅的建议，划分湖南为九大鸦片区域，勒令全湘农民栽种鸦片，由张按亩抽税，预计一年收入可达一万万元以上。张敬尧发现这一金穴，于是秘密向外购得大批烟种，由湘鄂铁路运入湘境，强迫农民播种。

一日，天洋在车站办公室运货单上忽见有七十万包鸦片种子待运长沙，大为诧异。后多方访问，才知道上述原委，不由气愤已极。他想，如果这大批毒物运往湖南后将发生一场怎样悲惨的结果！湖南全省人民均将被这批毒物坑杀，就中最受影响的要算是贫苦农民了，因此，他便决定破坏张敬尧的计划。此时车上已满布武装兵士，是预备押运烟种往长沙的，一切布置停妥，只待下次货车起运。天洋即日将这消息暗中电告长沙、上海、北京各公团及报馆，要各地发起严重抗议，一面秘密向武汉各界及旅鄂湖南人民团体报告，要求他们即日用群众的力量截运，自己却驰回车站设计将车厢压住。

自天洋将这消息公布后，果然不到两天，全国舆论沸腾起来，张敬尧闻讯大惧，深恐功亏一篑，急电鲇鱼套车站火速起运，并严厉责备押运军官迁延误事。军官再四交涉车辆，均为天洋从中阻止。

事为张敬尧所闻，便下令捕杀天洋以泄愤。当军队到车站谋杀天洋时，天洋前数分钟已得报告急避匿一货车内，卒为兵士发现，弹如雨下，向货车袭击，天洋急逃奔另一月台。适遇武汉学生队伍来站堵截烟种，群众呐喊之声自远而至，才将军士逼退，救护天洋出险。经过这次事变，张敬尧的罪恶愈形暴露，湖南人民驱张的空气骤行紧张起来，张氏为固位计，遂将烟种全数销毁，以谢湘人。因此衔恨天洋益甚，声言非杀天洋不止。天洋为避仇计，随即辞去粤汉路职务。

天洋自离武昌，仍回北京居住，情怀落寞，无以自遣，后来独自一个赴蒙古作长途旅行，张家口、晋北、多伦、库伦、满洲，均有他的足迹，历尽塞外险要而归。在这次旅行中，天洋身体与精神均受了一番自然的陶冶，信念愈坚。他自言，从那时候起决守独身主义，以便无挂碍地献身社会革命。

一九二〇年苏维埃俄罗斯的革命风云渐渐越过西伯利亚的莽原吹向远东来了。天洋在当时报纸和杂志上常常注意世界革命的消息和理论。一天，他猛然省悟，组织群众是革命事业的基本战略，劳动群众尤其是革命的先锋队伍，他自觉应该即刻投身到工厂做工去。于是便到洛阳在陇海铁路局觅了一个员司的位置。他到洛阳后渐渐觉得所要做的事稍有门径，他开始联络铁路工人，指导他们组织。可是事属创造，社会人士讥笑他和反对他的人正自不少，即工人自身亦沉沦于数千年封建的传统中而不容易觉悟。天洋经过众多的障碍，克服了无数的困难，几个月后，陇海路工人便在老君会名义之下号召起来了，组织略为就绪，陇海路总罢工潮，便在中国劳动运动史上第一次爆发。

正是一九二一年冬季，天洋领导工人群众，宣布陇海路总罢工，并提出有名的十四条件，发布反对法国总管宣言。此时北方社会骤见到空前的大罢工，人心惶恐不可名状。北京政府尤为震惊，陇海路工人的革命烽火在天洋煽动之下照彻大河以北，大有使军阀官僚不敢轻视之概。

陇海路上爆发的罢工在中国北部既是一种惊人的创举，军阀官僚的交相破坏，社会人士的怨言毁谤，危疑震撼，艰难自不待言。天洋奋勇格斗，不稍顾忌。经过一星期后，胜利毕竟属于工人了。罢工胜利后，天洋在陇海工人群众中俨有宗教的魔力，会务发展日益千里，天洋便乘机整顿全路组织，引导他们走上正确革命的大道。

先是罢工时，中国劳动组合书记部文虎君闻讯前往，抵洛阳得晤天洋，与共议攻守之计，事后即介绍洛阳工会加入中国劳动组合书记部。至是陇海铁路工人组织之老君会遂正名为陇海铁路总工会。

陇海铁路罢工胜利的影响广泛深入全国工人群众，尔后，一九二二年，铁路、海员、矿山、机器等工人异军纷起，摇撼整个军阀政治，构成中国革命历史上最光荣的时代，便是继续这次罢工的扩大运动，所以他的意义是很伟大的。天洋自是索性辞去路局职务，专任陇海铁路总工会秘书。他对于工会运动、革命的政治与经济理论后来渐有科学的认识，天洋的思想已走上科学社会主义的正轨。

正当陇海路总工会形成的时候，敌人反攻的战垒亦在开始构筑了。法帝国主义，军阀官僚和交通系等，对于一九二一年十一月二十日陇海罢工下之盟是不敢忘记的。他们痛恨天洋，屡以高位厚禄相饵，天洋屹不为动；又屡以武力威胁天洋，亦无效。最后，法帝国主义便建议收买一部分贵族工人，分裂工会以与天洋决胜负。

铁路工人的工资等级是相差很远的，故他们之间的经济利益往往不能一致，遂启敌人觊觎之心。此次路局采用欧洲资本家智慧实行分裂工会的政策，用重赂贿收买少数工人后，陇海工会极少数职员便发生了右倾的错误，这个倾向的渐渐发展，工会内部组织便随而松懈起来。天洋睹状愤慨万分,尽力挽救颓势未见实时恢复。敌人审天洋性忄急,屡遣使激怒天洋,天洋忧愤无极,深自怨愧,遂决计出巡全路,唤起多数群众,驱逐敌探,改组工会。行抵郑州,因过度劳瘁,益以强烈刺激,卧病旅次。天洋在病中越想越气,越气越病,又闻敌方谋之益极,顿失恒态,于某日卒患脑充血症,医治不及,逝世于郑州医院。时一九二二年冬季。

天洋是北方第一个身殉劳工运动的战士。死后,陇海路工人在郑州召开的追悼大会,为北方民众空前悲壮的集合。天洋致死的原因除凶狡的敌人设计倾陷外,最主要的还是他的偏急的个性使然。因为他自到洛阳经过长期繁剧的工作后,性情越发刚暴了,他的处事临变有如暴风骤雨,蓬勃的火焰,令人不可向迩。以这样纯感情的生活,置身极复杂极矛盾的工会运动环境中,自然烦愁与恼怒是时常困扰袭击他的。天洋的生命便在这万分愁劳中负有极重的伤困了。

天洋为人外表颇峻峭,内心充满无限同情,生活真实,奇怀磊落,独来独往,大有古游侠之风。逝后陇海工人群情悲愤,当即激起一个拥护工会的大运动,誓一致团结为天洋复仇。工贼见群众义愤磅礴,相率隐遁,陇海总工会赖此卒保持其统一,历久不衰。至今,河北劳动群众无不知有天洋名姓者。

白南熏字眉珊,河南洛阳人,清末秀才,执教二十余年,古典诗文均佳,曾任陇海路洛阳劳动补习学校教师,家贫如洗。他向我表示:"古今革命不同名,其为吊民伐罪则无二致。书记部所为,即吊民伐罪事业,但又不至以暴易暴,所以可贵。我虽年老,但执鞭亦愿为之。"因请加入书记部为一员。后加入中国共产党,时年已四十二岁。一九二一年冬,我为陇海铁路罢工事至洛阳时,白自请参加罢委会工作,参加决策,多出奇谋。并亲任向导,随同分赴工地从事宣传、组织工作。罢工胜利后，曾至北京，遍游长城内外各地，自言"河源飞鸟外，雪岭大荒西"皆曾亲历其地。据称青年时期曾步行经年探黄河河源，河源在西宁西南方玛多县，距西宁二千余里，高山湖泊错列其间，藏族居住地人烟稀少，全县不足万人。归途又探汉水源，在嶓冢山，其地虽迩，但居民稀疏，住户也少，在高山洞壁里有远古文字图形云。其汴梁怀古诗云：

　　驱车过宋门，城阙荒草深。昔年魏公子，访隐见侯嬴。
　　笑谈决大计，功名安足论。慷慨思猛士，卓荦殊不群！
　　怅望樊楼渺，俯瞰大河横。萧萧疾风劲，日暮卷黄云。

　　眉珊尝说："今日国事紊乱，主要由于物质与精神俱失去重心，所以人心思乱。因为物质平衡则万物互致其用，偏则助长私欲，怀忿逗争，举国不宁。吾人今日从事工人革命亦所以顺应时势，如峻阪走丸，非及地不止。"

　　罢工结束翌日，白曾导我游龙门西山石窟伊阙，二人共登邙山，白指伊、洛、瀍、涧等水语我，云："此古代驰名四水，在南方不过沟渠而已，何足道哉。"又行伊水上，白为述吕蒙正饐瓜亭事，人惊其赅博。我在罢工斗争胜利后离洛阳东去，登车前夕止宿于洛阳子弟小学，与白眉珊联床夜话，聆白所言，学识渊博，高人一等，深觉吾辈生晚，相见恨迟。

　　临行眉珊出纸笔，嘱留书作纪念，我即书一联相赠，联云：

　　东观沧海月
　　西揽太华峰

　　上联指连云港，下联指陕西华山。

我归京，将白加入书记部事告同志，天放说："书记部竟有老秀才加盟，可谓异数。"一九二三年，我离开北京到上海中央局工作，旋又出国赴欧洲工作。由于天各一方，工作繁忙，迄未通音信，稍后乃知眉珊与王忠秀诸同志，均不幸遇难牺牲，悲不自胜。

北京迤东地区的罢工斗争

规划和起步

一九二一年底，在陇海路罢工胜利的基础上，北方书记部进而考虑下一步工作，为要贯彻党中央大力发展工会组织的指示精神，亟需对北方地区作全面规划，提出一个方案来。北方书记部一向把产业工人的发动和组织工作摆在优先的地位，经过多次研究，除对几条主要铁路工会作了规划外，还着重讨论了在北京迤东的工业地区开展工作的问题。这里包括从山海关到天津、唐山一带，是北方最大的产业工人聚集地，总计约五六万工人，他们分布在京奉路各站和唐山铁路制造厂，以及开滦五矿、启新洋灰厂、华新纱厂等大型工矿企业中。

这一地区的政治、经济地位都十分重要，它还是北方的交通枢纽。京奉路斜贯其中，经山海关直达东北三省，为去东北必经的咽喉要道，东面临海，有当时北方最大的吞吐海港秦皇岛，可通往南方各口岸和世界各地，为国际贸易的重镇。开滦的煤矿资源丰富、质地优良，生产我国唯一能用于出口的原煤，当年主要为英国所垄断。唐山地区在国际贸易中居重要地位，因而它对世界的政治、经济有一定影响，曾是英、日等帝国主义争相角逐的场所。它的位置又密迩首都与天津，对国内政治也是敏感地区，能起到牵一发而动全身的作用。因此，如能在这一地区，发动数万工人组织工会开展罢工斗争，这对全国的影响能起到高屋建瓴的作用。

由于这一地区的重要，帝国主义者和军阀政府、北洋财团、交通系等等官僚政客集团都插手其间，也是他们利益的所在，因此控制也是十分严厉的，"卧榻之侧不容他人觊觎"。可以想见，在这里发动工人斗争，其阻力和将遇到的困难是相当大的。当时，书记部同人都很年轻气盛，在认准其重要意义后，就不计成败，努力去做，务求有一结果。事后回顾，虽有考虑欠周的地方，但毕竟通过实践，收获是不小的。主要是锻炼了干部，增长了才干，扩大了党的影响，涌现了一批工人出身的革命领袖，如邓培、梁鹏万、王麟书、阮章、只奎元、李兴昌、袁乃祥等和一些优秀干部如王尽美、吴先瑞、彭礼和等。

书记部的规划，是从京奉路入手，组织工会，逐步扩大影响，使开滦煤矿和唐山的一些城市工厂也组织起工会来。而京奉路则又以山海关和唐山制造厂为基点，建立一个全路的统一工会组织。与此同时，开展建团、建党工作。在铁路、矿山和城市工厂工会的组织初具规模后，一伺条件成熟，就发动一场全区性的经济和政治的同盟罢工，以求改善工人的境遇为目的，从而使工会在工人群众中的威望日臻巩固，才能把所有的工人都团结在革命工会的旗帜之下。这一种设想和计划，所要达到的目标虽然有限，但在当时，要实现这一目标，发动一场同盟罢工，真正把工人都组织在书记部领导下的工会中来，却不是一件轻而易举的事。

京奉路的工作当时已有了一些基础。很早我们就到过唐山从事调查。我们和当地唐山大学（原北洋路矿学校）的同学有过联系。我记得第一次去找线索，是我和两个北京的学生到唐山大学的。我向那里的同学说明来意，想找唐山地区铁路、矿山及其他方面的工人聊聊。他们当即表示愿意一道来做，于是我们双方联合进行。首先调查唐山产业工人的生活状况，调查之后，曾写了一个很长的报告，以笔名无我刊登在《新青年》（七卷第六号）上。通过这次及其后多次调查,使我们对唐山情况有了比较充分的感性认识。当年,京奉路在唐山有一个广东会馆,在铁路、矿山工作的广东籍技术工人都集中于此,所以我们就从这里着手。我们通过访问工人,慢慢地发现了他们当中有一个叫邓培的,是铁路车辆厂(南厂)的技工。于是我们就去见邓培,前后找了他好几次,他很健谈。我们对他也逐渐有了了解。

邓培是广东香山人,祖父、父亲都是产业工人,邓培进过技术学校,能看图纸操作,还懂得英文并能讲点英语。不会说普通话,有时他说广东话,我们听不懂时,他就用英语来表达。邓培为人正派,思想开朗,手艺好,技术高,带有几班徒弟,在工人中间很有威信,是事实上的头领。他告诉我们,唐山在民国元年,就有人来组织过工党,让他去参加,他没有参加。当时参加的人,不少都是技术工人,这些工人受过英国工党的影响,想在中国组织工党,加入的都是技术工人。当时已有了个雏型的组织,但因中国没有建立工党的条件,人数又不多,还没有形成势力,就很快消失了。以后,陈翼龙在北京、天津组织社会党,公开活动,也派人到唐山组织社会党支部(当时宋教仁从日本回来,想在中国搞议会道路,陈翼龙原系日本留学生,可能是受了宋的影响,到唐山来组织社会党)。后来袁世凯下令封闭了北京社会党总部,并将陈翼龙下狱处死。自此以后,唐山工人中再没有人来组织政党活动。所以邓培说:"现在你们来组织马克思主义的工会,我是赞成的,但鉴于前两次的失败,你们要作充分的准备。"并表示他愿意参加此项工作。唐山地区的工作,邓培是起了很大的作用的。南厂也通过邓的关系,工作慢慢发展起来了。

一九二一年,经我提出,最后经过北京区委的讨论研究,决定发展邓培为中共党员,他是北方最早的一批工人党员之一。邓培入党后,唐山地区的工作进展更快了。这时,唐山工人俱乐部已经组织完善了，邓培是俱乐部的负责人，后来又办起了唐山铁路工人图书室，陈列有各种适于工人阅读的进步书刊，如《新青年》《工人周刊》《劳动周刊》等。随后，唐山的党组织也建立起来了。

山海关与唐山罢工

一九二二年初夏，尽美新从苏联东方民族大会回来，主动提出到山海关工作。山海关西靠燕山，东临渤海，地势十分险要，为军事要塞，时为直系军阀所控制，对工人防御亦极严密。当地工人帮派分歧，相互嫉视，开展工作极为困难。但尽美深入基层，亲做苦工以接近群众，进行宣传说服，终于排除各种艰难险阻，博得工人群众的拥戴，约经三个多月，才建立起京奉路山海关工人俱乐部，同时又建立了党的基层组织。

是年秋天，京汉路八月罢工胜利后，一次我与邓培、尽美三人同登山海关，会见了山海关俱乐部和党的负责人佟惠庭，共同研究山海关的形势问题。时适山海关俱乐部发动撵走工头赵某后，其余党陈宏经怂恿路局无端开除俱乐部委员佟惠庭和景树庭二人，恣意破坏工会，工人十分义愤。在此情形下，究竟应采取何种对策。大家分析后，决定趁此开展一个大规模的抗议斗争，以求彻底解决增加工资的问题，并作好罢工斗争的准备。这一工作由王尽美会同俱乐部负责人佟惠庭主持。与此同时，唐山也开展经济斗争，准备必要时发动罢工，与山海关相策应。由邓培准备，我赞襄其事。

唐山制造厂有三千多人，因邓培是制造厂的工会负责人，又是中共唐山地区的负责人，他对唐山地区情况很熟悉。唐山罢工决定由邓培主持。长辛店八月罢工的胜利，对京奉路各站鼓舞很大，工人为改善工资待遇也跃跃欲试，九月十一日，我偕长辛店工会代表王俊、须永德到唐山后，见到邓培，了解当地情况后，建议他立即组织罢工委员会。主要成员有：邓培、王麟书、刘玉堂、阎福堂、罗占先、李福庆、李显廷、梁鹏万等。罢委会组成后，讨论了向厂方提出的条件和要求，并推我执笔，写了一个简短的宣言，提出所议的五项要求。宣言历数了工人的苦况。其文如下："我们在黑暗地狱的唐山制造厂工作，迄今十有余年。悠悠岁月，来了又去，去了又来。终日精疲力竭，执奴隶牛马之役，为的是资产阶级的繁华富丽。到而今工人的生活，竟至辗转沦落，每况愈下……我们怀着无限悲愤，到此万不能隐忍了！所以于今日提出最低限度条件五则，向路局交涉，限期答覆。我们认为这些条件，是起码的要求，只有全部允许，决无磋商余地。现已全体公决，誓非达到目的不止。"

接着提出了如下的条件：

（一）星期及各种假日，须照常发给全薪。

（二）工人有入厂十余年或七八年未加薪者，应即日加薪。按月薪十五元以下者加三成，十五元以上者加二成，五十元以上者加一成。

（三）以后每年应加薪一次。

（四）此次直奉战争，工人所受损失，应照车房例，包含下列各项，1）三年须有二月例假。2）每年须有两星期例假，假期中发给全薪。3）病假须给全薪。4）工人向厂买物及购煤与员司受同等待遇。5）每年发给五路乘车免费一次。

九月十三日，向厂方正式提出上述要求，并限三天答覆，厂机务处未予理会。我与邓培商议，认为有必要召集全厂工人大会，讲清情况；同时进行宣传鼓动，要作立即罢工的准备。会上可请长辛店工人代表介绍八月罢工斗争胜利的经验，以壮士气；同时可联络山海关、秦皇岛等地工会派工人代表出席。于是，十四日午后，全厂自动停工，举行群众大会。会前我们做了充分的组织动员，结果全厂三千工人都出席了大会。主席邓培宣布开会的意义后，首由长辛店工会代表王俊演讲，大意谓：唐山工人旧有南北界线，大家要明白这是旧社会的坏习气，工人应不分南北，团结起来为本阶级的利益进行斗争。继续发言的是长辛店工友须永德，介绍长辛店八月罢工的经验。随后有山海关代表佟惠庭演说，唐山与山海关工人应密切联合，一致奋斗，互相支援，"打虎需要亲兄弟"，只有团结起来才可以很快达到目的；并报告了山海关正在做罢工的准备。大会后，全体工人敌忾同仇，战斗精神大为提高。遂于次日再次派代表向机务处交涉，厂方仍一味拖延，迟迟不予答覆，直到十月初，工人忍无可忍，乃举行大会示威。厂方才不得不商量退策，经路局同意，答应工人提出的部分条件，但工人坚持必须承应全部的条件，否则于十月十三日一律罢工。厂方未予答覆，于是酝酿一月之久的罢工，遂于十三日凌晨爆发了。

罢工开始以后，全厂各门派人把守，纠察队长刘玉堂带领近千人的纠察队伍，巡行维持秩序，工人个个精神焕发，与平日大异。厂方这时见工人组织纪律严明，非同小可，十分惊恐，请求警察厅出兵保护。保安队逮走了一些出外联络的工人代表。工人闻讯，积愤愈烈。罢委会随即组织群众游行示威，抗议厂方捕我工人，要求立刻释放被捕工友。

罢委会针锋相对地进行斗争，路局用大量金钱雇买工人来破坏罢工。纠察队就一面查获破坏事件，一面揭露敌人用金钱收买工人的阴谋，劝告受蒙蔽的工人，不要轻易上当，自相残害。路局吁请当地美国驻兵出来镇压，纠察队就沉着应战，并致函美国兵营，质问他们是否明白国际法，如无视驻在国主权，激起暴动，就应由兵营长官负责，所以美兵也不敢妄动。

罢工坚持近八日，当局无法制止，厂方怕殃及周围厂矿，扩大事态，不好收拾，乃不得不作出让步，答应将所扣的工友放回，并与俱乐部商议办法，基本上答应了所提各项条件，于是在十月二十一日复工。

现在补叙一下山海关罢工事，先是，王尽美赴山海关与山海关俱乐部主席佟惠庭积极筹备，组织罢工。在唐山罢工正在酝酿时，尽美来到唐山找我，商谈山海关罢工斗争诸问题。尽美说：山海关俱乐部已于九月二十号左右向路局提出六项要求，条件如下：

（一）速开革陈宏经，请我们的代表佟惠庭、景树庭二君复职，并将二君停工期间工资完全发给。（二）每星期日及各种假日，均要休息，并须发给全薪。（三）凡工人一律加薪，按十五元以下者加三成，十五元以上者加二成，五十元以上加一成。（四）以后每年加薪一次。（五）此次直奉战争工人所受损失极大，应照火车房例，同样发给奖金。（六）关于待遇平等，包含下列各项。1）每年须有两星期假，假中发全薪。2）每三年须有两月例假中发全薪。3）病假必须发给全薪。4）工人向厂买物及购煤，必须与员司受同等待遇。5）工人家眷来往乘车，须发给全免费票。6）每年发给五路乘车免费票一次。

此外，尽美还谈到，廿五号召开露天大会事，当时，全体工人表示，如果路局不答应所提条件，决心坚持到底，不达目的决不罢休，工人情绪十分激烈。我们对山海关斗争情况分析后，认为工人决心很大，罢工准备也已成熟，可以不等唐山，先进行罢工斗争。于九月三十日，我偕尽美同去山海关，正值路局发布一告示，宣谕工人，对工人所提条件几乎未作答覆，工人对此愤懑已极。我和尽美见此情形，知道不采取罢工手段，当局是不会理睬工人的要求，遂决定次日下午召开露天大会，进行动员。开会时，满场白旗挥舞，口号声此起彼落，会场四周大幅标语，琳琅满目，气氛十分激昂、热烈。工人确已发动起来，罢工条件已趋成熟。主席佟惠庭宣布开会，并发言表示俱乐部决心奋斗到底，直至取得胜利为止，工人报以热烈掌声。接着唐山工人代表和秦皇岛工友俱乐部代表相继发言，表示愿与山海关工友一致行动。王尽美也上台讲演，鼓动大家努力奋斗。群众情绪这时达到高潮，高呼"驱逐工贼陈宏经""打破奴隶制"等，观者极为动容，足见尽美平日工作之深入，他已深得工人的爱戴。最后主席宣布，限当局三号晚答覆，否则举行罢工。

十月四日，山海关工人开始罢工，尽美起草宣言，吁请各地工友实力相援，一时京津各报纷载山海关罢工消息。这时唐山工人也正准备罢工事，决定加快步伐，提前罢工声援山海关工友。

罢工后，山海关路局见工人团结坚固，知不可轻侮，并风闻唐山工人要于近日罢工，若卷入唐山工潮漩涡之中，将益发不可收拾。路局即于十月十二日接受工人所提条件，并由该路局长明文批示："陈宏经立即革除；佟惠庭、景树庭二人复职，补发全部工资。"于是，山海关罢工胜利结束，前后约历十天。

山海关罢工的胜利，曾给随即发生的唐山罢工以很大的鼓舞，唐山制造厂罢工从酝酿到胜利，历时较长，困难程度也比山海关要大，但山海关的胜利给唐山工人带来了斗争必胜的信念。而山海关和唐山制造厂罢工的胜利对开滦五矿工人又是一种促进；对于即将进行的开滦五矿斗争也是一次小练兵，大家更觉有把握了。在山海关和唐山制造厂罢工时，开滦五矿的斗争已在进行中。本来书记部准备同时进行，来一个北京迤东地区的大规模同盟罢工，但由于各处情况复杂，准备工作难易不同，发展形势变化不一，人手也告不足等等，遂造成相继罢工的形势，而又以开滦五矿同盟罢工，规模最大，历时最长最艰巨。但干部、群众有前两次罢工的胜利，信心充沛，始终顽强战斗，不溃散、不分裂、不叛变，足以坚持到最后，使开滦罢工成为震惊中外的大事件。

开滦五矿沿革与斗争形势

开滦煤矿创于一八七八年（在此以前属于手工业式经营），是最先采用近代技术经营的本国采煤企业。庚子条约以后，引进英国资本，变为中英合资公司。该矿由唐山、赵各庄、林西、马家沟、胥各庄五矿所组成，幅员几百里，年产煤平均为四百五十万吨，当时占中国新法开采煤产量的五分之一。开滦煤矿地跨开平、滦县地区，其中唐山煤矿产量最大，质量优良，靠近海港车站，水陆交通便利，中国北煤南运由此发生。自是以后，天津、上海、香港、新加坡、马耳他等地英国企业用煤、船只用煤与海军的大部分用煤均由此处供应。开滦公司名义上中英合办，但实际经营大权为英方所把持。中国方面以袁世凯及其他北洋军阀股票最多。英国方面东印度公司股东居多。每年纯利平均二百五十万英镑，最高时达一千万英镑。

这次开滦五矿罢工，其矛头不仅是指向英国资本家，而且也指向由北洋政府和军阀官僚所控制的华北财团。

当时，华北财团辖有三个银行，其中，中国银行和交通银行，名义上是官商合办的银行，实际上是北洋政府的国家银行。中国银行享有铸币、发行纸币，代理国库和代募公债等特权。辛亥革命后，中国银行的大权，由北洋政客王克敏、李士伟、徐恩元等长期把持。交通银行是北洋政府国营交通事业轮、路、邮、电四政的金融机构，该行大权归政府独揽。从一九一四年后，它也成为国家性质的银行。这个银行的领导权，开始由旧交通系梁士诒、周自新等所把持，后来又由新交通系曹汝霖、陆宗舆等接手把持，一直是北洋政府新旧交通系官僚们的主要经济活动地盘。中国银行与交通银行，在当时号称为北洋政府的"中央银行"。

在华北财团各银行中，军阀官僚个人的投资和存款，占有很大比重。据估计，北洋政府主要军阀官僚七十二人，拥有私产总数达六万六千五百四十万银元之巨,其中拥有千万元以上私产的共有二十三人,曹锟和张作霖二人各五千万元。这些军阀官僚通过搜刮民脂民膏而积累的巨大财富,大量存入银行,成为大股东或总裁,把持着银行的大权。在开滦煤矿的投资中,北洋军阀银行的股票不少,毫无疑义,开滦五矿工人的罢工,是对他们的直接打击。因此,他们与英国资本家联合起来镇压工人运动,也是必然的。

英帝国主义在秦皇岛驻有重兵,中国军阀通过天津及当地驻军也对矿区十万中国居民进行统治与剥削,方式极为复杂,镇压与欺骗各显其用。开滦矿工在经济与政治高度的专制下面,生活非常贫困,工人每日平均工资二角,工作十二小时,下井一次常把两周的劳动在一周做完,劳动十分紧张。因工死亡仅得恤金四十元(死骡马一匹赔偿金约一百元)。长期以来由于技术设备逐渐陈旧,不断发生矿井淹水、瓦斯爆炸与井道陷塌等种种事故。如一九二〇年唐山九道巷煤矿瓦斯爆炸,造成死工人四百三十二名,伤一百二十二名的重大事故,数十里矿区哭声载道。工人自称备历水、火、刀、兵诸劫,并非虚语。因此,工人自发斗争如厝火积薪,时有所闻。据工人谈,开滦过去自发斗争层出不穷,如一八八二年矿上北方工人曾为要求工资平等(当时南方工人工资高于北方工人)而罢工一次;一八九一年工人为了反抗外国工程师虐待又发起斗争,结果有五位工人被捕。由于英国资本家势力雄厚,而且对付工人斗争有丰富经验,因而矿工面对的是一个相当凶狡的敌人。

开滦罢工的准备

北方书记部于一九二二年初,开始在矿山广大工人群众中进行宣传、教育和组织工会的工作。北方书记部负责人以身作则,动员北大马克思学说研究会会员,非宗教同盟会员,社青团员走出课堂、实验室,投身矿区从事艰苦工作。当时北方书记部的人来到矿井,带有《工人周刊》等各种革命书刊,向工友们介绍一些革命道理和工人进行斗争的事例,如陇海铁路、长辛店罢工斗争的经验。有些来自长辛店的工友向矿山工友进行现身说法,这对于后者启发特别深刻。由于北方书记部同志深入矿井,耐心刻苦工作,与广大工人群众取得联系,在唐山开始建立了地下工会。在组织工会过程中,我们特别注意联合当地矿工各主要帮派,当时唐山工人主要分成南北两大帮派。南派以广东人为主,工程技术人员居多。他们在广东街设立广东会馆,用以团结本帮工人。北派工人人数最多,又分为河北与山东二帮,河北省又分为大名、保府与河间三帮(保府,河间二帮合称顺直帮),北方各帮大多为一般井下工人,其他地方工人数量较少,附属于附近地区帮派,矿区家属、市民合计十余万人。各帮派彼此之间常因就业问题或语言隔阂发生争执,互不团结。书记部同志来后,晓以革命大义,使他们化除畛域,统一组织工会,为此做了不少工作。五矿工会领导机构大都是吸收南北各派中的革命意志坚强的,在群众中有威信的工人所组成。

当五矿分别成立革命工会后,又联合成立五矿工人俱乐部。实际上是领导全矿的总的工会机构。俱乐部成立后,就为改善工人的境遇着想,前面提到一般工人生活的苦况,就是技术工人也因十几年未提过工资,在物价飞涨的情况下,生活亦很艰难。这是全矿工人最切身的大事。俱乐部为此准备了向矿局提出改善工人生活的要求,同时也作了必要的组织和各项准备。

十月十六日,开滦五矿工人正式向矿务当局提出改善待遇的起码要求,它是通过一封英文信向矿务局提出的,这封英文信由北大马克思学说研究会英文组的同学执笔,采用外交词令,文字风格力求"西洋化",是几经推敲,三易其稿,然后打印发出的。

信的内容分两部分,第一部分叙述矿局对工人待遇不公,列举事实,使矿局感到无词推托。第二部分则明确提出六条要求,合情合理，并不苛刻。六条内容如下：

  1．按下列的标准增加工资：甲、每月工资在十五元以下者增加百分之三十；乙、每月工资在十五元以上者增加百分之二十；丙、每月工资在五十元以上者增加百分之十。
  2．每个年终发给奖金一个月。
  3．星期和新年假日停止工作并发给工资。
  4．廉价煤和慰劳金应和中级员司同等发给（凡支月薪十二元，应有享受这个利益的资格）。
  5．凡服务年限超过二十五年者，应给予和工资相同数目的养老金。如无严重的过失不得撤职。
  6．凡因公受伤者，应继续发给工资，而因公死亡者，应给予和五年相同数目的抚恤费作为慰劳金。

  该信是指挥部第一个对外的英文文献，信中措词不卑不亢，颇为得体。另外还大量印发了中西文宣言和传单，向中外社会舆论呼吁，争取对工人的同情和支持。
  英文信递交矿局时，并派八名代表前往交涉，代表态度坚决，限当局三日内答覆，否则以罢工对待。这八名代表的情况，现查出的记载资料为：

  张瑞峰 唐山井下看守人 五十岁
  李新章 唐山铸工 三十八岁
  刘 河 林西骡夫 三十五岁
  刘宜美 林西骡夫 四十一岁
  孙家辽 林西机器匠 三十二岁
  刘 忠 赵各庄机器匠 三十三岁

葛定东　赵各庄井下机器匠　　四十五岁

廖洪祥　秦皇岛机器匠，秦皇岛矿务局工友俱乐部的委员长　　二十五岁

矿局接信后，见内容清楚具体，无回旋余地。总矿师杜克茹（A.Dosgties）一贯傲视矿工。他对此十分恼火，蛮横地对代表说：你们的条件可以考虑，但劳资双方不能处在政治上平等的地位来谈判，工会不能成立，矿务局也不承认俱乐部是合法团体。代表据理驳斥，终使总矿师词穷，改称需与天津总公司经理商议后再作答覆，借以拖延时日。谁料他返回唐山后，竟带来两个保安队约二百多人，驻扎矿区监督工人劳动，其态度复又如前，同时出布告晓谕工人：不要受人鼓动、利用，凡提出无理要求或作扰乱的举动，本局是一定不能答应的。他又假惺惺地说："目下粮米高贵，各样花费又大。本局打算给赚小工钱的人加点工钱。从本月起所有每月赚三十块钱以下的工人，都照加一成。"这和工人提的起码要求相去甚远，尤不能容忍的是派保安队对工人实行监督，实属人格侮辱；且无视工会的存在。这时工会已把上万工人组织起来，岂能受此政治上的漠视，于是五矿俱乐部召集代表开会商讨对策。会议正在林西召开时，竟被矿局侦知，派保安队来驱散，并当场抓走表示抗议的六名代表。工人闻讯后，群情激愤。只奎元找到我和邓培商议，认为罢工势在必行，工人情绪高昂，特别在唐山、山海关、京奉路罢工胜利的鼓舞下，干部都跃跃欲试，俱乐部也只有通过斗争才能团结更广泛的群众而巩固发展。这也是半年来书记部所预期的计划，几经考虑，认为应当机立断，否则敌人将更有准备，于是决定次日五矿全体罢工，当晚各代表分头通知各矿工会传达罢工命令。于是从十月二十三日起，唐山、林西、马家沟、赵各庄、肯各庄同时举行罢工，井上、井下、机务各处总计三万多工人全部停止工作。一场震撼中外

的开滦五矿同盟罢工就此开始了。

矿局方面，对罢工是早有准备的，其主要人物是比利时籍的总矿师杜克茹和英国籍总经理杨氏（Young），起决策作用的是英国董事会。英国是一个工矿业多，工人罢工也多的国家，英国统治者积有对付工人的丰富经验。平日，他们就和当地军阀政府相勾结，采用现代的侦缉手段，注视着工人的一举一动，当唐山铁路制造厂的罢工还在进行时，矿局就和直隶警务处互通情报，对工人严加防范。这里摘录一段事后得悉的他们往返的函告，就可管窥他们所持的一般态度。警务处给矿局的信函中，通知矿局，京奉铁路职工已罢工，很可能也影响到矿区，并说："现闻林西矿工人已被铁路职工所引诱，铁路职工答应给予他们数千元作为进行罢工的开销。据说该工人等对于他们的斗争表示热烈同情，并已决定与他们采取一致行动。此事现正在秘密进行，尚未泄露。当探知这种阴谋时，立即派出得力警察和便衣侦探到各处秘密调查，但是因为他们严密地进行阴谋活动，尚未能探出他们的机关所在以及其首领的踪迹，至于已探得的消息可以概括如下：他们拟借煤斛加价为名要求增工资。他们打算提出以下五项要求：（一）在开滦矿务局服务二十五年或超过二十五年的工人每年给予慰劳金。（二）因为生活高涨，全体工人应增一定数目的工资。（三）建立工人医院，工人病伤得在此医院治疗，由开滦矿务局负担花费。（四）工人死亡，开滦矿务局应给予埋葬费。另外，工人因公受伤，在医疗期间，应照付每日工资，不得扣减。（五）全体工人在星期日免于工作，如果需要工作，这天应给予他们双薪。以上五项要求将在他们罢工开始之前提出。如果他们的要求不蒙允许，他们将以罢工相威胁以求接受他们的条件。这是我们所探来的全部消息……查唐山路工罢工风潮现时尚未平静，矿厂相距甚近，煽惑引诱亦势所不免，除饬该署长饬官警，受姚队长指挥，严密防范，一面晓以大义，切实开导，俾知其各人切身利益关系以维公安外，相应函请查照。"

在另一封信中说："制造厂罢工现已四天，连日局长（指公安局长）随同路局人员与工会代表讨论要求各条件。该代表等坚持甚力，一时恐难了结。"

矿局给警务处的回函中说："近来有煽惑者到达矿上，他们为了政治缘故，正在试图制造工潮。这些人引导工人组织联合会，并向敝局提出许多要求。"这里的"联合会"就是指"五矿工人俱乐部"。他们之间互通情报，往还紧密，对俱乐部的活动也早有觉察。

后来在警务处长杨以德给陆军部的呈文中提到：罢工中发现"山海关京奉铁路工友俱乐部"的传单，其首端标有☭符号。此符号即系俄国过激派。并由此下结论云："查此次罢工风潮，并非纯系工人生计问题，内中因有由京来唐过激主义杂手其间，前日在唐山罢工机关内查获函件，均属传布过激主义函件。"由此概见当年杨以德坚持施行铁血政策，是认为开滦罢工是一个政治事件，而对书记部的一些活动，又十分警觉，在其发布的布告则更露骨宣称："查此次工潮，迹其种种行为，确系有奸人主动，图谋不轨，若不赶紧取缔，诚恐祸成燎原。"

为了领导好这次罢工斗争，中共北方区委与北方劳动组合书记部全力以赴，组成强大的五矿罢工指挥机构。决定让邓培脱产，以全部力量投身于开滦罢工斗争，让北方劳动组合书记部副主任王尽美参加指挥部。这些都是北方区委所采取的重大步骤。同时我也参加了罢工委员会，任中共党团组织负责人兼指挥部主任。先后在五矿罢工指挥部工作的主要人员还有：梁鹏万、阮章、袁乃祥、彭礼和、李梅羹、吴先瑞、李星昌、只奎元、董鸿宾、阮永、王麟书、王德舟、贾纡青、王宝仁、金满等二十余人。

这次罢工组织是相当严密的，领导罢工的机构是罢工委员会，对外仍用五矿俱乐部的名义，罢委会系由各矿工会的代表和北京区委(罗章龙)、北方劳动组合书记部(王尽美)、唐山地方党(邓培)的代表组成。执行机构为罢工指挥部,以下是各矿基层组织,全体罢工工人都组织在"十人团"中,每十人组成一"十人团",选团长一人,负责组织和召集团内活动。指挥部还设有调查部和纠察部。调查部从事调查内外奸细,查处破坏工会的事宜,如有情况立即报告调查部长,提到罢委会中讨论。纠察部下设纠察队,共有纠察队员近两千人,分设几个大队和支队,纠察队由张隐韬等同志训练,纠察队员中有不少人是经历过行伍生涯的。他们具有战斗经验,由他们督导上阵,能做到见阵不惊,勇猛顽强,这种精神在和敌人多次枪击的激烈冲突中完全体现出来了。平日,他们巡行于街市,保卫厂矿,守护矿井,维持开会会场秩序。开滦矿工的纠察队在北方的各次大型罢工斗争中,是组织得最好的,远近闻名,当年报刊曾有过详细的报导。

罢工指挥部为适应斗争形势需要,有时设在铁路与工矿中心地区,有时改在唐山大学办公,均以取得广大革命群众的掩护与支持为条件。

罢工指挥部事前充分估计了敌人的反动本性和可能采取的手段,为了防止敌人的突然袭击,指挥系统始终分散隐蔽,罢工指挥部设在南厂(即唐山铁路机车厂)附近。宣传机关则分设在各矿厂郊区工人住宅内。掌管工会基金的财务机关设在较安全的山海关铁路工会附近。在五矿罢工期间,还在天津租界设置罢工事务联络站,由宋天放、李梅羹等在联络站负责,所有关于罢工新闻公告文件等,均在天津秘密印刷发布,并开辟有内部交通接头处。同时,在开滦罢工期间,党集中了唐山地区的党员,其中包括铁路机车厂(即南厂),开滦五矿、水泥厂、秦皇岛桥梁厂、唐山大学等处的党员,组成开滦罢工中共党团,成为罢工斗争的核心机构,一些重大决策都须经党团讨论。罢工党团设在市外,以备随时转移地址。当时唐山党的领导力量是很强的。在罢工期间，斗争形势瞬息万变，并且多次发生武装冲突，党组织面临繁剧任务，始终保持步伐整齐，临危不乱。这些都说明唐山党组织确实具有相当强的组织与指挥能力。

矿局对付罢工，诡计多端。归结起来，其第一个办法，就是武力镇压，以保护英人利益为名，四处求援，调动军警来镇压罢工。第二个办法就是从内部离间工人的团结，瓦解工人组织，派遣所谓"和平使者"向工会活动。第三是用经济围困方法，威胁工人生活，借以使工会就范。矿主既采用上述各种方略围困工会，工会亦针锋相对，组织反击，如此相激相盈，造成长期罢工局面。

罢工以后，矿局外籍员司感到非常恐慌，一面请天津英领事派兵增援，到矿场保护，同时又请曹锟加派中国军队与外国军队协防。当年开滦五矿虽是一个工矿企业中心，但同时也是一个军事重镇。天津迤东、唐山、开平、滦州一带，军阀政府的军队计有开平镇守使殷本浩驻军一师；滦州第十五师（师长彭受莘）、十三混成旅董政国一旅驻军；天津直隶警务处杨以德所辖的保安队共五大队约三千人。此外，外国军队驻唐山者有英国、印度兵一中队约五百余人，由英国人斯莫莱（Smalley）上校统率；林西、赵各庄分驻英兵各一队，约三百人，由芬尼士（Finnes）上校统率；秦皇岛有英国兵一队约五百人，由詹姆士（Jams）统率。总计在这一地区约有兵力上万人，故英国矿业资本家在获悉罢工消息后，第一是给曹锟发了一个电报，要求曹锟政府尊重条约，保护英国人的利益。于是，曹锟就派了一个师到矿山来镇压工人罢工。第二是英国董事会在罢工期间，又前后送了一百二十万元给天津警务处处长杨以德，重贿杨以德。杨主张借武力解决，派了大量保安队进驻矿山，伺机镇压罢工。这样，罢工期间，矿上有帝国主义的军队、曹锟的军队，还有天津警务处杨以德的保安队等，构成了对付工人的强大军事镇压机器。

面对上述强大的敌人武装势力，罢委会曾作了详细分析，认为：开滦五矿工人的罢工，仅靠二千徒手的工人纠察队是无法对付上万的武装军队的。如果敌人的这些武装力量都联合一致，对罢工采取强硬态度，那前途就非常可虑。罢委会研究决定，采取分化的策略：争取能同情工人的部队，而孤立顽固的势力。于是指挥部通知各矿工会组织宣传队，分途向各驻军宣传罢工的起因，并指出罢工的举动是文明国家的通例，是民主国家工人的正当权利，不可用武力干涉，而这次罢工实出于争取生存权利，是被迫出来的。工会也向军队写信，说明工会态度，揭露英国资本家欺凌工人的罪行，希望驻军不要同工会对抗。我们不仅向兵士做宣传，也向驻军长官做宣传。士兵听后甚为感动。殷本浩、董政国等平日对英国资本家及唐山的洋员横行本怀不满，又见保安队军纪败坏、鱼肉乡民的行为，亦大不以为然，群众对保安队更是人人切齿。殷、董在我们做了工作后，采取不干涉态度。某军官说："我们没有得到什么钱，工人又都是我们的乡亲，我们没有义务来屠杀工人。"他们保证不开枪打工人。殷本浩还主动要矿局让步，提出调解方案，并愿意在必要时出面调停。这样一来我们就可以全力对付杨以德的保安队了。我们对保安队则针锋相对，保安队巡逻，工人纠察队也巡逻，互有冲突。工人纠察队并不示弱。遇到保安队抓人，纠察队就去把人抢回来。有时，保安队出来巡逻，我们纠察队巡逻的人也抢他们的人。在罢工期间，工人纠察队同保安队诸如此类的冲突为数不少。我们集中力量对付杨以德的同时，对外籍军队也极力做争取工作。工会特地用英文书信、传单向英兵解释，英国既称民主政治，工会有罢工自由，更应尊重中国主权，和平相处。我们还招请外报记者，说明罢工要求条件及工会的态度。外籍军官詹姆士表示，英军保持中立，不介入罢工事件。经过一系列工作，在保安队中除一部分特别顽固者外，其他都对工人按兵不动，这样就减少了双方不必要的武装冲突。

当时，英矿局规定：自总矿师以下外国员司一律驻守厂内，守护发电厂、锅炉间、电机绞车、水泵及其他重要部门。但工人及市民平日对矿局的英、比籍高级员司的专横态度，深恶痛绝，因此罢工后，外籍工程人员时恐报复，不敢外出，好像当年义和团再临眼前似的。

一次，工人纠察队在赵各庄阻截比国工程师马孟达（Malmendier）外出求援兵，双方遂起冲突，指挥部闻讯前往解释，马已面无人色。有些外籍员司乘机请假避往天津或竟辞职回国。他们到外地和回国后，造舆论写文章，大肆污蔑说："现在唐山又出现了新的义和团，是新的土匪。"以致引起英国朝野大为震动。《泰晤士报》曾著文报导此事。

矿局在调集军队对付工人的同时，还从外地招募工人（"夫役"）进矿工作，借以破坏罢工，约在罢工开始后的两三天内，就招来"夫役"约三百名，以后又陆续招来数百名，其中包括一些技术工人（机器匠和电机匠等），大多是在天津招募的，分派到各矿企图代替罢工工人的工作。我们闻讯后，就派工人纠察队设法赶走他们。杨以德则出动保安队保护他们所招募的工人下井劳动，纠察队就把住井口，不让他们下井。总之，敌人施出计谋进行破坏，我们就和他们斗。尽管敌人力量很强大，但我们除注意策略外还广泛动员群众，他们亦不敢小视。在双方搏斗中，情况也十分惊险，十分激烈。在斗争中时时处处都体现了工人群众万众一心，勇往直前，有进无退的革命精神。

最激烈的一次斗争发生在罢工后的第四天，十月二十六日晨八时，罢工纠察队正巡行于西大街，突与保安队遭遇，双方发生冲突。保安队势众，当场抓走纠察队员张隆、高金声、刘福存、高振中、张永利、张永顺、杨荣林等十余人，押囚在警察局。工人闻讯后，群往营救，保安队见工人来势勇猛，遂开枪射击，当场重创倒地者七八人，轻伤无数。枪声愈响而工人来者愈多，保安队不敢再开枪，只得退守在警署门口，相持数小时始散。这次事件工人表现十分英勇。但事件发生后，也有些胆小怕事者，于是谣言纷起，加之敌人从中捣乱，一时人心惶惶。罢工委员会召集工会代表讨论，结果大家一致认为，这不过是敌人有意制造恐怖，罢工委员会应力持镇静，毋稍示弱，使敌人狡诈阴谋无法施展。指挥部派出宣传队、救护队和纠察队及时援救受伤工人，并到街头演讲、巡逻，劝慰大家不必自相惊扰，罢工秩序因此复获安定。同时罢委会通过北方劳动组合书记部和北方区委，在社会上大造舆论，使杨以德和矿局甚为被动。

矿局对罢工采取所谓"糖、棒"政策，在一面重贿杨以德，借武力解决罢工的同时，一面又唆使唐山天主教堂神父、荷兰人薛里渊（Soherion）出面，劝告矿区中信仰天主教的工人"不要为过激派利用，或受人煽动"，企图使工人脱离罢工。他们分矿区进行破坏，以蚕食手段，分裂罢工阵线。秦皇岛经理处运输处长李克碑（Rickeyby）用钱收买一小部分工人破坏罢工，其中一些被罢委会的调查部侦知后，派纠察队制止。敌人所谓"糖"就是对工人作很小的让步，或是收买部分工人，进行破坏，或是派出如薛里渊之流伪装慈善面目，祈祷和平，达到分裂、瓦解罢工队伍的目的。而所谓"棒"就是拒不承认工人自己的工会组织，不承认工人有罢工权，不与五矿俱乐部作对等的谈判，搬出刽子手杨以德，杀气腾腾地采取铁血政策，镇压罢工。

罢工指挥部的干部，为数众多，如邓培、只奎元、王尽美、罗占先、张瑞峰、董宏猷、梁鹏万等，他们密切联系群众，站在斗争第一线，有勇有谋，在资方采取"糖、棒"政策时，依靠指挥部，依靠工人群众，作到了运筹帷幄，及时针对敌情做出决策，使敌人的"糖、棒"政策未能奏效。

资方在开始的几个回合失败后，未能平息工潮，便进一步实行大规模缉捕罢工领袖。十一月中旬，矿局与直隶警务处密谋，指示警察当局逮捕指挥部领袖邓培、只奎元等，并同时派警察到北京会同京师警察厅带眼线韦振清到打磨厂聚泰店及玉隆店缉拿董宏猷、刘国木、常振庸、刘明达、梁鹏万、曾子才、伍有临、邓扬、万安全、萧渊、白天柱等十一人。他们是应书记部邀约赴北京出席路矿联席会议的，军警到达打磨厂时，他们已迁移住址，幸未被捕。但随后在赵各庄破获工会机关一处，并捕去工会委员张志业，又在马家沟拘走二人。不久，杨以德又从各方面探得矿工会罢工指挥部机关人员名单一份，便广派探警，分途搜索，指令保安队、警察局务必拘捕煽动工潮学生及罢工领导机关人员到案严办云云。并在矿区张贴布告，扬言根据治安警察法，对罢工者要严加法办，"工人之中有一部分不安分、不明事理及法律之人，妄听奸人煽惑，以罢工为要挟"，"意图扰乱，定即会同军队严拿惩办，勿贻后悔"云云。军警巡行街市，查封罢工机关，大量拘捕工人，书记部工作人员彭礼和亦不幸被捕。一时白色恐怖笼罩唐山地区。

羽檄纷驰　声援罢工

在开滦罢工期间，为扩大影响和揭露敌方阴谋，我们积极开展了宣传工作。当时我们宣传着重从约法精神、民权保障、革命的正义与革命人道立场出发，借以动员中外舆论，孤立敌人。当时全国工会函电交驰，纷纷申讨英国资本家与北京政府。

京汉铁路总工会筹备处，启新洋灰公司工会，秦皇岛工人俱乐部，唐山大学学生会，长辛店、石家庄、南口等地铁路工会，津浦铁路工会，北京大学马克思学说研究会等革命团体，均发出通电，呼吁援助开滦罢工。函电内容极为生动，大义凛然，仿如海宇春雷！其中文字多属上选，于此足见革命文风傲睨一代，有不可逼视之处。

罢工期间在北京曾举行过招待会，北方区所属工会、学生会、各法团、参众两院议员与中外新闻记者等出席参加，会上介绍工人斗争情况，揭露敌人残杀工人的暴行及其所施阴谋伎俩等，效果很好。罢工委员会通过各种渠道发布新闻消息。北京《晨报》、天津《泰晤士报》《工商新闻》、上海《申报》等都及时报导了罢工消息。

十月二十六日枪杀矿工惨案发生后，我与罢工委员会商议决定，以开滦工人名义通电南北政府议院及全国公团，声讨直隶省和警务处杀人罪行，在致参众两院函中云："杨以德残杀工人，媚外贪财"，矿务局以巨款贿买国贼杨以德，"残杀工人六名、受轻重伤者五十七名，又失踪已查知者三十一名，失踪而未知者尚不知若干……""望诸公早日将杨以德提出弹劾，免职惩办。"函电在报上刊出后，在国会内引起震动，杨以德残害工人罪行昭示于天下，南北各公团声援五矿罢工之呼声大增，如浪潮遍及各地。议员胡鄂公、蒲伯英等三十人联名于十一月二日为开滦矿务局勾通军警惨杀工人案，正式提出质问，质问书云："为质问事，窃查开滦五大矿工人总同盟罢工风潮，早已发动多日，乃当局不思设法调处，冀求解决，反用武器压服，以至迁延至今，愈趋险恶。""方今国会重开，法律彰明，究竟政府对于保护劳工，有无诚意？""派兵残杀工人，究属根据何项法律！""对于杨以德，开滦矿务局及该局洋人等……均应一并严行查办，分别惩撤。"十一月十五日北京各报，又全文刊载了参议院议员张汉章等人的质问书和议员江浩等二十八人的质问书。张汉章等在质问书中质问："查此次风潮，缘于工人受经济之压迫，同盟罢工并非叛逆行为，何物杨以德竟敢令保安队开枪射击，死伤多人"，"同盟罢工，此事在外洋视若寻常，即吾国近年亦屡见不鲜，何有罪名之可言"，"杨以德据何法律，而敢处工人以死刑，是其滥用职权，已构成刑事杀人之罪。"张汉章等二十一人依法提出质问：政府究竟如何处置？议员江浩等的质问书，亦对矿局的违法行为要求立案处理。议员们纷纷向北京政府提出质问，在上层造成了声势,使矿务局与杨以德更处于四面楚歌的孤立不利地位。

先是,北方区委很早就注意团结思想比较开明的旧国会议员,让他们理解我党的政策。在开滦罢工中,两院议员对于直系军阀镇压罢工,屠杀工人的罪恶行径,也无不表示义愤,仗义执言。当时参众两院议员江浩、胡鄂公、张汉章等具有代表性的三份质问书,都是在北方区委影响下所采取的同情罢工的行动,参众两院议员前后列名提出质问与弹劾者为数不少,声势之大可以概见。当时议员中靠拢党的有江浩、范鸿均、胡鄂公等。

十月二十六日惨案后,我们还设法向国外发通电,由于费用太贵,我们就采用新闻方式,向路透社发消息而间接传至英国国会和政府。电讯揭露开滦英国资本家的罪行,说英国自称为自由民主的国家,焉能坐视不理。于是英国国会有议员提出质问,英国工党执政大臣到会答辩说:"在工党统治下是不做屠杀工人的事。"意思是说英国工党政府未参预唐山屠杀工人的事件,实属掩耳盗铃。他在国会还要装腔作势,一摊手说:"我的手上没有沾工人的血。"尽管如此,对执政工党也不无影响,后来矿局也受到英政府的一定压力。

在各界对开滦罢工的援助声中,值得提出的是唐山大学的罢课声援。他们由声援罢工转变成驱逐校长的学潮,前后竟长达半年之久。

唐山大学系北京政府交通部主办的专科大学。该校学生曾成立马克思学说研究会小组,随后发展了中共党与团的组织,党员有董宏猷、许元启等。

杨以德屠杀开滦罢工工人的事件发生后,唐大学生出于义愤,学生会组织同学上街宣传,声援罢工,反对政府屠杀工人,罢工进行到二十天左右,斗争处于艰苦时刻,唐山工人到校演讲深得唐大学生的同情,为了以实际行动支援罢工工人,学生会决定举行罢课、上街募捐，并发表公告，痛陈矿工之苦况。今将《唐山大学学生赈工会公告》援引于下：

> 全国各学校、各工商团暨各报馆公鉴：欧战告终，真理显彰，世人皆知，世界之和平，人类之幸福，非武权之为力，实劳动之为功。而彼致和平造幸福之工人，处此物质文明生活高昂之世界，加以资本家之苛待，外界之藐视，反视人为奴隶，天下至不公平者，莫甚于此！欧美工声，日甚一日，奔走呼吁，以谋增工资、减工时之胜利，辄以极大之牺牲，达其最后之目的。迩者吾国开滦三万余苦工，因生活困难，受迫不堪，方群起向当局要求加薪，及改良待遇章程，此未始非我国劳动界进行之曙光也。夫矿工为人中之最苦者，终日匍匐暗道中，面目黔黎，手足胼胝，其不受矿毒，不死于夭折者幸矣。凡目睹其状，耳闻其情者，当如何悯恤，为之设法以改良此蛮无人道之生活也。今彼工人宣言罢工，已三星期于兹，其始也，矿务局由津雇人替接，以示拒绝，并由保安队来唐保护；后两方相起冲突，保安队即鸣枪轰击，工人受伤者不可胜数。血肉横飞，哀号呻吟，稍有人道者，何忍出此！日前津警察厅长杨以德来唐，复用种种威言，恫吓工人，冀其屈服开工。身为厅长，不察事理，反一味袒护矿局。然各工人已饱受资本阶级之苦虐，此次忍无可忍，不得已而出此举动，是以坚持到底，非达目的不止。夫劳工神圣，人所共知，矿工为同人辟利益，原为我人增幸福，其服务于社会者何如？我人知矿工在社会者何如？我人知矿工在社会中，所处之重要，知矿工所受之苦痛，即当与以特别之同情及援助。且该矿工所请条件，皆出于至诚之心，实至微之要求，可谓让步极矣。今矿局以图利心切，拒绝要求，日以武力压制，我人纵不愤矿局之斫丧天良，独不悯工人之痛

苦乎！同人等肆业唐地，闻见较详，爰本赈助之意，认为工人略述苦况，哀告于全国父老兄弟姊妹们，以冀有援助，则不特唐地工人之幸，抑亦劳动界前途之幸也。再者：五矿罢工已越三星期，工人之资斧窘极，维持困艰，危在旦夕，诸君子能解囊慨助，敬请早日赐下，并请汇寄敝会会计贾存鉴代收。

唐山大学学生赈工会谨启

（原载一九二二年十一月十六日天津《泰晤士报》）

唐山大学学生会的行动，使反动政府和学校当局十分恼怒，已伏下镇压之机。矿工俱乐部不断派人前往学校帮助学生会工作，同时也邀请学生给工人讲演，同学在矿工支持下热气很高。事为教育部和交通部所悉，急令在京的唐大校长俞文鼎由京赶回；俞文鼎返回后，不顾学生反对，竟无理开除五名学生代表。并威胁学生们说："学校是靠政府交通部给钱办的，现在你们站在工人方面，反对政府，我们学校还能站得住吗？这岂不是等于自杀吗？"他的这一套言辞，对学生根本不起作用。于是校长又邀保安队进校弹压。这样一来更使学生气愤，且俞文鼎自长校以来恶迹多端，同学遂转而向学校当局展开斗争，实行罢课。十一月十八日，俞忽出布告，以学生行为过激，奉交通部令，着即解散，五名学生代表送天津警厅关押，强迫学生收拾行李，由军警押送天津。同学受此压迫，遂向各界呼吁，并向政府与国会请愿，要求撤换校长，风潮愈演愈烈。这时开滦罢工已经结束，各界转向支援唐大学潮，终于使俞文鼎被撤换。此次学潮，一直持续到次年春天才告结束。

募集罢工基金

准备罢工时，书记部在北京召集路矿联席会议，专门讨论支援五矿罢工问题，其中最重要的为罢工经费问题。矿工俱乐部代表提出报告，估计当前罢工最大限度以二十天为期，按这一期限计算，工会罢工基金准备尚嫌少，大多数计日发工资的工人更须依靠工会救济，因此决定成立罢工经费募捐组、保管组及监察组。募捐组由各主要铁路工会负责人组织。保管组由罢工委员会负责人只奎元等负责（书记部人员规定不参与财物保管）。监察组由矿工会代表李兴昌等三人和铁路代表甘达等二人共同组织，以邓培为主任。同时，由北方区委报告中央，函达全国各工会就地成立开滦五矿罢工经济后援会，大规模进行支援及捐款活动。

当时书记部曾有规定，书记部工作人员不参预钱财的管理和出纳，完全由工人代表和当地干部经手，书记部只提建议。

最先由北京大学马克思学说研究会公开宣传筹备募捐事宜，随后唐山大学也成立了矿工罢工后援会。同时，中国南北各工会，各学生会，国际革命机构，海外华侨各团体纷纷成立开滦五矿罢工后援会，一齐动员，奔走呼号，集腋成裘，募集寒衣药物，源源送到矿区备用，有力地支援了罢工。当罢工面临紧急关头时，罢委会报告存粮存煤将罄，急需补充，否则有断炊之虞。尽美建议急电上海中央，催促汇款，我即用英文发急电（SOS）致上海中央，文云：Shanghai Comme-cial Press Miss Dshun-yin Tanshan in Dancer Dragon．即"上海商务印书馆锺英女士，唐山危急，龙"。此电由唐山在天津联络站派宋天放到北京拍发，第三日即得中央回电。事后据说当时中央在开会，大家正为某项问题发生分歧，各逞己见，互不相下，忽接此电，国际代表马林说：一切纷争应立即停止，率先抢救开滦罢工。中央竭力罗掘，得款一万元，即派专使携款到天津，我将款送交保管组负责人领收。当时收款人问道"此款抬头用啥名字？"梁鹏万说："就写新加坡工党吧！"此款到后，使罢工委员会及时解除经济危机，使局势暂获稳定。

在罢工期内募得的捐款约为五万元，其中党内外募捐一万余元；

铁路、海员工会二万元；国际工会方面一万五千元，由魏尔德（Wild）交来；其他方面机关团体五千元。上述捐款均由罢工委员会统一收支。据杨以德当时搜查所获，事后公布的矿工会一部分帐簿所记：京奉铁路工会一千元，香港海员工会二千元，驻马店工会机器研究所一百七十元，浦镇机器研究所一百元，大槐树机器研究所五十元，山海关铁路工人俱乐都五百元，长辛店工人俱乐部二百元，马克思学说研究会三百元，南洋新加坡工党一万元。以上共一万四千三百二十元。实际上当时按各地工会捐款系分批汇寄，如长辛店前后寄款三次，其中一次曾寄三千元，其他各工会亦然。估计全部罢工款项总额约在六七万元内外。

当时北京《晨报》亦报导过捐款情况，其中记载有"北京方面得款三千八百元，南洋孙某汇来万元，广东海员工会二千元，安源一千六百元，京奉全线助款约七千元，以上共二万六千四百元……"上述记载略有出入。

国内外募集支援罢工经费积有成数后，源源汇寄工会，其中还有少数实物，如医药、寒衣、日用品等。罢工一开始，罢委会就动手考虑困难工人的救济问题，办理粥厂，搭盖临时伙房，安设巨锅，对于急需救济的工人及其家属按户登记，分区供应稀饭，窝头或其他面食品等。工人在这个"免费食堂"排队依序进食，有条不紊。

罢工委员会负责人每天饭后分区召集群众开会，报告当前罢工新闻，听学生演讲，念罢工小报，当众散发工会宣传品。有时自己带头执三弦或小鼓、竹片，高唱罢工歌曲，杂以鼓词、快书，兴尽始散。时有当地民间艺人演唱《矿军下江南》鼓词，内容是说江西矿山工人在明嘉靖四十五年起义，诛杀贪官污吏，占领江西、浙江十余州县，建立平民政府等。这些内容极为新颖，听众叫座，欢呼不置！办起这个"免费食堂"效果很好，增加了团结战斗的气氛。

开滦罢工正是煤炭产销旺季，书记部在准备罢工期间，考虑到罢工的基金可能问题，曾向各路工会及其他工团作了动员，加紧募捐工作。罢工开始以后，捐款已达到一个相当的数目，但开支也逐渐加多，特别在罢工进行二十天以后，正值天寒岁暮，经费更感紧张，加之，十一月中旬又因机关被抄查，捐款损失了一部分，由于党内外再次积极筹款，才得以维持。大灶食堂直到最后，仍照常进行，始终没有停伙。

矿务局让步与复工

这次罢工，工会原订计划以坚持二十天为期，届时资方损失巨大，将寻求解决。但罢工到二十天时，筹募的罢工费已大部用罄，而来源渐少，时届旧历年关，冰雪沍寒，工人及其家属数万人，嗷嗷待哺，啼饥号寒，工会多方筹措，设法渡过难关。但当时有些家口众多的少数工人，见资方仍顽固不化，主张无条件复工。罢委会便多方抚慰，号召大家坚持到底。正在此时，开滦矿务局董事会据英国公使馆提供的罢工情况："开滦工潮主持者，正在准备发动全国的铁路工人，发起更大规模的反英杯葛（Boycott）运动，如果这样，英在华北利益将蒙受重大损失。"因此他们为了在华北的长远利益起见，决定对工人做出适当的让步。而杨以德等人仍主张与工会对抗，蛮干到底，并多次向天津开滦矿务总局申言反对和平解决，开滦矿务局董事会，权衡利弊，拒绝其请求。事实上，矿局已因罢工风潮损失浩大，据事后获知的材料，一九二三年二月二日开滦总经理致矿局董事会伦敦开平公司的信中称："此次罢工意外的直接支付的开销是一八一五六三点九四元，同时总稽核估计总损失包括售煤与直接支付的开销共为七四六〇〇〇元。"实际损失要比此数更大。除十月与十一月直接售煤的损失外，车皮已被分散，正规的营业计划受到障碍等等都未估计在内，至于进行贿赂和收买工人的款项，更是无法估计。

十一月十五日矿局派人向工会表示愿意接受部分条款，杨以德亦将保安队撤回天津。罢工委员会即开会讨论。大家认为距原六条较远，少数委员仍主张罢下去，不达全胜决不上工。但罢工势难再延。因此党团会议又详加研究，鉴于当前局势难以扭转，便作出决定下令先行复工，以待来春再战。经罢委会作最后裁决，遂于十一月十七日由矿工俱乐部下令复工。复工那天，矿局总矿师宣布承诺工人部分要求，其余以后再作商议，矿区保安队全部撤离，释放被捕工人，矿局为工人鸣放鞭炮，欢迎工人进矿上工，于是开滦罢工宣告结束。此次罢工历时二十五天，英资本家共损失达一百五十万英镑。罢工结束后，当地党与工会组织随即转入罢工善后安排和从事保障工人既得利益的工作。不久，我回到北京，此时邓培、王尽美均已在京。北方区委详细讨论了五矿罢工的经验与教训问题。在区委会上，有的同志愤愤不平地批评罢工缺点，说自书记部成立以来，领导了十多次罢工，结果都获全胜，哪一次不比开滦的结果强！但区委决议认为一切斗争要从全域考察，不能片面地挑错儿说话，罢工斗争如同作战，胜败乃属常情，不宜自馁。

另外，开滦煤矿股票在国际市场急剧下跌，在开滦五矿罢工之前，开滦的股票是非常稳定和值钱的。自开滦五矿工人罢工后，股票市场纷纷抛售开滦股票，致使股票价格一直下跌，资方因此也吃了大亏。

铁牛事件

在开滦罢工两个星期僵持不决之时，工会中有些急进青工，不能忍耐而主张采用激烈手段破坏矿井，与敌同归于尽，并想借此手段，令其无法生产，以挟迫矿局屈服。有的甚至说："与其不死不活，不如奋勇向前，宁可人头高挂，决不输却威风！"一时附和的也大有人在。当时全市讹言盛行，一夕数惊！军警戒严，风声鹤唳，真是草木皆兵！针对这种情况,指挥部负责人即将此问题提出讨论,会议上大伙认为遵循正当罢工斗争途径,坚持不懈,估计可以达到胜利。如改途易辙,必须重新部署,不说困难多端,即使勉强执行这些主张,也必定有害无益,况工会大多数会员都不同意这种做法。因此,指挥部决定向这些人多做解释说服工作,顾全整个斗争阵营,坚持原定斗争部署。他们最后明白了,也就不再坚持了。

  正在这个时候,忽然发生一件极不利于工会的事情,经过是这样的：原来京东地区向有秘密帮派组织,并有矿工加入。他们平日结党自卫,渐至为害一方。马家沟、林西一带帮派组织横行事,所见亦属不鲜！五矿罢工后,当地帮派头领起初是坐山观虎斗,不愿积极参加罢工斗争,更有少数游手坐食之流,颇思乘机捞一把。据邓培谈,某帮头目竟异想天开,说书记部以巨款援助罢工,本身当为一大财主,因此颇思绑架书记部负责人,或勒赎,或送官,可借此掳得一笔横财。他们正在设法踪迹书记部负责人行止时,事为罢委会所侦悉,乃转告邓培,因此让我多加小心,注意防范,免堕陷阱。我说："既有此事,便不应仅作消极防范,这是工人内部的事,要认真考虑,彻查明白,然后予以有效处置。"随即交有关方面加以调查研究,终于把问题弄明白了。原来,在组织工会的过程中,最初是把力量集中在技术工人方面,借以带动一般在册的工人,工会会员也主要是以上述两种工人为成员。但事实上五矿地区范围广阔,加上生产方面存在某些劳动力不均衡现象,因此矿局经常招募一批季节性工人,这些工人名不在工册,叫做短牌工人（临时工）。短牌工人系临时性质,没有被组织在工会以内。他们在工作与生活方面所发生的问题也就在客观上被忽略了。当全矿进行同盟罢工,面临巨大斗争场面时,数以万计的短牌工人没有组织在战斗系列之内,这是非常不宜的事,果然问题就在这里出现了。当时短牌工人人数既多,其中自发性的帮派组织和秘密结社习惯也是普遍存在的。

在这些群众的自发组织中，有一派势力较大，共奉一个绰号为铁牛的工人刘宇堂作首领。这一群青年工人沾染旧社会习气颇深，平日自由放纵，游侠自喜，身藏利器，横行无忌。他们自觉没被工会吸收，有问题既无法提出，也无人理会，于是对工会渐生隔阂与误解，时时抱怨工会对他们不公平。有时工会内外双方群众甚至发生冲突。他们中还有个别人异想天开，打算绑架书记部负责人进行勒索，以泄私愤。此事的缘由弄清后，我感到问题重大！当时有人主张派纠察队以武力压制，狠狠教训他们一顿，认为这样他们就不敢乱动了。当指挥部讨论这个问题时，大家认为对短牌工人动武的办法不妥，如果这样，会造成工人内讧，影响大局。经过考虑后乃决定派人把铁牛请来说理。

在工会的一间小平房里，铁牛偕同亲信三人被引进来，他们开始神情有些局促不安（屋外有纠察队站岗），我便向前招呼并同他们握手，他见我服装不整，风尘满面，有些疑虑，问道："你是大当家吗？"站在一旁的同志答道："这就是咱们的大掌柜！"铁牛自觉有些尴尬，嗫嚅说："我们一伙董事会不重视，工会也吃不开，实在无办法！"纠察队长从旁说道："书记部是工人本身的组织，对书记部绑架行为无异与工人为敌，工会不能坐视。"铁牛闻言，惶恐愧怍，连称"对不起！"我安慰他说："目前罢工工会工作繁多，实在忙不过来。许多事考虑不全，照顾不周，请兄弟们大家互相原谅！目前我们应该首先向敌人进攻，共同一致，齐心协力，打倒洋资本家的气焰，关于工人本身利益问题，才有办法解决。"铁牛沉吟片刻，叹了一口气说："我们也是莫可奈何……"这时邓培正色直言说："工会基金筹来不易，是罢工成败所关，所以由专设机构严密保管，谁也不能乱用一文钱。千万不能胡思乱想。关于短牌问题，罢工提出条件中已经提出，不分长牌、短牌，通是一样。今后工会决定加强组织短牌工人积极参加罢工斗争，也可入纠察队编制。大河水涨，小河自然也水满，不必过虑！"一席话说得铁牛连连点头，他坦白承认了错误，表示今后永不反悔。最后双方商定由铁牛所领工人另成立一纠察支队，隶属总纠察队建制。短牌工人经济、生活问题由工会全面安置，同样处理，在政治、组织等方面一律平等。这样，一场风波方告平息。铁牛后来率领其徒众，亲到工会道歉，表示永不再起异心，随后纠合大伙积极参加罢工纠察队工作。他们亲眼见到工会会员万众一心，努力向前，甚为感动，对伙伴说："书记部经手募款巨万，帐目公开，不沾分文，自老罗、老邓起，他们带头随同大伙一道喝稀粥，睡冷炕，我们如果再有歪心那就真不是人了。"把这部分群众争取过来，又加强了斗争的力量。

有一次我和邓培等正在新街开会，偶然被少数侦缉人员发现，冲进屋内，当场逮捕了几个人（我和梅羹在内），出门后适遇铁牛领纠察队逛查路过，他们人多势众，见状立即上前动武，驱逐侦缉队，夺回被捕人员。在罢工斗争期内，工人与军警双方直接斗争中，铁牛不只一次戮力向前，才使危局转安，因此多次受到指挥部的表彰。

罢工经验与教训

五矿罢工结束后，北方区委首先在全体委员会议上提出讨论，作了初步总结。后我出席中央会议时作了详细报告。国际代表也参加中央会议。中央对于五矿罢工经验与教训经过郑重研究后，一致认为：近一年来北方书记部领导各铁路罢工，迭获胜利，但开滦罢工结果却未完成任务，这项事例须认真总结经验，正视缺点，加以改正，争取在最近期间重新开展斗争，获得全胜。两次会议中均谈到这次罢工的认识与估计问题，认为：英国是世界煤矿垄断资本最突出的国家。英国煤矿有一千多处，近三百年历史中，年产约三亿吨（一九一三年），占世界煤产量五分之一，煤的出口居世界市场首位。在英格兰（约克、德尔比、诺丁汉为中心）与南威尔士（温西、加底孚为中心），煤矿工人超过百万以上。他们生活条件低下，因此罢工频繁，此起彼落。许多罢工迁延长达四、五月之久，不以为异。故煤业资本家对付罢工诡计多端，积有许多经验，成为工人阶级的劲敌。在此次北方三星期罢工斗争中，中国工人受到了很深刻的锻炼，吸取了丰富的经验，数万先进产业工人与北方区委党组织成员，在与帝国主义及北洋军阀的英勇斗争中，团结一致，出生入死，蒙受重大牺牲，坚守岗位，与敌长期周旋，博得中外革命团体的赞扬，实具有深远的重大政治意义！

中共中央为了研讨各铁路与开滦五矿罢工经验，曾举行座谈会，在会上详细交流各方经验，检查缺点。出席会议的同志指出，全国铁路与矿山斗争战线广阔，经验丰富多方，得失互见，应加以详细研究，以寻求其中胜负真正原因之所在。至于这次五矿斗争中以极少数人力物力，尽力支持了二十五天，党在北方工人中的威信有所增加，这是事实。随后，国际代表为了解开滦罢工详细经过曾来到北京，当他聆悉关于开滦罢工全部情形后，郑重发言说："像这样大规模的罢工，在老奸巨滑的英国资本家与野蛮的中国军人面前，居然坚持相当长时期的斗争，这在欧洲国家也不是常见的事。"他勉励大家鼓勇再来，不要斤斤计较眼前一时的得失。

会后，国际代表问我在罢工中花费了多少钱，我以实告。国际代表聆言笑道："太节约了（biliger），若在法国，虽十倍于此数目还办不到呢！"后来职工国际专文叙述开滦五矿斗争时说："中国唐山开滦五矿罢工虽没有像当时铁路工会斗争一样取得预期的胜利，但是由于这次罢工人数众多，时间延续颇久，在罢工中又表现出工人具有强大组织能力，引起世界舆论重视。因此开滦大罢工在近代中国革命史上实具有极重大的政治意义。"

总之，这次罢工，书记部全力以赴，经过充分准备，使罢工的组织完备而又严整。为了指导这次罢工，北方区委和北方书记部派人亲临指导,设立指挥部有效地指挥和领导了斗争的开展,使斗争取得了一些成果,这是不容否认的。尤为重要的是,从斗争中,我们学会了组织和领导大规模的工人斗争,经验是极为宝贵的。指挥近五万产业工人,面对强大的敌人,坚持二十五天的激烈鏖战,历史上并不多见。这一点,为当时的中央会议和共产国际代表所一再肯定。中国共产党正式成立仅一年多时间,在其领导下,显示了我国工人阶级团结的巨大威力,已使阶级敌人胆战心惊,认识到工人革命力量不可轻侮。这次长期的大规模斗争对于北方工人阶级来说,也是继陇海铁路大罢工后又一次创举,其业绩足使青史留辉。

在开滦罢工过程中,罢工指挥部工作的同志,所有中共党员和青年团员都一无例外地参加战斗。他(她)们坚守罢工阵地,艰苦卓绝,积极战斗,负伤不下火线,在敌人严密通缉、可能逮捕入狱、重刑拷打的情况下,仍然奋不顾身,如五矿八代表、北方书记部干部、唐山大学的党、团员和唐山地区的干部等,他们以身作则,带领群众,前仆后继,奇情壮采,尤为不可胜纪。

但是事后有人因身处局外,不明真相,甚至虚构事实,颠倒黑白,借以贬低这次罢工的意义,这都属别具成见与违背历史的不负责态度,理应加以明辨。

开滦罢工人数众多,经时颇长,敌我双方事态繁复,斗争激烈,而且双方互相封锁情报。因此当年除身历其境的主要负责人员外,一般局外人士对于罢工斗争内幕,是难以悉其底蕴而窥其全貌的。

长期以来,对于开滦罢工这一段历史,由于文献不足,当事者风流云散,更增加了研究方面的困难。

开滦罢工一文写竟,已届午夜,怀念往事,怅触前情,援录旧作开滦罢工纪事诗四首,以殿本篇。

开滦罢工纪事诗（四首）

（一）

登山海关

风雪榆关道，同君到海隅。地掀千嶂起，波涌片帆孤。
海岳兼形胜，天人辟坦途。叮咛五矿事，喜汝建良图。
同游者邓培与尽美。

（二）

开滦半壁半修罗，五矿由来半份多。

慷慨悲歌新乐府，万人齐唱罢工歌。

修罗即地狱。半份指矿井无完全身份的短牌临时工人。

（三）

大地煤山万壑陈，熊熊烈火耀星辰。

如今春动龙蛇起，冀北千秋史册新。

（四）

林西查哨

锄头镰刀大纛旗，同君会哨到林西。

短衣皂帽齐眉棍，众志成城话战机。

于林西露天食堂座上口占。同行者英韬与咏裳。

罢工扩展

长辛店工会成立

陇海铁路罢工胜利后,北方书记部开始筹划北方各大铁路矿山的大罢工。按照当时的情况及力量对比,计划首先从京汉铁路实行中心突破,俟京汉铁路罢工胜利后,以次扩张到粤汉、京奉、京绥、正太、津浦、胶济铁路,并向唐山煤矿、焦作地区与六河沟扩展。

当时,长辛店是京汉铁路的中心,因此,中共成立之初我就和张国焘、李梅羹、吴雨铭等先后到长辛店开展工人运动,创办了长辛店工人劳动补习学校、建立工会。一九二一年七月七日出版的《共产党》第六号刊登的《长辛店工会成立》的消息,对当时的长辛店工人运动的状况,作了生动的描述,其文如下:

> 长辛店的工人,自"五四"以来,就有点觉悟了,对于公共的事,很是留心的。今年一月间,他们办了一个劳动补习学校,除招收学生外,还预备好几种报纸杂志,给同人阅看,并且常常请人讲演吸收新思想,所以工人求知识的机会越多,各人的脑袋,也比前清楚。开会的方法,结团体的能力也渐渐地训练好了。
>
> 五月间他们又组成了一个工会,办得很有条理。工会的组织,取代议制,由厂里每科选出来的代表,组织一个代表会,代表会推出正副两个主任。工会所有进行的事务,都由这个代

表会议决,再由代表会选出几个干事,去执行议决的事项。代表会定每两个星期开一次常会,有问题就讨论问题,没有问题就自由谈话。

该工会现在办了一个《工人周刊》,已出六期,办得很有精神。他们的努力,实可令人佩服,不愧乎北方劳动界的一颗明星。

制定斗争方案

工会成立后,我们开始了建党建团工作,由于长辛店地位密迩北京区委,各项工作能及时得到区委的指示,加之本身条件好,所以京汉铁路各站建党工作得以顺利进行。长辛店铁路工人中最早吸收入党的有史文彬,后来又发展了王俊、陶善琮、陈励茂、葛树贵、崔玉春等,成立了党的小组,京汉路的党组织发展较快,后来党在沿线各站如:高碑店、保定、正定、石家庄、新乡、郑州、信阳等站也都发展有党员,当时各站工会负责人和书记部特派员大都由中共党员和社青团员充任。

一九二二年初,陇海路罢工胜利的消息传到各地后,各路工人都很受鼓舞,也想大干一番。长辛店的史文彬、陶善琮等更是常来西斋计议"大举"(意指罢工)的事。大伙说:"陇海已走在咱们前头,咱们再不能伏在窝里不动了。"我对他们说:"京汉铁路工人的组织力量原比陇海要强,但是京汉工人面对的敌人也比陇海路敌人更凶恶,所以不能轻率举动。"老陶说:"这倒是的!凡事应深谋远虑,才能旗开得胜。"大家经过多次商量后,准备集议具体实施方案。这时正值第一次直奉战争时期。一九二二年四月的一天,我们约定在长辛店集议具体实施方案。奉直两军在长辛店作战,一时京郊火车停驶,我先期来到长辛店。二十六日那天,我偕长辛店劳动补习学校教员及工会负责人赴铁路东卢苇荡中开会,见到奉军高级指挥十分轻敌,在指挥车上只顾打牌喝酒,当吴佩孚军队从两侧包围上来，未经激战，奉军即溃败。我们在野外边观战边谈论，最后研究确定了一个方案。

长辛店工人俱乐部这时已形成一个坚固的领导核心。工人顺口溜评议俱乐部领导成员时说："陶（善琮）善谋，史（文彬）善断，王俊能说会道，冲锋陷阵靠的是崔玉春和葛树贵，天大事有北方书记部扛得住。"俱乐部组织亦日臻巩固。开始规划筹备京汉全路总工会，四月上旬在长辛店曾召开第一次筹备会，讨论成立全路统一的工会组织，并以三个月为期，发展和健全基层组织。

所以，这次初步方案也和严密基层、肃清内奸有关，组织不纯就无法进行对敌斗争。另外就当时工人存在的最迫切的要求和生计问题，集中成十二条，作为向路局斗争的要求，发动俱乐部的工人进行讨论，最后再由俱乐部审慎研究确定。

五月，长辛店俱乐部将十二条取舍整理成简单明了的八项条件，作为向路局提出的要求，并为实现这一目标，加紧准备。其时，北方书记部经常有人驻守长辛店，领导基层会议，反复研讨各项具体问题。某日，在俱乐部会议上，在讨论到行动问题时，吴容沧说："现在俱乐部一般准备工作已经差不多了，要打大仗，目前应先打一个小仗。"史文彬接着说："不错，老吴说的有理，家贼不除，工人不得安宁，这一仗是少不了的。"随后大伙把话题转到如何对付大工头邓长荣的办法上。原来，邓长荣是京南一霸，从长辛店建厂以来便独霸一方。他纠合无赖，自组帮会，部下人手颇多，可谓文武齐全，同时邓又是交通系走狗，专事欺压工人，工人们无法对抗，只得忍气吞声。平时他还勾结地方官吏，经常对居民作威作福。不斗倒邓长荣，不用说工人抬不起头，就是地方居民也不得安宁。最后，吴容沧说："我看这家伙很顽固，别的办法不一定有效，还是先揍他一顿再说。"此时大家都表赞同，当即推定老吴、老崔几个人负责，由陶善琮制定斗邓长荣的周密方案。

这次采用的是武斗方案，在年初，我们就委托留学巴黎的罗海潮先后购买勃朗宁手枪几枝运回国内，方法是他在巴黎旧书店买大型字典一册，将书内按手枪形式挖空，其形状与手枪相吻合，把枪嵌入其中，然后将书密封交邮，寄到北京大学，因字典又重又厚，国境检查容易忽视，得以蒙混耳目运到国内，工会有了少量手枪，与邓长荣斗争，遇到发生武斗场合，大家也就不怯场了。

一九二二年六月的一天中午，邓长荣下班返家途中，走到两个小土丘的夹道处。只见老吴立在土丘上，大吼一声，预先埋伏的一队工人奋力向前，真是迅雷不及掩耳，邓长荣还没有弄清情况，已被工人推翻在地，拳足交加，狠揍了一顿。邓的手下人闻声赶到，向前施救，又被埋伏在旁的另一队工人挡退。邓见势不妙，跪地求饶，老吴当场教育了他一番，然后才放他回去。陶善琮事前告诫行动的工人，对邓只施薄惩，促其醒悟，不得流血，不准伤筋动骨，造成重伤。这次行动就是按此计进行的。行动结束后，即由吴春熙等具名向宛平县递了一张诉状，诉说邓平日劣迹，近又于某日下午因细故在厂殴打工人，工人同他说理，邓不但不听，反追逐工人至厂外大打出手，并列举人证物证，请求拘邓到案究办云云。同时又向北京地方法院、检察厅提出诉讼书，诉邓平日作恶行为等事。邓既受创，忿忿不平，一面声称要施行报复，一面往法院申诉。据此，俱乐部乃部署更大规模的决斗，严阵以待。并动员俱乐部全体工友与邓对抗。同时书记部通过劳动通讯社发布新闻，并由北方书记部在北京邀约记者前来，报告邓的劣行及殴伤工人案情。一时京中各报舆论，纷纷表示同情工人，不直邓长荣所为。邓归厂后，正图谋报复，并要宛平县发拘票捉拿工人，县知事说："此事越闹越大，已引起舆论界注意，况俱乐部方面上千人，书记部上万人，人多势众，不管用文用武，人家都比你强，如果再闹下去，恐怕你下不了台。"随后，地区检察厅传邓到案听讯，各地工会申讨邓罪行的文告如雪片飞来，邓自知处境险恶，乃央求俱乐部成员谢德清等致意俱乐部，表示愿意服罪，请求撤回诉状。史文彬乃决定允其所请，并由长辛店俱乐部向邓长荣提出：要邓向工人谢罪，限于一星期后离开长辛店回天津老家去，同时向法院撤回自诉，邓都一一应允。从此长辛店巨憝既去，人心大快！

对这次斗争，《晨报》曾连续作了报导。该报于六月二十日发表的《长辛店工人驱逐工头胜利》一文中说："长辛店工人，攻击工头邓长荣……态度极其坚决，誓非达到驱邓目的不止。""经过坚决不懈的斗争，结果，邓于十四日下午出具悔过书，声明'誓不再在长辛店工作，为工界罪人'，并亲向宛平县声请撤销控告学校教员及俱乐部职员之案。于是此事遂告一段落，一时长辛店工人为之大快云。"《北方红星》一书也曾记载当年长辛店车辆厂木工马朝龙纪述此事所编写的一首歌谣。后来据说，邓长荣在离长辛店时向其亲信说："我半世英名，竟为几个毛头小子（指书记部学生）所毁，这番算把我断送了，真是意料不到！"

京汉铁路八月罢工

工人内部主要障碍既已排除，人心振奋，于是全路大规模斗争的时机更加接近，全体工人众志成城，人人思战。八月二十日左右，书记部召集长辛店党与俱乐部负责人到北京开会，讨论有关发动斗争的行动规划。会议对罢工纲领、组织行动等作出了最后决定，并确定二十一日向路局正式提出八项条件。北京方面并将有关罢工宣言、传单等印好，送往长辛店备用。我也于同日晚乘车到达长辛店，住在俱乐部罢工指挥机关铁匠营附近的工友家中。

上项条件提出后，路局局长赵继贤故作镇静。赵为人极为狡诈，平日对书记部防备极严，屡思拉拢工人领袖，行釜底抽薪之计。他曾设法妄想收买书记部，并暗中窥伺俱乐部弱点，意欲蹈瑕抵隙，出奇制胜。因此他第一步采取拖延政策。俱乐部烛知赵的奸谋，立即决定举行罢工，予以反击。再次日北京各报（一九二二年八月二十五日）刊布了长辛店工人全体罢工的消息。《晨报》在《京汉路工人昨日罢工》的大标题下，详细报导了这次罢工的有关情况：

"京绥路局职工罢工风潮，尚未完全平息，继之而起者，昨日（二十四）又有京汉路大罢工事实发现。""先是京汉路局全体工人因生活日昂，工资不敷支配，向该局要求加薪，并对于工人之待遇上，亦提议请稍加优渥。路局当事左支右吾，毫无确切之表示。迨二十二日，工人方面作最后之要求，路局始漫应于二十三日正午十二时当有圆满之答覆。及期，工人代表晋谒路局当事，仍是敷敷衍衍。工人大为愤激，各代表遂在长辛店工人俱乐部集议，讨论对付方法。结果决定坚持永久罢工，不达目的，誓不转圜，此掀天动地之罢工潮，乃一发而不可遏矣。""工人既全体议决罢工，于是由北京、长辛店、琉璃河及各地铁路之工人，集于长辛店者有三千余人，共同议决八个条件。"工人向路局提出八项条件后，手执白旗，上书"不得食不如死""打破资本专制""情愿一死""不达目的不止""劳工奋斗""打倒国贼高恩洪"等字样，满布于长辛店一带。

这次罢工开始后，长辛店大厂工人全体罢工，长短客车亦一律停驶，工人纠察队维持秩序，井井有条。罢工后一日，交通系即谣称罢工乃南方乱党谋乱，并指使流氓分子阴谋混入厂内进行破坏，阴谋嫁祸工人俱乐都，以便为军队进驻工厂造成口实。但俱乐部预见及此，早有防范，当场捕获破坏分子谢德清、韩哲、于庆江等。

政府当局见俱乐部布置周密，敌忾同仇，万众一心，无懈可击，一切狡计无由得逞，深惧罢工扩大，影响其他各铁路，不堪收拾。乃于罢工第三日双方举行会议，同意下列各项条件：

（一）开除总管郭福祥，另有数人查实撤革（工头黄绵锦、王龙山、谈荫棠、徐家楣均革职）。（二）工人俱乐部有推荐工人之权。

（三）北段自九月起，中段自十月起，南段自十一月起，工人每日加薪一角。（四）短牌换长牌，凡做工过二年者一律改为长牌（长牌为正式工人）。（五）司机工薪凡递进至最高工薪者即为头等工资。（六）凡奉直战争开车升火工人，应开列名单候奖。（七）北京、琉璃河、高碑店等处须盖立官房，以便开车工人休息。（八）长辛店酌筑休息房。（九）工人因公受伤者在患病期间不得扣薪，并承认在罢工期内不扣薪。路局签署条件后经过长辛店工会委员会同意，乃于一九二二年八月二十七日下令复工。罢工结束后，工会提出解除法国厂长札曼（Chaman）职务，遣送回国。一九二二年八月罢工以前六任长辛店大厂厂长均法国人，至是废除外国厂长制度。

八月长辛店罢工结果，据路局估计，全路工人，每人每月增加三元，每年增加三十六元，全路三万人每年应增加工资一百零八万元，附列经济条件并入计算，不下二百万元。其他各路若准此推算，路局增加开支近千万元。低工资工人每年增加三十六元，生活亦有所改善。当时工人中流行一白话词云："书记部，真不赖！（意为真不错）立工会，多自在！领头罢工有担戴，长工钱，歇礼拜，年节包饺子，姑娘把花戴！今后谁禁咱罢工，咱就打破他们的脑袋！"此词传为陶善琮等共同写作。京汉路罢工伟大胜利就北方全域说，可说是对敌人施行中央突破，连弩射敌，敌方遂陷于全线动摇。随后粤汉、京绥、正太、津浦、道清、沪宁、沪杭、胶济各路，远及关外中东铁路等风起云蒸，连续爆发近十次的大罢工，若决江河，沛然莫之能御，造成空前壮举！

八月罢工谢函

京汉铁路八月同盟罢工的胜利，是京汉路广大工人群众在中共领导下坚决斗争所取得的一次辉煌胜利。这也是和全国各地工人群众积极声援和支持分不开的。八月罢工胜利结束后，全国各地工会组织函电交驰，纷纷询问罢工经过。长辛店工人俱乐部召开了隆重的庆祝大会，会后由我执笔以长辛店工人俱乐部的名义写信给全国各地工会，公开答谢各地阶级弟兄的支援。该信现存北京中国革命博物馆，兹录全文如下：

职工会列位工友钧鉴：

我们罢工风潮已解决了，已于二十六日照常工作了。我们这次罢工，经过的日子不久——二十四和二十五两天——可是经过的困苦却不少了！如狼似虎的军阀，竟以为我们是暴徒！但是早在我们预料中，所以我们万死不辞，虽肝胆涂地而勿怯！可笑我们只坚持两天的时日，那班军阀和京汉当局就屈服于群众势力之下，把我们所要求的条件俯首应允了！我们知道你们很挂念着，所以特地将这个喜信报告于你们，一方面还要特地感谢你们！你们这种互助精神，我们真是刻铭肺腑呵！此后，还望彼此努力，同奏凯旋之歌！

敬祝劳动者胜利！顺祝

工友们康健！

长辛店京汉铁路工人俱乐部敬启
八月二十七日

这封信的前段说，这次罢工经过的日子不久，但经历的困苦不少，"我们万死不辞虽肝胆涂地而勿怯"。的确，八月罢工从四月初准备到八月底胜利，是经过四个多月激烈复杂的斗争，全体工人不畏艰险，英勇战斗，胜利真是来之不易啊！

感谢信的后段对全国工会站在革命正义的立场，大公无私地对八月罢工给予全力支持，包括道义的与物质的慷慨援助表示感谢，这种出自阶级友爱的互助使人铭刻肺腑，同时也表明在中国共产党领导下全国工人阶级精诚团结、奋勇克敌的大无畏精神。

粤汉路罢工

八月罢工的胜利，推进了各路工人运动的高涨，罢工斗争接二连三地兴起，粤汉路最先接火，举行了罢工。

八月二十七日，京汉铁路工会决定下达复工命令。一周以来，为了应付瞬息多变的斗争局面，大家白天黑夜，通宵达旦，食不甘味，寝不安席，至是始获休息。当大家正在开会讨论复工后有关问题时，忽北京来人说，区委有急事要我火速进城。会议开完后，我立即往外走，大伙说："吃饭再走。"来人说："回去再吃。"老史、老陶齐说："我们送老罗回北大去。"于是四人乘车回京，在车上一面谈工会事，一面啃着火烧馍。火车到站后我立即赶到北大西斋。时粤汉路工会已派人抵京，报告该路正酝酿斗争，郭静笳来信称该路形势十分紧急，要求北方书记部派得力人员前往该路助战。同时，京奉铁路、山海关、唐山及开滦五矿亦来人报告正在准备斗争，因此，我回京后，北方区委立即召集会议。在区委会议上由老史报告长辛店罢工经过及胜利消息，大家甚为振奋，会场上顿时充满一片欢快声。会上讨论了粤汉路、京奉路及开滦五矿斗争问题，讨论结果，会议决定由长辛店工会选派两人偕同粤汉路代表即日动身回湖南去，帮助他们组织斗争，并由长辛店将罢工中的存余款项先行提出一部，作补助粤汉路办公费用。关于京奉、开滦方面问题，决定我即日动身往唐山，先召开唐山党团会议再行酌情决定。北方书记部也派人前往粤汉铁路帮助组织罢工，不久，粤汉铁路罢工于九月八日爆发。对此，北方书记部发出通知，要全国各铁路工会给予有力的支持，在必要时准备各路同盟罢工助战。粤汉路经过十五天的罢工，终于胜利结束。当时北方书记部主要任务为开展北京迤东地区铁路矿山工人联合大罢工，我自唐山返回后，复于十月一日前往唐山，随即驻唐山参加领导京奉路与五矿罢工。

京绥铁路罢工

张家口的工人运动，最早是铁路工人带头发动起来的，随后逐渐发展到其他各业工人。在初期，工人斗争是自发性的。一九二〇年，京绥铁路工人为要求发欠薪，举行过一次经济性的罢工。到一九二一年，因路局不遵守签订的规约，又进行了一次罢工。京绥路工人的斗争是有传统的，党在京绥路发展工人运动虽是循序渐进，但也有曲折和反复。

一九二一年夏，我曾到南口访问，我在车站认识了一些司机、扳道工和调度工等，从谈话中，知道他们中间很多人参加了"精业传习所"，传习所是以传授和研究技术为主的团体，成员中大部分是技术工人和下级员司，以天津人为多。他们成为一帮，为了自身的利益也向路局作一些斗争。该团体的主事人张齐贤是一位熟练的技术工人。他读过很多旧书，性格爽直、热情，重江湖义气，和我一见如故。当时铁路上敌人眼线很多，为了不引人注意，我和工友们经常在火车的守车上攀谈。一次，我和张齐贤同坐在一节守车上，车厢不大，中间支了一张木床，平时我们盘坐在床上聊天，入夜则抵足而眠。这天，我们天南海北地扯了一阵后，他对我说："我平生很想做一番事业，为此要结识一批有才识的人，也就是招贤礼士，我虽比你年长一些，但我看你很有胆识，你肯来帮我的忙吗？我还希望你多多介绍一些北大同学来。"张流露出对北大学生的一种敬慕心情。就这样我们交上了朋友，通过他，又交结了一些人。逐渐地我向他们宣传一些革命道理和共产党的主张，我和张齐贤也谈得比较深远一些。他听后，对我说："中国是几千年的文明古国，朝代鼎革也很多。社稷的基础和国家力量的源泉虽是我们劳动人民，但是多次革命对劳动人民来说都未彻底成功，现在世界形势确已大变，闭关自守的时代过去了，北大同学提倡工人出头领导社会主义革命，这是新兴势力，我是工人当然是很赞助的，理应积极参加和支持你们的工作。但是我们的敌人很强大，我们工人目前的力量却很小，阻力很大，我愿意尽自己的力量，不过我个人力量是不足道的。"他的言谈表明了他裹足不前的态度，思想顾虑重重。接着他又补充道："不管今后情势如何变化，我是不会反对你们的思想和行动的。"的确他在后来的工会运动中起过相当的作用，帮过我们不少忙，但始终未站到党的队伍来。他的谈话也使我得到一些启发，上层工人由于客观条件不同，内心顾虑很多，畏难情绪很重，于是我下决心去大厂做发动工作。

我找到南口机车修理厂（通常叫大厂），大厂的工人工作累一些，力气活多一些，工资收入也较少，他们受压迫深重，因而革命性强。我在大厂认识了一些工人，其中有一个叫张太清的，为人正直，在工人中也有威望，我依靠他联络了一些工人，他后来成为党员，大革命中牺牲了。当时大厂工人还比较散，帮派也多。我就向他们宣传组织新式工会的必要，只有工人团结起来，斗争才有力量，工作条件和生活境遇才会改善等等。在一些觉悟工人的带领下，工会组织起来了，果然很有势力，慢慢发展到车务工人中间，原来传习所的一些人也倾向过来，合并后组成了京绥路车务同人会（当时工会组织的名称很不统一，有叫俱乐部、老君会或同人会的，往往视各地历史情况，和工人们所乐于接受的情形而定）。这是我们党和京绥路工人建立的初步联系，也为进入张家口市工作开辟了途径。

后来，我忙于陇海路的工作，就推荐何孟雄到京绥路工作，他到那里继续开展工作，进一步打开了局面，成绩显著。一九二一年冬春，书记部就正式任命他为京绥路工会秘书和党团书记。

一九二二年，以张家口为中心的京绥路工人运动，逐步走向高潮。开始，同人会组织中员司占的比重大，会中的权利多为员司所把持，组织比较松散，经何孟雄积极整顿，同人会精神为之一振，会务更有春云渐展之势。

时值直奉军阀战争后，路局拖欠京绥路工人工薪达七个月之久，工人的生活非常困难，实在难以维持。同人会派出代表，多次到路局交涉，要求发放所欠工薪，要求承认同人会的权益。但路局态度蛮横，拒不承认同人会有代表工人的资格，对所提要求也置之不理。于是工人们十分愤慨，要求工会采取行动向路局示威。

这时唐山五矿罢工斗争正在激烈进行中，北京区委派人到唐山，要我回京商议京绥铁路工潮事，同时我也接到南口工会来信说：南口斗争局势紧张，如箭在弦，一触即发，要我抽空到京绥路一行，以便共决大计。于是我临时召集唐山党组织会议，共同讨论去京绥路的事。会上有人认为唐山形势正急，不主张我即离唐山。尽美却力排众议，说："五矿事，看来双方已成相持局面，恐还须经些时日才能解决，为了五矿罢工胜利起见，文虎也应到北京报告实况，调集支援力量；同时京绥铁路亦事关全域，十分重要，如京绥路能速决胜利，对唐山形势也很有利。因此，文虎必须前往，不宜坐失良机。俟京绥路部署就绪或斗争结束，再返唐山也不迟。"大家听后，又议论一番，最后均同意尽美主张。我随即动身返京，并于十月二十五日下午由京直抵南口，找到京绥路工会与孟雄见面，经孟雄详细介绍情况后，遂共同商议方案，决定实行罢工。并通知沿路各站统一行动。我们当即与工人代表研究罢工细节，并强调罢工期间的纪律很重要，是关系罢工成败的，为了对付敌人的破坏，还决定组织敢死队、纠察队。同时还组织一个宣传队，在罢工期间，宣传鼓动是必不可少的，对稳定罢工队伍的情绪，揭露敌人的破坏活动都是十分重要的。这一切都是连夜准备停当的。次日（十月二十六日）又向路局正式提出"补发所欠薪金"、"承认工会的权利"等要求。路局仍然置之不理，工会又提出如不答覆，则全路将要罢工。

路局认为像过去风潮，不以为意，竟讥讽工人："看你们如何罢工法？"工人闻讯后，非常气愤，齐集工会，要求拼死奋斗，不达目的，誓不罢休。是时，工人莫不万众一心！于是，工会决定在向路局提出条件的二十四小时后宣布罢工。十月二十七日，京绥路全线车务与大厂工人近一千五百多人开始了总罢工。

罢工后，工会向各界发表宣言，表示这次罢工实出于不得已，路局迫使工人走投无路，只有采取最后行动，进行罢工，以待解决，并在宣言中将七项要求附后，布告全国，其条件为：

（一）工人一律加薪，从要求之日起实行。

甲、工人月薪，无论多少，一律加增二元。

乙、工人跑车饭费，一律加至三角。

丙、每年加薪一次，至路局工人薪资表最高资额为止，但遇社会生活程度超过此项高资额时，须重新定薪资表。

（二）每逢礼拜日节日、路局官假及工人应休息之假日中作工者应给双薪。

（三）工人因病身故者，给全薪一年与其亲属；因公遇险身故者，给全薪二年；如系积劳或因公致病者，其假期不论长短，均不得扣薪。

（四）直奉战争期内，工人在官假中曾作工者，请照局电，一律补给双薪一月。

（五）承认现在的车务工人同人会有代表工人之权。

（六）局中因故开除工人，须先期以充分理由通知车务工人同人会，俾有辩护余地。

（七）工人亦须一律发给与本路下级员司同样的制服。

罢工宣言张贴通衢要道，工人们正气凛然。工人纠察队、敢死队巡行车站、道口。宣传队走上街头，向群众讲演。京绥铁路充满革命气氛，口号声荡漾山城，张家口一派沸腾景象。

　　罢工坚持两天，一切运输陷于停顿，货物积压，路局顿陷恐慌之中，指使机务段工贼开出车头，企图破坏罢工，同人会会长李连升闻讯，率领敢死队，立即赶到新安街东口一带，截住机车。当时正值初冬，塞外寒气逼人，李带头甩掉上衣，赤膊躺在道轨上。在他的带动下，敢死队队员们也甩掉上衣，挨个卧轨，足延绵半里多远。这时车头步步逼近，队员们毫无惧色，均置生死于度外，场面极为动人。李连升眼看车头逼近，乃挥舞手中旗帜，工人们随即呼喊，声响震天，工贼胆怯，车头被迫停止，这一回合胜利了，工人们无不欢欣鼓舞，认识到众志成城，团结斗争力量强大。反动路局见此招失败，恼羞成怒，加派二百名警察前来镇压。工人们则对警察宣传罢工理由，争取警察对工人的同情。在工人们的宣传攻势下，警察采取了中立态度。随后，察哈尔都统张锡元，派其参谋长率一营武装士兵包围车站，声言要捉拿李连升，想借此恐吓工人，达到复工的目的。我们估计到敌人的阴谋，要求工人中的党团员和活动分子坚决顶住，在这关键时刻不能退让，要他们以行动鼓舞大家，针锋相对地进行斗争。于是工人们在工会党团的组织领导下，团结一致，顽强搏斗，李连升据理力争，在群众的护卫下，敌人终未敢动手。至此，京绥路的后台、吴佩孚御用内阁的交通总长高恩洪感到无可奈何，指示路局答应了工人所提的条件。罢工仅历时三天，经过了激烈的斗争，终于取得了胜利。书记部在该路工人群众中威信大增。该路工会以外的群众组织大都解体，其工人均投奔同人会接受党的领导。

　　在罢工胜利结束后，我又连夜赶回了开滦。

正太铁路罢工

　　当年，石家庄正太铁路是在福建派和法国人把持之下。帮派势力相当雄厚，监督丁平澜，参赞许柯山，机务总管施恩孚等，这一帮人从清末到民初三十多年间曾在福州经营产业，后又来到正太路，因此人们说正太路是福建铁路。确是如此，他们把持铁路，任用私人，恣意压迫工人，只要他们的亲信到铁路上工作，不论技术如何，工资至少三十元。当时铁路各工厂的一些工头陈顺来、姚福祥等在大桥街明盛园饭庄外院租一所房，成立石家庄正太铁路工业研究会，每月收工人一日工资作为工人会费，工人多敢怒不敢言。大小工头们每天在会里喝茶闲聊，不为工人谋一点福利。这种研究会只不过是法国人、福建帮的御用组织。

石家庄地方不大，但它处京汉、正太两路的交接点，那时两个车站并存。由于地理位置的重要，所以北方区党组织对石家庄比较重视。工人运动在长辛店展开后，中共北大支部就派人沿京汉路南下，到石家庄发动工人。

石家庄早期的党员：孙云鹏是石家庄铁路工人中第一个党员，系由我介绍他加入中国共产党的。事情的经过是这样，长辛店有了俱乐部后，我便同史文彬一起到了石家庄。史文彬在石家庄铁路上熟人很多，他有一些亲朋好友，还有不少徒弟。我经史文彬介绍，认识了孙云鹏。孙是当地工人的一个领袖，初次见面后，对他的印象是朴实无华，但觉悟不高。在我略略说明来意后，他率直表示不愿参加我们的革命工作。他自找理由说："我文化水平低，干不了。"虽然孙云鹏拒绝了我们，我还是决心再做他的工作。因为他在正太铁路上群众基础好，很有威信，对打开局面很有作用。于是，我就留在他家住了两三天。一天孙夫妇二人陪我游览石家庄附近名胜和井陉煤矿。该煤矿是德国侵华军人汉纳根（Hanaken）在远东的一个冒险乐园。在游娘子关时，孙夫人还兴致勃勃地指点雄关，向我口述唐太平公主率娘子军攻城夺寨的传奇故事。在旅游期间，我也乘机向他们讲了俄国十月革命的故事和苏俄产生的变化，以及共产党的性质和中国工人也要走俄国革命的道路等等。他们也向我提了一些问题，我都给他们逐一解释了。我对孙说："你是铁路上的，到北京很方便，有什么想不通的，可随时跟史文彬一块到北大西斋找我。"经过几天的工作，孙云鹏的认识有了转变，并表示愿意做些工运工作。这以后，陆续有书记部工作人员和他联系。一次，他到北大找了我，这次见面，大为不同了，他主动说："共产党是正派人，处处为工人着想，你们大学念书的，出校后就有官做，但你们为工人利益东奔西跑，不求官禄。我们工人自己为什么不关心自己的事呢？"又说："以前我听人说过共产党不可靠，现在看来，这是造谣，是昏话。"孙云鹏的觉悟提高很快，他出身工人，很容易接受党的教育，一旦觉悟，作用就很大。经过多次交谈，我有意发展他入党，我向区委提出了这个意见，经过党组织讨论，约在一九二一年冬至次年春季之间，孙云鹏成为正太路第一个工人党员。孙云鹏入党后，接着又发展了一些进步工人入党，其中有施恒清等，后来又建立了党小组。孙云鹏入党后，工作更积极，他们又把工作推进到阳泉、太原以及整个正太路。

一次，孙云鹏提出，长辛店工人俱乐部有吴雨铭协助工作，石家庄是否也能派一个同志常驻那里帮助开展工作呢？我答应了他的要求，这就是以后张昆弟去石家庄正太路工作的缘由。先后被派到正太路工作的干部为数不少，除张昆弟，还有袁之贞、刘明俨、贾纤青、高克谦、吴先瑞等。

张昆弟，湖南益阳人，一九一九年赴法勤工俭学，一九二一年回国后，我介绍他在北方书记部工作，一九二二年入党后，继又派他到正太路任特派员。张昆弟办事稳重，在群众中有威信。

袁之贞，河北霸县人，他于第一次世界大战时（一九一五至一九一六年）到法国当华工，积极从事工人运动。后来回国，在北方书记部工作。他虽是工人出身，文化程度较高，法文、中文都不错。

当时约三十来岁，很能干，善于联系工人群众。我们派他到石家庄工作。后来，他成为正太路的一个重要人物。张昆弟有些办不到的事，他却能办好。因张昆弟是南方人，他的话北方人听不大懂，袁是本地人，没有语言口音问题。当时，他负责党的宣传、教育、训练等工作，工作很有成效。

自张昆弟、刘明俨、贾纡青、袁之贞他们到石家庄正太铁路后，组织了工会，在工会中建立了党团组织，张昆弟任党团书记，直属书记部领导。共青团的领导由另一位同志张廷瑞负责。孙云鹏的女儿孙素华当时是团员，也担任团的工作，表现很好，后来我们选送她到苏联东方大学学习。孙云鹏的家属高登五很能干，虽是一位家庭妇女，却为工会做了不少工作，石家庄工会中的许多事她都积极参与，那时许多机密会议都在她家开，她也参加，很有主见。她的轶事很多，十分大胆泼辣，一九二四年孙云鹏被捕，关在天津监狱，高登五亲往天津，一天拦住省长王承斌汽车，上前告状请求释放云鹏，王亦无可奈何，后孙经党营救，适逢冯玉祥政变后，孙云鹏出狱。一九〇七年石家庄总机器厂洋总管唆使工贼李某毒打孙云鹏，高登五知道后，亲到洋总管家问罪，对方自知理绌，道歉了事。

曾派到石家庄工作的贾纡青，湖南郴州人，他到石家庄工作不久，又调往他处。同去的还有吴先瑞。吴是湖南宁乡县人，北方书记部工作人员，先在唐山作工运，后被派往石家庄。那是在石家庄第一次罢工时，他和我一同去石家庄的。还有一个叫刘明俨的湖南人，因说不了北方话，去石家庄不久即调离了。

经过一段努力工作，正太铁路工人的队伍齐整了，斗争情绪也高了。当各条铁路工潮勃兴时，正太铁路工会也跃跃欲试，要求改善自己的生活条件。一九二二年十月前后，他们向路局提出了九项要求，路局延宕经月，没有下文，于是工会决定罢工斗争。罢工前，张昆弟从石家庄来唐山找我，我正在料理唐山罢工的善后问题，已是十一月底了。他见到我后,说:"老孙让我来找您,让您去石家庄一趟,我们初次领导罢工,没有经验,怕有失误。"看来,孙云鹏稳健持重,很有心计。我于是从唐山带了张隐韬、吴先瑞去了石家庄。隐韬是北方书记部中懂军事的人,对作战、训练都很在行,由他负责武装纠察队的工作,所以派他到石家庄领导和组训工人纠察队。吴先瑞一直在唐山工作,领导过罢工斗争,积有相当的经验。我们几人来到石家庄后,立即召开了党团会议,讨论解决三个问题,(一)大家分析了罢工的准备情况,认为时机成熟,可以罢工了;(二)讨论加强宣传组织工作;(三)确定罢工日期,由孙云鹏正式向全体工人宣布罢工命令。会后,我又赶回唐山,隐韬和先瑞留下帮助云鹏他们领导罢工。

九项要求与五项条件

一九二二年十二月十五日,在张昆弟、孙云鹏、刘明俨、贾纡青、吴先瑞、张隐韬、施恒清等领导下,正太路工人举行了第一次大罢工。罢工委员会发出正式罢工宣言,要求路局履行工人所提的九项要求。其条件如下:

(一)加薪分三等:(甲)现得薪金十五元以下者,加日薪二角。(乙)十五元以上至三十元者,加日薪一角五分。(丙)三十元以上者,照原价加十分之一。

(二)以后每年按第一条之规定,加薪一次。

(三)路局增用工人,须先尽容纳工会之所介绍者。

(四)凡车务处工人以及夜间守厂与屋外操作工人,均应由路局每年发给羊皮大袄一件。

(五)星期日,国家例假日,及重要劳动纪念日,均须放给例假;按照员司成例,并每年给二十天特假。例假及特假,仍给工资。倘若于假期间加工，而得工人同意者，给双薪。

（六）路局每月须辅助工会所办之每一工人学校二百元。开办费由路局全给。

（七）工作时间，不得过八小时，否则，照所增之时间增薪。

（八）工人因工受伤，除应由路局供给医药费外，其因伤不能做工者，仍发薪，治愈而成残废者，照最后工资给予抚恤至死后三年为止，除由路局给予三百元之丧葬费外，并照最后工资遗恤金予其家属至三十年。又在路局服务，满二十五年，或十五年，而年逾五十五岁者，应照最后工资给予养老金，至死后三年为止。

（九）由路局发给工人本路常年免票，及无限制之家属免票。并每年发给全国铁路免费通票三次。

宣言发出后，路局仍无反应，罢委会于十七日又发出第二次宣言，除前所要求的九条外，又提出五条，内容如下：

（一）路局应承认正太铁路总工会有代表全路工友之权。
（二）罢工期间不得扣薪。
（三）不得因罢工而藉端开革工人，以后路局处罚工人，亦须先得工会同意。
（四）本会会员有因小故而被革除者，应即复职。
（五）短工均改长工，以后新上短工，满一年后，亦须改为长工。

同时提出："这些新旧条件，共计十四条，倘铁路当局不予我们以满意答覆，我们决不上工。"

正太路工人在党的领导下，态度十分坚决，各地路局也纷纷来电，表示声援。唐山京奉路职工总会、津浦路工会、汉冶萍总工会、京汉路长辛店俱乐部等以及筹备中的全国铁路总工会筹备委员会都来电和实物支援。

唐山京奉路职工总会电云，北京晨报馆转各界同胞：正太铁路的工友们，因为生活问题提出最低要求九条，当局始终无诚意解决，乃于不得已之中实行罢工。迩来军阀及资本之势力到处皆是，同胞若不急起援助并监督这二种势力的行动，则唐山矿局事件难免再见发生。并愿同胞督促正太铁路局及交通部速将该项罢工解决，免得风潮扩大，工友受罪，敝会本同一阶级的友谊表示以实力援助。

汉冶萍总工会电云，全国各报馆各工会转全体工友暨各界同胞钧鉴：顷接正太铁路全体工人罢工宣言，真令人读之酸心，闻之流泪。作工二十余年没有加过一次薪，工资又极低，不但使工人家中的老小得不到安然生活，就是工人自己也吃不得一顿饱饭，穿不得一件暖衣。请看社会上的生活程度，比较往年增高了多少倍，工人的工资依旧同二十年前一样。以那时所定的工资，谋现在社会上的生活，怎样不饿肚皮，现在就是想拼命工作也快要无命可拼了，慢说一家老小哭哭啼啼望着要吃要穿呢。全体工友们！各界同胞们，这是何等的伤心惨目呀。

全体工友们！我们工人为世界的创造者，为社会尽了无穷的功绩，倒落得自己啼饥号寒，那创出来的利益，全部的被个人或最少数的资本家独占。正太铁路是我国最富的一个运输道路，那些外国资本家操纵我国经济命脉，掠夺我国的贫苦人民，逼迫我们最亲爱的正太铁路全体工友走最后的路，再三要求不遂而至于罢工以求解决，这是何等悲壮的事。那外国资本家只顾他几十万的利益，那管我中国的国弱民穷，他更是最希望中国永久的国弱民贫呢。现在正太铁路的全体工人为争生活的安宁，和改善起见，自动的向掠夺中国人的外国资本家奋斗。他们正在万分痛苦之中，凡我国人都应起来援助这艰难困苦中奋斗的苦同胞——正太铁路的全体工人呢。

坚韧不拔的正太铁路的工友们！你们在痛苦中与外国资本家奋斗，我们万分敬佩你们努力的精神，要抱定宗旨，坚决向前，我们工人所受的痛苦是万恶的资本主义给我们的。我们中国的工人现在是受国际帝国主义，外国资本家的压迫，特别厉害。我们要一致努力打倒国际资本主义，铲除外国资本家，争得我们工人应有的权利和生活的安全。看你们最低限度的要求条件，是十分正当的，为要求生存权和劳动保护权是我们工人应做的事业，何况逼得我们工人受不堪的痛苦呢。

各业工友们！正太铁路的工友们，正在艰难奋斗之中，我们要一致起来作实力的援助呵！

浦镇津浦路工会代电云，正太铁路总办鉴：昨贵路工友罢工宣言，敝处工友诵读之下，不胜愤激之至。我中国铁路工人近来感生活之苦，待遇之苛，群起纷争，罢工之声相继而起，贵路待遇我们工友素较别处苦甚，今值此工友觉悟之际，不作设计改善待遇，反加压迫，视我工人如牛马奴隶，置众工友之要求条件，至今三月有余若无所闻。汝等洋资本家残暴贪婪之欲完全表示出来，真世间罕闻见之事也。盼望贵当局早日醒悟，尊重我中国工人之人格，速允要求条件，实汝等洋资本之福利也。

为支援正太路工人的斗争，全国铁路总工会筹备委员会也发出通电，揭露外国资本家对中国工人的压迫和剥削，其电文曰：正太铁路为全国铁路中第一腐败，实权尽操在外人之手，外人以掠夺金钱为目的，遇事贿赂，平素对于工人，视若犬马之不如。十年以来尚没增加一次工资，工人谋一工作，非事先以重金运动不可，一般狐假虎威之员司，以虐待工人向上司讨奖。工人处于九层地狱之下，已非一日。因此工人乃前聚集筹商救命办法，向路局提出九条哀求增加工资，提高地位，当局竟置之不理，酿成工人罢工，交通停止，路局应负其责。至今路局不仅毫无诚意，并求来大兵弹压工人，故意欲陷全路工人于死地。全国同胞，工人罢工，出于路局虐待之所至，工人向路局之所要求，出于救死之一途，万请即本人道上之主张，迅速援助正太全路工友。万一正太全路工友要求之条件一无所得，反遭屠杀种种祸害，即全国同胞之良心必不能忍，凡属于工人阶级中的队伍，尤望本同一阶级切肤之痛，实力援助，使正太工友得到最后胜利。不然，一处工友失败，各处工友都有关连的。特此电闻。

正太路工人的罢工斗争之如此坚定，除因得到各地工人的有力支援外，还有一个原因，那时我们有了一个后方，就是京汉路。从长辛店、保定、正定等地工人都给了正太路工人的斗争以巨大的援助。在罢工斗争的相持时期，京汉路工会向政府和各工团发出呼吁，其文曰：

（一）北京国务院参众两院洛阳吴巡帅保定曹巡帅太原阎省长，暨各界公团各地商会农会学生会各报馆交通部正太铁路局钧鉴：正太路工为生活压迫提出要求，而该路局蔑视工人，竟置之不理。他们现在，已经万不得已罢了工了。唉，苦哪！为痛苦而罢了工，更是天下最痛苦悲惨的事哪。盼望诸公俯体苦工人之衷怀，援以鸿力，施以臂助，俾得早日解决，而救彼辈于水深火热之中，则感大德于无既矣。细查该路工人所提条件，于要求中可想其待遇状况之难堪，夫当此生活程度日益增高，社会经济日加迫亟，以十余年前之所定工资，来度今日米珠薪桂之生活，虽三尺童子犹知其不可，况终日营营之资本家乎，是诚资本家和劳动者挑战也。而洋资本家每年在华掠夺金钱不计其数，彼之丰衣美食，高楼大厦，罔不由工人血汗得来，是可忍，孰不可忍，是洋资本家真无人心也。我们同属于工人阶级，今为一致攻击我们的敌人——资本家起见，特此对此麻木之社会呼号，仁德之诸君子请命，此而不灵，亦惟有一致实力援助，以表示社会之悲哀，人形之惨淡而已。倘能借斯转变，转祸为福，使正太路工友同登衽席之上，是所望矣。

（二）全国各工团各报馆以及各界团体钧鉴：正太的路工弟兄们，已于十五日宣布全路的总同盟罢工了。我们还记得，在最近的以前，唐山五矿的洋资本家曾用过手段雇用军阀的走狗——杨以德——去摧残过我们的矿工弟兄，现在正太的工友们，为压迫的苦痛、苛酷来罢工，要知道亦是英国的资本家呀。我们已经注意了！我们绝不放任他们去失败呀！绝不能叫军阀走狗再来摧残他们的呀。危急了！我们京汉和他们是唇齿相关的，决要起来援助的。并希望他们得到大家的帮忙，快快解决，胜利。

高登五巧计退敌

正太路的罢工正值年底，天气寒冷，工人生活益发困难，但他们仍坚持着。家在外地的工人，每天由工会发给每人四个馒头。家在附近村庄的工人，每天回家吃饭。由于路局迟迟不答覆所提条件，工人们干脆用苇蓆搭起窝铺，昼夜值班，严守各厂厂门，工人们用道木横架拦住，不让机车行驶。斗争坚持了一个星期仍无结果，工人们不气馁，就地搭起锅台烧饭，坚持斗争。但经济的确愈加困难，正在这时，京汉铁路正定工会委员长康景星从正定把各路工会援助正太路罢工斗争的现洋运到石家庄。这批现洋运到后，高登五想出一个办法，把现洋分别装在几个箱里，因现洋不多，箱底就垫上一部分杂物，现洋放在上面，在发放救济款时，有意让工人都看见，工人们以为满箱都是现洋。当主人群众领到救济款后，都相互转告，说不要紧了，各路工会支援我们许多现洋，可以继续坚持斗争了。

这样一来，人心就更为安定了。

当罢工斗争进入关键的时刻，有人从中破坏罢工，但一时查不出来。一次召开工会会员会议，按惯例，每次召开这样的会议，会员都得凭证入场，而这次会议之前，高登五却暗中告诉纠察队长，让门卫先不要检查出入证，待开会后再说。会议刚一开始，他突然登台宣布说，请每个到会会员亮出自己的工会证，并按组坐好。随即派纠察队逐个检查，有些混进会场的人被查出来，并拘留审查，结果，破坏工人罢工斗争的坏人被查出来了。

罢工胜利

经过整整十天的坚决斗争后，路局无奈，他们派警察所的丁镇金到石家庄找孙云鹏，示意要解决这次罢工。孙回答说，只要允许我们的条件就开工，否则，决不开工！过了一二天，即二十六日，厂方果然通知接受复工条件，共十四条：（一）加薪，除十一月已加一成不计外，凡工人薪金在十五元以下者，一律月加三元，十六元至三十元者，一律月加二元五角，三十元以上者，一律月加二元。（二）以后加薪办法，照京汉路新章程办理。（三）雇用工人，工人代表可以向路局介绍。（四）本路所有打旗挂钩下夜护勇查道护勇，各给皮袄一件，每隔二年一换。（五）放假，本路放假日期，一律给薪，放假期内作工者准给双薪；（六）工人子弟学校，照京汉京奉各路，呈由交通部办理。（七）做工钟点，照京汉长辛店钟点。（八）因公受伤，所有工人因公受伤者，在医治期内概不扣薪。因公受伤立时毙命者，路局给予一年薪资。（九）工人免票，每年准给三次。（十）罢工期间，不应给薪，兹为体恤起见，准给七天薪资。（十一）罢工工人，本路不因罢工开革工人，准一律上工。（十二）已革工人复职，毋庸议。（十三）短工改为长工，凡短工到工满一年者，路局准其改为长工。（十四）加点，打旗挂钩照司机升火一律加点。

正太铁路罢工计十二日之久，路局损失达三十万元以上，终因路局让步而复工。开工那天，全路工人欣喜若狂，上街游行，庆祝胜利，工人手执"罢工胜利"、"全世界的劳动者联合起来"的标语旗帜，并发出开工宣言，气势雄壮，其文如下：

> 胜利了！我们此次罢工，得到最后的胜利了。
> 我们的胜利，虽不能说十分圆满，但是这种小小胜利，已不是和我们早先一样的散漫群众所可得到手的，是我们有了团结之后才能得到的。劳动者要解除痛苦和压迫，须得团结起来，这又是一次证明了。团体既然这样有价值，我们以后便当尽力把团体更坚固起来，更扩大起来，以便努力于解除一切痛苦和压迫。又此次罢工，各地的劳动团体，援助我们的力量很不小，在他们固然是因为有了阶级觉悟，明白了直接或间接的利害相关的地方，可是使我们不能不极端的感激他们。还有各位调停人，为我们的事，也费了许多力，也是我们所深深感谢的。我们于今天开工了，在这一天，我们更感觉得劳动者阶级的团结之必要，所以我们要高呼"全世界的劳动者联合起来"，并祝"劳动万岁"。

这次正太路工人在罢工斗争中，尽管遇到不少困难，但最后终于取得胜利。经过这次斗争，更进一步扩大了党在工人群众中的影响，大大提高了全路工人的斗争信心，使全路工人更为团结。同时，它的胜利，对正在开展罢工斗争的全国南北各铁路、矿山和城市的工人群众，发生了积极的影响，也为正太路今后的斗争准备了有利的条件。

津浦一路　斗争激烈

津浦铁路沿线党委书记为李保成、姚佐唐、王泽生、徐鸿儒、王荷波等五人。该路党委均强有力，能战斗，颇多可歌可泣事迹。

自陇海路罢工胜利后，敌人对书记部非常怀恨，路局交通系军警机关经常设计阻挠书记部与工人接近，挑拨工学间感情和关系。皇姑屯工人赵焕臣曾得到一本小册子转送书记部，内容针对《工人周刊》社论新闻逐一驳斥，说书记部是一群危害国家，无良心之叛徒。书记部派往各站工作人员往往因为不能接近工人而被挡回。他们经常布置圈套破坏书记部信誉，如一九二二年四月，我巡视津浦路来到济南大槐树，被交通系侦悉，乃派其鹰犬假冒我（文虎）名义到迤南各站招摇撞骗，索取酒食旅费，造成工人对书记部的不良印象。当我行至兖州站，该站工人甚表惊愕，拒不接钠，幸经同行李宝臣证明，工人始悟前日受交通系所派某某欺骗。

我巡视津浦线工作时，到达长江北岸浦镇时，该路交通系设谋划策，动员全部力量，采用武力绑架方式将我及随行人员予以拘禁，并欲暗中残害。事被浦镇工会党团负责人王仲一闻悉，乃会商王荷波立即号召工人群众紧急集合，举行群众大会，当众宣布事变经过，率领工会群众与纠察队实行包围路局办公处，强迫厂方释放我二人。工人群众见到北方书记部负责人时，一片欢呼响彻云霄。乃推荷波为主席，当场宣布浦镇工会公开成立，并通知全路诸站。在群众大会上，大会主席王荷波向会众宣布说："在今天大会上，破坏分子原想把书记部主任拘送官厅治罪，所以我们不得不分辨是非邪正，我们不得不把坏人们逐出会场，从今天起，我们浦镇工人就有开会的自由了，有罢工的自由了。"工人群众一片鼓掌欢呼，这样，浦镇大厂工会就宣告成立。工会成立后不久，经过一次罢工，实现了经济条件，工会更加巩固。王荷波斗争勇敢卓著功勋，一九二三年被选为中共三大常委。

津浦一路工人斗争极为激烈。徐州党委书记姚佐唐在工人群众中有极高的威信。一九二三年四月间，正在"二七"流血案后，姚亲到南段工作。在某站开会时被军警围住,将姚及工会会员姜姓、陈姓二工人捕去。当时军警尚不识姚,三人禁锢在一室候审,姜乃向姚佐唐说:"你目标大,可能判重刑,全案可由我出头一人承担责任,等你释放后我再设法脱身。"姚不肯同意,三人正推让间,外间忽传提堂,姜应声先出。审讯官问话时姜自承为工会主持人,愿负全案责任,他们二人来会闲坐,不要牵扯二人。问毕返室,加上镣铐。姜乃以审讯经过告姚,叫他坚不承认罪名。次提姚,再提陈,略问几句,令觅保释放。姚、陈二人出狱后,姜即翻供,遭受苦打。后姚设法将姜营救出来,姜已遍体刑伤,奄奄一息,经过一年医治后,才康复工作。

"二七"大罢工

"二七"斗争是中共建党一年半以后所发生的重大事件,我在党的领导下,协同北方区委诸同志躬亲其事,共同奋斗,倍历艰辛,今将事变过程纪要如下。

京汉铁路总工会成立大会

溯自一九二一年下半年起,中共北方区委所组织的八条铁路的罢工(陇海、津浦、粤汉、京绥、京奉、道清、京汉、正太),一般都取得了胜利,对全国均有影响,以后又组织了历时最长的开滦大罢工。

一九二三年一月,中共北方区委开了一次重要会议。这次会总结了北方铁路、矿山罢工的经验与教训,并决定今后的斗争方向。认为过去罢工多偏重于经济斗争,以后要求各条铁路多组织政治斗争,在斗争中应提出反对帝国主义、反对军阀、争取组织工会的自由权利等,把政治斗争口号放在首位。原则既定,便开始规划具体方案。当前的主要工作就是积极成立铁路总工会,首先是成立各路总工会,其中以京汉路总工会最成熟。早在上年四月,首由长辛店俱乐部发起筹备京汉铁路总工会,并成立了总工会筹备会,当时,全线十六个站已先后成立了分工会,连郑州原为交通系所辖的工人传习所的工人也都悉数加入工会,全路形成了统一局面,决定二月初在郑州公开成立京汉铁路总工会。其他各路也分别筹组总工会。

这一方案已向中央汇报，希望在适当时候，在全国范围内采取一致行动。这个决议随后提到在郑州举行的京汉铁路总工会筹备会议上，经决定在二月一日在郑州公开举行京汉路总工会成立大会。

在这次区委会上，守常还提出："现在北大放寒假了，我应湖北教职员联合会的邀请，在寒假期间，我准备到武汉大学去讲学，北方区工作请文虎负责。"（一九二四年二月十六日出版的《新学生》第十四期上曾刊载了李守常先生的《纪念"二七"并追悼列宁》一文，其中曾称："去年'二七'前几天，兄弟适因事情到汉口……在船上又知道流血事件。"在一九二三年一月，李写给北大周启明的信中，也说及武昌高师教授胡小石约请他到武汉讲学的事）当时，学校放寒假有一两个月的时间，我们考虑守常平时很忙，现在利用假期外出讲学，也可以换换环境休息一下。守常往往在寒暑假也要回到昌黎老家或附近的五峰山住一段时间的。因此，大家一方面同意他换换环境，另一方面也希望他快去快回，因为有的工作需他定夺。他鼓励大家说："不要紧的，你们会搞得好的，我在不在都一样。"临行时，我去送他，握别时我问："这次郑州开会，洛阳西宫（吴佩孚驻地）想无意外？"守常沉思片刻后，说："吴子玉（即吴佩孚）近来正在忙着装点门面，笼络人心，想不致做出什么毁坏自己声誉的事吧！如果有什么事，你去找白坚武谈谈。"他离开北京到上海后住在一品香饭店，曾给我来信，告知旅途情况，未及其他。

当时，大家也都未料到会由于京汉路总工会成立而发生突然事变，所以我们按原定计划到郑州开会去了。

京汉路总工会的筹备工作是公开进行的。上海、北京、武汉、广州等大城市的大报都刊登大幅广告，通知并邀请各团体来郑州参加成立大会。当年的报纸曾对大会筹备情况有如下的报导："总工会组织，在数月前便已着手，现在才告就绪，定期二月一日，在郑州开总工会成立大会。因为郑州居京汉路中心，全路工人，赴会较便，先期并请了全国各工团代表，和各界人士，到郑观礼。武汉方面前往郑州的，共有三四百人，并赠送总工会匾额和其他物件多种。其他各处代表到郑的，亦颇不少，郑州各大旅馆，一时顿现人满之患。总工会会场，设在普乐戏园，座位极宽，预备大众听讲，其他设备，都费了好些时的布置，数千元的代价，满拟此簇新的工人团体，立时就要涌现在吾人的眼帘，发生吾人的许多美感。"

为使这次成立大会得以顺利召开，京汉路总工会筹备会将召开大会的时间、地点，事先通知了京汉路局局长赵继贤。赵继贤是个惯搞阴谋、诡计多端的政客。他表面同意成立总工会，假惺惺地允许工会代表可以免费乘坐火车去郑州开会，专为代表拨出头等、二等车厢，还公告将一月二十八日星期例假移到二月一日，以便代表赴郑开会，并赠送锦旗，以此表示他支持工会成立。而暗地里他却于二十五日密电吴佩孚，加强反革命部署。二十九日，吴佩孚在给靳云鹗的密令中说："郑州靳总司令鉴，顷接京汉路赵局长径（二十五日）电云，据报二月一日，本路全体工人，将在郑州开成立大会，各路与会者甚多。以未经地方官厅许可集会，竟敢明目张胆，聚众招摇，不特影响所及，隐患堪虞，即此目空一切，荒谬绝伦，将来群起效尤，愈演愈烈。蚩蚩愚氓，必将误蹈法网，而不自知。瞻顾前途，杞忧无极，务祈麾下迅饬预为防范，切实监视。本路幸甚，地方幸甚等语。即希预为防范，设法制止，为盼。吴佩孚。艳（二十九）。"

大会未开，已为隐忧所罩。

一月二十五日，我同史文彬等到了郑州。在这前后，全国各铁路工会代表已齐集郑州参加京汉路总工会成立大会，其中有：京奉路王麟书、梁鹏万；津浦路李宝臣、王荷波；正太路孙云鹏、张兴义；京绥路王学闻、张汉清；陇海路魏荣珊、王符圣、程圣贤；胶济路李青山、伦克忠；道清路魏宝鉴；粤汉路李书箴等。此外尚有北京、上海、武汉、广东等省市工会代表共三百余人。

我到郑州后，聆悉各方面报告，知道近日敌人对京汉路总工会召开成立大会非常恐慌，情势变化很快。据洛阳工会党团负责人报告：最近截获保定、北京致洛阳吴佩孚密电数起，其中曹锟与交通系赵继贤等认为京汉路总工会开会是有重大政治阴谋。电文称，"近来书记部工会声势日增，过激气焰嚣张，各路罢工影响铁路秩序极巨"，"最近全路总工会代表借口开会，群集郑州，据报有潜谋不轨情事，市面人心惶惶，一夕数惊。郑州当南北要冲，设有疏虞，后患何堪设想。应该当机立断，严令制止。并查拿该部（指书记部）首要分子归案究办，以遏乱萌"云云。同时又得悉交通系主脑曾偕京汉、京绥等路局长亲自到洛阳西宫向吴佩孚面陈北方铁路危机，请吴防止赤化，并且以危词激吴。说什么"赤党一声呼啸，全路为之震惊，此等声势，真要强过几师雄兵"。吴佩孚大为震惊。我们又从各站来信得知：曹锟屡电吴佩孚增兵京汉沿线各站。当时沿线驻防军警约二万人以上，其分布为保定一旅（第十四混成旅，旅长时全盛），长辛店二营（驻宛平县，由张国庆率领），琉璃河一营，石家庄、安阳、许昌、笛信等地各一二营不等，汉口镇守使一旅，足见曹、吴已有与工会兵戎相见的准备。

得悉各方面情况后，我立即召集了京汉路总工会党团会议，讨论应付曹、吴问题。党团成员包括北京、郑州、武汉三处党员。京汉路总工会党团会议负责人为罗章龙（党团书记）、王仲一和史文彬、许白昊、林育南、李大汉（震瀛）、项德龙、吴汝铭、李求实、康景星、葛树贵等，皆为党团成员。这些人分住在郑州金台、福昌、五洲各旅店。另在钱塘里某号设党团办事处。

一月二十七日，据报：吴佩孚派副官某来郑州活动，并率便衣军警到工会代表寓所窥探虚实。第二天，郑州警察局长黄殿辰来工会谈话，自称奉上级命令禁止工人在郑州召开大会。接着，总工会筹备处又接到吴佩孚电请工会派代表到洛阳谈话。看来形势已剑拔弩张，冲突之势在所难免。于是，我们一方面大造社会舆论，在报纸上揭露敌人的破坏阴谋，并指出工会坚强决心，严阵以待（如在北京《晨报》刊布消息）；另一方面经党团会议讨论决定派史文彬等五位代表，于三十日乘专车去洛阳见吴佩孚。吴佩孚非常狡猾，他在谈话中，对代表说："你们工人的事，我没有不赞成的……不过，郑州是个军事区域，怎么能开会呢？你们不开会不行吗？……你们说开会没有什么，我也知道，不过……你们若是非开会不可，我也没有办法了……"吴所称军事区域，并非真实原因，因为当时郑州并非戒严区域。实际上，吴已接到曹锟密令，和听到交通系危言耸听的话，如说"书记部狼子野心，目前集中郑州、开封一带的代表近千人，均系来自南方的革命党人……"等等，所以吴遂决定采取强硬的办法来对付我们。

三十一日晚，赴洛阳代表回到郑州，在党团会议上报告与吴佩孚谈判经过，知道吴佩孚态度狂妄，情势十分紧迫，求实建议我致函白坚武，晓以利害，要白向吴进言转圜。我说："事到如今，已不是口舌所能争的了。"大家也都这样认为，赞成以实力与吴周旋。讨论结果，决定必要时以举行京汉路全路政治罢工来争取工人自由权，不达目的誓不中止。当晚并决定总工会按原定计划举行成立大会。

二月一日早晨，郑州警察局长黄殿辰临时宣布戒严，军警出动戒备，如临大敌，禁止工人代表进入会场。但代表队伍及群众仍冲入会场（普乐园戏院），在军警的包围之中，宣布开会。首由主席史文彬宣布组织总工会宗旨，并痛斥此次强权无理压迫工会的行径，遂即郑重宣布京汉路总工会的正式成立，群众高呼："京汉铁路总工会万岁！""劳动阶级胜利万岁！"群情激奋，奏乐欢呼，声震屋宇，既而黄殿辰到来，百般恐吓，显然非欲造成血案不可。但是看到工人势盛，未敢动武。延至下午四时，代表始冲出重围，宣布散会。

风云突变　全线罢工

二月一日下午，军警强迫工会工作人员离境，代表驻地亦被军警监视，总工会在万年春饭馆所定的饭菜，亦不准出售，代表一时完全丧失自由，饮食不得。各团体所赠匾额礼物等亦被毁弃在路旁，总工会会址也被军警霸占，不许工人进出，文件悉被捣毁。

当晚，京汉路总工会党团召集各处代表举行全体会议，谴责吴佩孚摧残工会。成立会遭到如此严重摧残，代表们忍无可忍，在党团同意下，决定进行政治罢工，并决定成立罢工委员会，统一指挥全路罢工行动，当即通过一项决议和罢工宣言。宣言内容如下：

> 全国工友们，各界同胞们，我们京汉铁路的工人，本着国家约法上所赋与的自由，和保障自身利益的宗旨，组织工会。一年多以来的努力，成立了全路十六个分会。我们的总工会筹备了半年多的工夫，耗费我们许多的精力、时间和血汗的金钱，惨淡经营，才得到组织完备，定二月一日在郑州开成立大会。期前邀请各业工团代表及各界人士参与盛典。届期来宾到会者数百人，一切设备完全，准备开会。
>
> 咳！意外的悲惨发生了，黑暗的势力横来了！万恶的军阀爪牙（郑州军警长官）用武力横加压迫，禁止开会，封闭会场，阻止我们和来宾在街上行走。所有各地工团所赠送的匾额对联，均遭遗弃道旁。我们神圣的最高机关——京汉铁路总工会——已经被军警占据了。会场中文件什物，均被抄查捣毁。各工团代表及来宾均被监视，言行不得自由，并勒令出境，酒席也被禁止了。满街军警林立，旅馆都有兵士驻扎。一时狂风惨雾，郑州全市陷于黑暗之境。工友们，同胞们，你们想想：这种横暴无理之策，怎么不教我们愤激痛恨呵！这种事，凡是有血性

有人心的谁也不能忍受呵!

我们考察这件事发生的原因,实由本路局长赵继贤、南段处长冯沄丧心病狂,捏造谣言,唆使军阀吴佩孚命令郑州军警当局所致。工友们呀,被压迫的同胞呀!你们要看清楚,压迫我们剥夺我们的自由的,解散我们的工会的,侮辱我们的人格的,是误国殃民的军阀和他们的奸险的爪牙呀!我们要认清楚我们的仇人,我们不能忍受这种欺侮和宰割呀!我们要紧紧的团结,反抗我们的仇人,向我们的仇人进攻呀!反抗呀,进攻呀,我们是没有一点恐惧的,因为仇人——军阀财阀和其走狗——的势力都在我们被压迫的无产阶级手里。被穷苦压迫而去求生的警士和兵士,都是我们无产阶级的兄弟朋友。他们明白了,他们决不会帮助仇人压迫我们。我们无产阶级有最大的权力,我们劳苦群众的团结就是我们最大的权力。我们还有最精良最坚强的武器,我们现在为反抗我们的仇人——万恶的军阀,为保障我们的人格,为争回我们的自由,我们要拿出我们的武器了,我们要发出全体动员令了,我们要向前进攻了。工友们!同胞们!我们郑重的宣言:"从本月四日正午起,京汉路全体一律罢工,不达到下列的条件,决不上工!"我们要求的最低限度的条件是:

(一)要求由交通部撤革京汉局长赵继贤和南段处长冯沄,要求吴、靳及豫省当局撤革查办黄殿辰。

(二)要求路局赔偿开成立大会之损失六千元。

(三)所有当日在郑被军警扣留之一切牌额礼物,要求郑州地方长官,用军队奏乐送还总工会郑州会所;所有占领郑州分会之军队,立即撤退;郑州分会匾额重复挂起,一切会中损失,由郑州分会开单索偿,并由郑州地方长官到郑州分会道歉。

(四)要求每星期休息,并照发工资。

(五）要求阴历年放假一星期，并照发工资。……

　　罢工委员会的公开司令部是京汉铁路总工会，决策指挥机构是中共京汉铁路党团。由中共北方区委及劳动组合书记部负责人罗章龙、中共京汉铁路总工会支部负责人史文彬、中共北方区工委负责人王仲一（王震异）三人组成领导小组。罢工委员会还建立了包括罢工组织、宣传鼓励、纠察、交通、秘书等机构。

　　为了迷惑敌人，不致引人注目，决定京汉铁路总工会迁至汉口，而实际指挥机构——中共京汉铁路党团则移往北京，驻守北段，通过全路电讯系统，调动机车，指挥全路统一行动。

　　二日，我偕罢委会部分成员赴汉口，并南至长沙，会见湖南书记部负责人毛泽东、郭亮等，商讨声援罢工事宜，接着又赶回汉口。三日晚，我同罢工委员会委员五人、纠察队员十余人乘坐专车由汉口北开，沿途巡视罢工情况，在信阳、广水、郑州、新乡、安阳、石家庄、保定等站召集当地工会委员、纠察队长等负责人举行会议，要求他们加强团结，遵守罢工纪律，争取最后胜利。沿途所见，罢工准备就绪，秩序井然。

　　为了扩大声势，吁请全国支援，经京汉路总工会党团向中央负责人报告后，二月三日京汉路总工会罢工委员会向全路工人发出紧急通告。五日我又以中国劳动组合书记部名义于北京发出通电，檄告全国各工会团体共同奋斗，电文如下：

　　全国各工团钧鉴：此次京汉总工会在郑州开成立大会，横遭军警压迫，已于本月四日上午十一时全路罢工以示抵制，此中经过想贵会现已闻悉。本部素知军阀怙恶，与我工界势不两立，此次郑州事变，不过初发其端。因此对于京汉工友宣言为争自由而战之旨，极表同情。盖军阀今日可施之于京汉者，他日即可施之于他处。如吾人今日饮泣吞声，不复与较，非但全国工会将悉受摧残，吾劳动界恐永无宁日，循至莽莽神州，尽变为军阀官僚游民出没之场，而神圣劳动永沉地狱不能自拔矣。我劳动界年来发扬蹈厉，颇多明达好义之士，睹此惨状，讵能容忍？尚望本阶级斗争之精神，切实援助，是为至要！中国劳动组合书记总部冬。

这样，京汉路大罢工就轰轰烈烈地开展起来，引起了全国各地的注视。从三日开始准备罢工起至五日、六日这段时间内，北段（郑州以北到北京）、南段（汉口大智门到郑州）统由工会派专人严格管制。沿站水泵、道辙、电报、电话、火车头、轧道车等，统归罢工委员会调度指挥，并预防破坏罢工行为。于是自四日十二时后，全路各项客车、货车、军车、车站、桥梁、工厂、道棚一律遵令罢工，参加罢工的按路局册共计三万人，其实则远远超过此数。

现在回头来分述京汉路几个主要大站，如长辛店、郑州和江岸等分工会罢工前的准备和罢工斗争情况。这些曾详载于我当年所写的《京汉工人流血记》之中，其中包括许多历史文献，现略作补充援引如下，以飨读者。

在长辛店：该处赴郑代表回来后，便召集一委员会，报告总会被蹂躏情形，及总会的决议案后，即开始准备一切罢工事项。越日复召集一全体会员大会于娘娘宫，到者三千余人，工会委员报告情形毕，群众热潮如狂，呼声动天地，均愿为自由而战。大会既散，罢工便随之开始。同时复发表一电，其文如次：

万急，北京大总统、国务总理、交通总长、参众两院、保定曹巡阅使、洛阳吴巡阅使、各师、旅长、全国各工团、各报馆、各邦人士钧鉴：敝分工会接本总工会急电，定于本月四日十二时全路一致罢工，此次罢工原因，完全是为着争自由争人格，敝分工会深恐奸人从中蛊惑，杯弓蛇影，淆乱是非，故将此次罢工原因涕泣详陈之：本路工人因生活困难，员司压迫，即起组织工会，先后成立，本路共组成工会十六所，乃设总工会于郑州，二月一日即京汉铁路总工会之成立日也。原定是日开成立会，约请各地工团代表及各行政机关人员和各界名流硕士与会，借此联络感情，指教我们的缺点。此会之正大光明，谅早邀各界人士洞悉。乃本路赵继贤局长，江岸分局长冯沄，郑州警务局长黄殿辰连电曹、吴两使，诬称工团为不法团体及许多不近人情之语，吴使即电黄殿辰有据某某电称，当相机制止，万勿激生争端。黄殿辰接电后，乃擅作威福，逞其恶性，即严行禁止开会。一月三十一号各地代表齐集郑州，馈送许多礼物，二月一号总工会即派代表迎接来宾，及所赠之匾额对联。其秩序为音队在前，次为代表，次为匾额，次为本地工友，由郑州之第一宾馆迎至总工会，秩序井然，并无喧哗杂错行动。乃黄殿辰召集许多军警，上刺刀，实子弹，阻止工人行走，并派军警数营包围工会。即会场、旅馆，亦使兵卒占据，严行监视各代表行动；饭馆茶铺，不许工人吃喝，工团所送之匾额，尽被兵士捣破。黄殿辰并声言："我在郑州一日，即一日不许工人开会，所有打破之匾额也不许工人搬至工会之内。你们有能力即行全路罢工，使我黄殿辰屈服，我一步磕一头，将匾额亲送至工会，现在呢？你们快些滚蛋。"唉！民国约法上说人民有集会结社之自由权，工人亦为人民之一分子，何以我工人无之。语云"不自由，毋宁死"，我们要争我们的自由，争我们的人格，我们只要与侵犯我们自由的人宣战，直接侵犯我们自由的人黄殿辰、赵继贤、冯沄三人而已，我们自不能与他罢休的。我们一切行动均听总工会指挥，请各界人士，伸张公理，为我们苦工人谋自由幸福，我京汉全体工人是感激不尽的了！谨此宣言，诸希谅察。

京汉铁路总工会长辛店分会叩

此电未直讦吴佩孚、曹锟，尚欲为之留些余地。又后来黎元洪发一献媚军阀的命令内说，此次罢工未经呈报云云，但文电俱在，岂能一手可以掩尽天下耳目？

罢工日正午，适有自保开来一列车，行抵辛店，即由工会命令停驶。是夜复有一自汉北来通车，至辛店亦行停驶，工人待遇旅客，极有敬礼：男子则为代雇车马，妇女则延至工人家住宿，次日派人护送至京。故社会上一般人士，对于工人均怀一种好感。

（本章未完，紧接中册）

www.ingramcontent.com/pod-product-compliance
Lightning Source LLC
Chambersburg PA
CBHW060549080526
44585CB00013B/502